PALACE

© ACTES SUD, 1989
ISBN 2-7427-2405-2

Illustration de couverture :
Photographie Jean-Michel Ribes

PALACE

Jean-Michel Ribes
en collaboration avec
Roland Topor
Georges Wolinski
Gébé
Jean-Marie Gourio
François Rollin
Willem

avec la participation de
François Morel

Décors et costumes
Patrick Dutertre

Ballets
Jean Moussy

Musique
Germinal Tenas

Lumière
Bernard Dechet

Coproduction
CANAL +/FECHNER Audiovisuel/ANTENNE 2

BABEL

PRÉFACE

Tout à côté du cochon qui sommeille dans chaque homme, somnole souvent un prince en smoking. C'est Christian Fechner le premier qui eut l'idée de réveiller cet aristocrate assoupi au fond de l'être humain.
Il voulut offrir au prince un lieu digne de sa spirituelle élégance, de son charme gris poché au Dom Pérignon et de son panache désinvolte. Seule l'élite des créateurs français pouvait concevoir un tel édifice.
Christian Fechner fit appel à ce club très fermé où le bon goût, la courtoisie et le luxe raffiné sont la marque indélébile du talent exquis de ses membres. Topor, Wolinski, Gébé, Gourio, Willem, Rollin, Tenas, Dutertre, Moussy, moi-même et quelques autres revêtîmes aussitôt nos tenues de soirée et nous mîmes au travail dans une agréable atmosphère de cigarettes anglaises et de souliers vernis. Quelques nuits plus tard, PALACE *était né.*
Pierre Lescure qui déjà tout bébé préférait les chemises en soie aux barboteuses absorbantes, fut naturellement séduit par le projet et le soutint avec les fastes de Canal +.
Antenne 2, très attirée par les choses de l'esprit et les gants beurre frais, offrit aussitôt d'organiser un bal tous les vendredis soir.
Le jour de l'inauguration arriva. Lambris, mots d'auteurs, marbre rose, lustre, musique, champagne, décolletés perlés, tout était prêt, il ne restait plus qu'à réveiller le prince endormi au fond de l'homme. C'est ce que nous fîmes avec enthousiasme, mais à notre grande surprise, ce fut le cochon qui ouvrit l'œil le premier. Aussitôt debout, le groin frémissant, il fonça dans le Palace avant tout le monde. Le Prince souleva une paupière, vit le porc échanger quelques mots avec un ministre, alors, avec une moue d'indifférence, il se rendormit. Mettez-vous à notre place, on n'allait quand même pas tout annuler !...
Ah la sale bête !

JEAN-MICHEL RIBES

Dessin Gébé

FLEURS DANS DÉCOLLETÉ

Dessin Willem

1 – LES BELLES HISTOIRES DU PALACE

Réussite

Le hall du Palace, la nuit.

Il est très tard. Tout le Palace dort. Tout le Palace ? Non ! Regardez bien la petite lueur au fond du hall. C'est le veilleur de nuit. Il est seul au desk. Tout seul. Il veille dans le grand silence qui emplit le hall. Il s'appelle Robert, le veilleur de nuit. Il a dégrafé le col de son uniforme. Il fait tourner une pièce de cinq francs sur son bureau, machinalement. Il a le regard dans le vague. Soudain, il décroche le téléphone et compose un numéro. La sonnerie retentit. On décroche. Voix de femme endormie à l'autre bout du fil.

VOIX DE FEMME ENDORMIE *(off)*. Allô ?

ROBERT. C'est la chambre 217 ?

VOIX DE FEMME ENDORMIE *(off)*. Oui ? Quelle heure est-il ?

ROBERT. Environ quatre heures du matin…

VOIX DE FEMME *(off)*. Mais… qui est à l'appareil ?

ROBERT. Le veilleur de nuit.

VOIX DE FEMME *(off)*. Le veilleur de nuit ? Mon Dieu, qu'est-ce qui se passe ?

ROBERT. Pas grand-chose.

VOIX DE FEMME *(off)*. Comment "pas grand-chose" ! Vous me réveillez à quatre heures du matin pour me dire qu'il ne se passe pas grand-chose ?!

ROBERT. Je m'ennuie.

VOIX DE FEMME *(off)*. Pardon ?

ROBERT. Je m'ennuie, je m'ennuie énormément.

VOIX DE FEMME *(off)*. … Et pourquoi vous m'appelez moi, pour me dire ça ?

ROBERT. Parce que, en général, j'aime bien les gens de la 217.

La chambre 217, la nuit.

Le gros mari, qui dort à côté de la femme blonde qui téléphone, se remue et demande dans un grognement endormi.

LE MARI. Qui c'est ?

LA FEMME. Le veilleur de nuit.

LE MARI. Qu'est-ce qu'il veut ?

LA FEMME. Il s'ennuie.

LE MARI *(dans un demi-sommeil).* Ça se comprend, pauvre type ! C'est pas marrant d'être veilleur de nuit, seul quand tout le monde dort...

LA FEMME. En tout cas moi, je te signale que je ne dors plus !

Le mari, qui n'a pas écouté sa femme, se retourne sur son oreiller et s'endort petit à petit en grommelant.

LE MARI. ... C'est comme pleurer quand tout le monde rit, nager quand tout le monde fait du ski, aller à Moscou quand tout le monde va à New York... c'est pas marrant, tu sais...

Il s'endort profondément et ronfle. La femme regarde son mari écrasé sur son oreiller par le sommeil. Elle s'adresse aux spectateurs.

LA FEMME. Cette nuit-là, j'ai soudain compris que moi aussi je m'ennuyais. Je m'ennuyais depuis des années avec Georges. Je réalisais que nous étions deux dans cet immense palace, deux êtres qui – sans le savoir – voulions partir pour Moscou alors que le reste du monde se dirigeait vers New York... *(Elle prend son téléphone.)* Allô ? Vous êtes toujours là ?

ROBERT *(off).* Oui.

LA FEMME. Si vous le voulez, je pars avec vous pour Moscou.

Le hall, la nuit.

ROBERT. C'est chiant, Moscou...

LA FEMME *(off).* Ah bon ? Alors où ?

ROBERT. Faut discuter. Je peux monter ?

LA FEMME *(off).* Bien sûr.

La chambre 217, la nuit.

LA FEMME *(s'adressant aux spectateurs).* La suite, vous la devinez... Robert, le veilleur de nuit, est monté. Très vite, je l'ai appelé Bob. Très vite, nous ne nous sommes plus ennuyés. *(Elle ferme les yeux avec délices.)* Plus du tout. Très vite, je lui ai proposé de diriger mes usines de hamburgers à Singapour. Il n'a accepté de m'épouser que s'il quadruplait le chiffre d'affaires en trois mois. C'est ainsi que nous nous sommes mariés le 5 mai il y a deux ans, à Bali où nous vivons avec notre fille Katia. Mais chaque année, nous venons passer huit jours dans la chambre 217 du Palace... *(Elle appelle.)* Tu es prêt, mon chéri ?

Robert, le veilleur de nuit, sort de la salle de bains dans un smoking ivoire admirablement coupé, cheveux laqués, cigarette anglaise à la bouche.

ROBERT. *Ready, darling !*

Le hall, la nuit.

Il fait nuit. Il est tard. Personne dans le grand hall si ce n'est ce couple merveilleusement élégant qui descend le grand escalier pour se rendre à une tardive soirée princière : Robert et son épouse. En passant devant le veilleur de nuit, un jeune garçon, Robert s'arrête.

ROBERT. Ça va, mon petit ?

LE JEUNE VEILLEUR DE NUIT *(tout rouge)*. Oui m'sieur, très bien m'sieur...

ROBERT. Tu ne t'ennuies pas trop ?

LE VEILLEUR DE NUIT *(enthousiaste)*. Oh non, m'sieur, jamais m'sieur... J'adore mon métier, m'sieur...

ROBERT. Tu as tort, c'est pas comme ça que tu réussiras...

Il s'éloigne avec son épouse laissant le petit veilleur de nuit dans l'interrogation la plus complète.

Le bar, le jour.

HENRI *(à un client accoudé au comptoir)*. Alors, c'est pas la plus belle des histoires du Palace ?

Un peu plus loin, le gros mari somnole sur un divan et grommelle.

LE MARI. Moi, je la trouve pas terrible... et c'est pas marrant parce que tout le monde doit la trouver bien. C'est comme partir pour Moscou quand tout le monde va à New York...

JEAN-MICHEL RIBES

Histoire de chœur

Le bar du Palace, le jour.

Accoudé au bar, un homme d'une quarantaine d'années parle avec Henri le barman.

HENRI. Oui, oui. Je me souviens parfaitement de ce concert. C'était il y a deux ans…

L'HOMME. Exactement, là dans le grand hall…

Le hall du Palace, le soir.

Sous les vastes arcades du grand hall, un concert est donné. Une imposante cantatrice interprète, d'une façon très ressentie, un grand air d'opéra. Elle est accompagnée par un pianiste et un chœur de femmes que dirige un chef de chant. Parmi l'élégante assistance qui écoute, subjuguée, on reconnaît – sanglé dans un smoking qui lui donne belle allure – l'homme du bar. Visiblement, il semble beaucoup plus intéressé par la jolie choriste blonde placée en tête du chœur que par l'œuvre musicale elle-même. Il tente de capter son regard. Il y parvient. Lui sourit. La jeune femme troublée rougit, baisse les yeux, mais ne peut s'empêcher, entre deux phrases musicales, de jeter à son tour un regard furtif à l'homme qui lui sourit dans le public. Tandis que ce jeu de séduction se poursuit, le concert s'achève dans un émouvant échange entre la diva et le chœur de femmes.

DIVA *(défaillante)*. Il est parti, je le sais, parti pour toujours.

CHŒUR. Madame, espérez, vous le reverrez un jour…

DIVA. Tout est fini.

CHŒUR. Mais non.

DIVA. Mais si.

CHŒUR. Mais non.

DIVA. Sans lui je ne veux plus vivre.

CHŒUR. Il va revenir. Il va revenir…

DIVA. Mais non.

CHŒUR. Mais si.

DIVA. Mais non.

CHŒUR. Restez en vie, restez en vie…

DIVA. Trop tard, j'ai déjà bu le poison…

CHŒUR. Mais non.

DIVA *(titubant)*. Mais si…

CHŒUR. Mais non.

DIVA. Mais siiiiiiiiiii… !

Elle s'effondre, morte, sur le piano. Tonnerre d'applaudissements. La diva se relève, salue. Ovations. Le pianiste et le chef de chant saluent à leur tour. Triomphe. La cantatrice est acclamée. Le directeur du Palace lui baise la main. Deux grooms déposent, à ses pieds, une immense gerbe de fleurs. Tandis que l'assistance se presse autour de la soprano, l'homme en smoking se faufile vers le chœur de femmes qui se tient un peu à l'écart. Il s'approche de la jeune et charmante choriste blonde qui range sa partition, entourée de ses camarades qui font de même. Il s'incline légèrement et lui adresse la parole.

L'HOMME. Permettez-moi de vous féliciter, mademoiselle, cette soirée doit beaucoup aussi à votre talent… *(La jeune fille baisse les yeux et rougit de plaisir.)* Je serais très honoré si vous acceptiez de dîner avec moi.

LA JEUNE FILLE ET LES DIX CHORISTES *(d'une seule voix)*. Avec plaisir !

Ahuri, l'homme reste un instant immobile.

La salle à manger du Palace.

Dîner aux chandelles dans la grande salle à manger du Palace. L'homme est assis face à sa bien-aimée, derrière laquelle sont assises les dix choristes dans leur formation habituelle.

L'HOMME. Et alors vous habitez Toulouse et maintenant Paris… Paris définitivement ?

LA JEUNE FILLE ET LES DIX CHORISTES. Oui… Je vis chez une amie… près de la Bastille.

L'HOMME. Liliane… vous permettez que je vous appelle Liliane ?

LA JEUNE FILLE ET LES DIX CHORISTES. Je vous en prie.

L'HOMME. Merci… Vous allez rire mais durant toute la soirée, je n'ai entendu que vous, que votre jolie voix.

LA JEUNE FILLE ET LES DIX CHORISTES *(confuses)*. Vous êtes gentil…

Troublées, Liliane et les dix choristes sursautent. Liliane retire brusquement sa main.

L'HOMME. Je suis désolé, je...

LA JEUNE FILLE ET LES DIX CHORISTES. Excusez-moi... c'est l'émotion.

L'HOMME *(enflammé de nouveau)*. Mais c'est merveilleux d'être ému, non ?

LA JEUNE FILLE ET LES DIX CHORISTES. Si...

L'HOMME. Appelez-moi Daniel...

LA JEUNE FILLE ET LES DIX CHORISTES. C'est merveilleux, Daniel...

Daniel lève sa coupe. Les onze jeunes filles font de même. Liliane trinque, les yeux dans les yeux, avec Daniel. Les autres font de même.

Le grand salon, la nuit.

Il est tard. Au milieu du grand salon désert, sous le dernier lustre allumé, Daniel et Liliane, entourée de ses dix consœurs, dansent amoureusement un slow romantique.

DANIEL *(à l'oreille de Liliane)*. Liliane, je crois... je crois que je suis heureux.

LILIANE ET LES DIX CHORISTES. Moi aussi, Daniel... J'ai l'impression d'être loin... loin... au bout du monde...

DANIEL. Au Japon ?

LILIANE ET LES DIX CHORISTES. Au Japon ? Pourquoi au Japon ?

DANIEL. Non, parce que j'adore l'art japonais, la peinture surtout, le trait, si fort et si simple et... et fort et... simple...

LILIANE ET LES DIX CHORISTES. J'aime les hommes cultivés...

DANIEL. J'ai par exemple une très belle encre de Hoshi-Koshi, une grosse grenouille donnant le sein à ses petits devant le Fuji-Yama... fort... simple...

LA JEUNE FILLE ET LES DIX CHORISTES. Oh ! J'adorerais la voir... Allons-y.

Le couloir du Palace, la nuit.

Dans le luxueux couloir qui mène aux suites, Daniel, cravate dénouée, avance aux côtés de Liliane et de ses dix choristes. On sent, dans leur échange de regards, le désir monter. Avant de pénétrer dans sa chambre, Daniel s'arrête, regarde Liliane qui fait de même. Leurs visages s'approchent irrésistiblement l'un de l'autre. Ils s'embrassent très amoureusement, Daniel, appuyé contre le mur du couloir, les onze filles se pressant sur lui. Long baiser. Daniel émerge et entraîne dans sa chambre Liliane et la chorale. La porte se referme. On entend quelques gémissements de plaisir, des étreintes amoureuses et puis, soudain onze orgasmes éclatent dans un bouquet de décibels qui font exploser les globes lumineux du couloir les uns après les autres... jusqu'à ceux du bar où se trouve le chef de chœur qui est en train de boire avec le pianiste.

Le bar, la nuit.

Le chef de chœur, voyant le verre de la lampe au-dessus de lui se fendiller puis exploser, pose son verre sur la table et murmure.

LE CHEF DE CHŒUR. La salope !

La chambre de Daniel, la nuit.

La porte de la chambre s'ouvre violemment ! Les onze choristes et Daniel, dans le lit, poussent un hurlement. Le chef de chœur apparaît dans l'encadrement de la porte.

LA CHORALE. Ciel, mon maestro !

Daniel se cache sous les draps.

LE CHEF DE CHŒUR. J'en étais sûr ! Je suis cocu.

LA CHORALE. Mais non...

LE CHEF DE CHŒUR. Mais si.

LA CHORALE. Mais non.

LE CHEF DE CHŒUR *(qui chante maintenant)*. Le traître. Je le vois qui remue sous les draps.

LA CHORALE *(chantant également)*. Mais non. C'est juste un ami. Un très bon camarade.

Daniel sort de dessous les draps et, au milieu du lit, chante, très "Parapluies de Cherbourg".

DANIEL. Pourquoi mentir, Liliane, je t'aime. *(Au chef de chœur.)* Oui, monsieur, j'aime votre chœur, de tout mon cœur...

LE CHEF DE CHŒUR *(défaillant)*. Qu'entends-je... En plus, il chante faux...

LA CHORALE. Ça, je te le jure, Armand, je ne le savais pas. Il chante faux mais au moins il est franc.

LE CHEF DE CHŒUR *(se laissant choir contre le mur)*. Tout est fini...

LA CHORALE *(sortant du lit pour le secourir)*. Mais non !

LE CHEF DE CHŒUR. Mais si... J'ai déjà avalé le poison !

LA CHORALE *(affolée)*. Mon Dieu, vite, courons à l'hôpital. Courons le sauver.*(Elles le soulèvent et l'emportent.)* Courons, courons, à l'hôpital.

LE CHEF DE CHŒUR. Aaaaaah s'il vous plaît...

LA CHORALE. Qu'y a-t-il ?

LE CHEF DE CHŒUR. En rythme, s'il vous plaît, en rythme...

Elles sortent de la chambre, portant le maestro et chantant "courons à l'hôpital, le sauver du trépas".

Daniel reste seul sur le lit, éploré.

DANIEL *(chante)*. Liliane, je t'aime. Ne m'abandonne pas...

Il s'effondre en pleurs sur son lit. Une vieille femme de chambre, attirée par le bruit, jette un œil dans la chambre.

LA VIEILLE FEMME DE CHAMBRE. Ne pleurez pas, monsieur, dix de perdues, cent de retrouvées !

Le bar, le jour.

On retrouve Daniel et Henri, face à face, au bar.

HENRI. Et alors ?

DANIEL. Alors, elle avait raison.

HENRI *(sidéré)*. Cent !!! Tu vis avec...

DANIEL *(sortant une photo de son portefeuille)*. Celle du centre, c'est Yu-Piyang. Je l'ai rencontrée à Pékin. Elle est avant-centre de l'équipe de foot de Shanghai. Elle ne quitte jamais ses joueuses.

HENRI *(regardant la photo, sidéré)*. Mais c'est pas onze une équipe de foot ?

DANIEL. Pas en Chine. C'est cinquante une équipe de foot... C'est normal. Tu sais le nombre qu'ils sont... Eh bien tu vois, cent joueuses avec les remplaçantes... Le compte y est...

HENRI. Ça, c'est vraiment la plus belle histoire du Palace que je connaisse... !

JEAN-MICHEL RIBES/ROLAND TOPOR

Destinée

Le hall du Palace, la nuit.

La très élégante clientèle du Palace déambule, en tenue de soirée, dans le grand hall. On ne voit pas leurs pieds (plan américain). Certains hommes, ou parfois certaines femmes, sont soudainement pris de tremblements, comme si le sol (qu'on ne voit pas) remuait très vite sous leurs pieds.

VOIX DE MAURICE *(off).* A la fin des années quatre-vingts, il y eut une véritable ruée vers l'or dans le Palace. Comme beaucoup de gars dans la dèche, j'ai suivi le mouvement...

La caméra descend le long d'une femme en robe du soir qui tressaute sur place. On découvre à ses pieds, assis par terre, un trappeur barbu qui lui tient les jambes et la secoue. Bientôt, dans son tamis, proche des chaussures de la dame, tombent boucles d'oreilles, colliers, clips, etc. Le trappeur remue alors son tamis pour vérifier sa récolte. On s'aperçoit également que le sol du grand hall est jonché d'hommes vêtus de fourrure, comme les trappeurs du Grand Nord, assis par terre avec leur tamis, secouant chaque hôte du Palace par les pieds, dès que l'un d'eux passe à leur portée.

Il y avait beaucoup de concurrence mais c'était un joli filon qui pouvait nourrir un paquet de chercheurs d'or. La plupart d'ailleurs y trouvaient leur compte... Y avait pas à se plaindre...

On voit tomber dans les tamis divers bijoux mais aussi des clefs ou des paquets de cigarettes que les chercheurs d'or enlèvent de leur tamis, ne gardant que les objets précieux.

Là où ça donnait le plus, c'était surtout les soirs d'hiver, quand y avait un gala ou un dîner chic. On trouvait de belles pépites... Je dis "on", je devrais dire "ils" trouvaient de belles pépites parce que moi, je ne récoltais jamais rien... je veux dire jamais rien, en or...

On s'approche de Maurice qui secoue violemment une paire de jambes en smoking. Ne tombent dans son tamis qu'un mégot, des clefs, une boîte d'allumettes, des lunettes et c'est tout. Il regarde son tamis et dans un grand soupir de désespoir, jette tout derrière lui. Il saisit une paire de jambes, la secoue mais il ne tombe qu'un peigne, un nœud papillon, et un dentier.

... Et c'était pas faute d'essayer... Je travaillais deux fois plus que les autres. J'en avais des cals aux mains à force de secouer... mais rien... jamais rien...

Fondu. C'est la nuit tard. Près du desk, tous les orpailleurs sont rassemblés autour d'un feu de bois, en train de manger de la viande qui grille. Les uns comparent leur butin. Un vieux joue de l'harmonica. Au loin, près des portes tournantes où le vent d'hiver chargé de neige s'engouffre en sifflant dans le hall, un loup hurle à la lune. Maurice, un peu à l'écart, nettoie son matériel. Lui n'a rien à montrer.

C'était surtout le soir que c'était dur. Quand tout le monde montrait le butin de la journée. Jo avait un pif incroyable pour dégoter les bons coins, près de la salle à manger. Il avait secoué plusieurs fois par hasard des tables de maharadjah : une mine c'était ! Le salaud il avait même pas pu tout rapporter. *(On voit un des trappeurs montrer une quantité impressionnante de bijoux indiens.)* Sam, le vieux Sam, était capable – d'une seule secousse – de faire dégringoler jusqu'aux dents en or. Un as, le vieux Sam... Sans compter Bill, Jack et les autres. Moi, c'était la guigne. Je secouais que des tocards fauchés ou des princesses couvertes de toc...

Fondu. On voit le soleil passer à travers les vitres du grand hall. Et les jambes et pieds d'une clientèle vêtue en sportswear, style tennis, polo, etc.

Avec l'arrivée du printemps, la saison des galas se terminait... Plus grand-chose à secouer. Les beaux jours amenaient de la Swatch ou du bracelet sport, finis Van Cleef et Cartier... Les gars quittaient le Palace les uns après les autres à la recherche d'autres filons, plus au nord...

On voit les trappeurs et chercheurs d'or plier bagage et s'en aller par les portes à tambour.

Moi, je ne me décidais pas à partir... je m'obstinais... Je ne voulais pas quitter l'endroit sur un tel échec... j'essayais tout...

On le voit secouer des tennismen, des golfeurs, etc. Il ne récolte que balles, serre-tête ou casquettes à visière.

... Et enfin, un matin du mois de mai...

Maurice secoue des jambes d'homme et soudain tombe dans son tamis quelque chose qui brille comme de l'or. Sa main se précipite sur le petit objet. Il regarde. Ce sont deux clefs croisées en or. Il entend alors la voix de l'homme qu'il vient de secouer.

L'HOMME *(off)*. Rends-les-moi, c'est du toc.

Maurice relève lentement la tête et s'aperçoit qu'il s'agit du concierge du Palace. Il lui rend ses clefs d'or.

LE CONCIERGE *(les rajustant sur son revers)*. Merci, petit. Ne sois pas triste. Je t'ai observé tout l'hiver. Tu n'es pas fait pour être chercheur d'or...

MAURICE *(découragé)*. Sans doute, vous avez raison...

LE CONCIERGE. Mais t'es un bon petit gars, courageux et honnête. Si tu le veux, j'ai un boulot pour toi...

MAURICE *(reprenant vie)*. C'est vrai m'sieur, vous me feriez confiance...?

LE CONCIERGE. Oui. Ça te dirait d'être chasseur ?

Le hall, le jour.

Un client très élégant et sa femme sont en train de payer leur note à la caisse. Une fois qu'ils ont terminé, le concierge remue sa clochette.

LE CONCIERGE. Chasseur !

Jaillit de derrière les plantes vertes Maurice en trappeur, un long fusil à la main.

LE CONCIERGE. Les bagages de M. et Mme Larifour.

Un peu déçu, Maurice met son fusil en bandoulière et vient chercher les bagages des clients. Il les accompagne jusqu'aux portes tournantes.

VOIX DE MAURICE *(off)*. Bien sûr, il n'y a pas beaucoup de gibier... je m'occupe surtout des bagages... mais enfin, certains soirs je reviens pas bredouille...

Une dame avec un chapeau où est perché une sorte de faisan doré passe. Maurice épaule, tire, le chapeau virevolte dans l'air et tombe sur le sol. Maurice court le ramasser et le met dans sa gibecière.

C'est pas le Pérou mais c'est quand même mieux que quand j'étais chercheur d'or.

JEAN-MICHEL RIBES/ROLAND TOPOR

Hallali

La salle à manger, le jour.

Un client solitaire, installé à une table, est en train de déguster avec un plaisir visible une tranche de viande en sauce.
Le directeur, tenant une tête de cerf à la main, fonce vers la table, s'empare de l'assiette qu'il renifle et pousse un gémissement.

DIRECTEUR *(pitoyable).* Pas d'erreur, c'en est ! *(Sur un vague signe du client, il se laisse tomber sur l'une des chaises en marmonnant.)* Mon Dieu, mon Dieu…

CLIENT *(gagné par l'affolement).* C'est quoi ? Ce n'est pas du cerf ? J'avais demandé un rôti de cerf…

DIRECTEUR *(amer).* Oh, rassurez-vous. C'est bien du cerf… Il n'y en avait qu'un, mais c'en est.

CLIENT *(qui ne comprend pas).* Je ne comprends pas…

DIRECTEUR *(éclatant).* Il n'y avait plus de cerf de boucherie… Le cerf que vous êtes en train de vous taper était destiné à la chasse à courre de Dragomir Ier de Croatie et ils me l'ont tué ! Que vais-je dire au roi ? Mon Dieu, mon Dieu…

CLIENT. La chasse de Dragomir Ier ? Mais il n'y a plus de roi en Croatie !

DIRECTEUR. Bien entendu puisqu'il est ici, au Palace. Sa Majesté habite avec sa sœur dans la suite royale de l'aile sud et, une fois par mois, très exactement le premier samedi de chaque mois, elle chasse le cerf… à courre… comme en Croatie.

CLIENT *(réalisant).* Mais, sapristi, nous sommes le premier samedi du mois.

DIRECTEUR *(pressant).* Ecoutez, mettez-vous à ma place. Je ne peux pas annuler la chasse. Alors, tenez… *(Il lui pose la tête de cerf sur la tête.)* On va l'attacher et vous ferez le cerf puisque, après tout, c'est vous qui êtes responsable.

Il attache la tête de cerf.

CLIENT. Mais je ne sais pas…

DIRECTEUR. Oh, ce n'est pas compliqué, il suffit de courir… *(On entend des cors, des aboiements de chiens.)* Vous ne devriez pas traîner, ils vont rappliquer *(Regardant sa montre.)* ... dans moins d'une minute. Bonne chance.

CLIENT *(déjà traqué).* Dans moins d'une minute ! Oh ! la la ! Il faut que je me sauve…

DIRECTEUR. … Et merci, monsieur. *(Le client détale. Le directeur s'éponge le front puis, avisant l'assiette, prend la fourchette et goûte.)* Huuummm, pas mauvais !

Il se met à manger avec appétit tandis que les rabatteurs font irruption dans la salle avec les chiens en laisse.

UN RABATTEUR. Vous avez vu la bête ?

DIRECTEUR. Il est parti par là. *(Il indique une direction opposée à celle prise par le client.)* Pauvre bougre, ça lui donnera toujours une minute de plus !

Le bar, le jour.

Dragomir Ier et ses barons, en grand costume de chasse, piaffent d'impatience, en tenant le guidon de leurs trottinettes. Quelques grandes dames, en amazone, ont plus de difficultés à maintenir leur monture. La princesse Ulla laisse tomber la sienne.

DRAGOMIR. Vous êtes en retard princesse.

PRINCESSE ULLA. Pardonnez-moi Sire mais je préférerais tout de même ma jument !

DRAGOMIR. Et moi, je donnerais volontiers mon empire pour un cheval mais que voulez-vous, princesse, c'est ça l'exil. Plus d'empire et plus de cheval !

LE BARON ULRICH. Tenez, princesse Ulla, prenez ma patinette ! Elle est très docile.

PRINCESSE ULLA. Non merci, baron Ulrich. J'ai l'habitude de mater mes bêtes moi-même.

On entend le son du cor.

DRAGOMIR *(excité).* Ils ont débusqué l'animal ! Ça vient du deuxième étage ! *(Il s'élance, suivi de ses gens.)* Mon casque, baron Ulrich et en avant.

UNE DAME *(au barman).* Un Bloody Mary, Albert.

LE BARMAN. Vous chassez pas avec les autres, comtesse ?

LA DAME. Non, je trouve ce jeu cruel et dégradant. Mon cœur bat toujours du côté du cerf. J'espère qu'il leur échappera !

Le hall, le jour.

Le client à la tête de cerf dévale l'escalier, trébuche, parcourt quelques mètres, puis s'arrête, la main sur le cœur. Il n'en peut plus. Il halète. Plaqué contre le mur, il écoute. Il entend les aboiements des chiens, des cris, des sons de cors. Il essaie vainement d'ouvrir quelques portes de chambres pour s'y réfugier. Puis, il avise la porte des toilettes de l'étage et s'y précipite.

CLIENT. Ah ! Si seulement j'arrivais à digérer ce putain de cerf, je courrais plus vite !

Le hall, le jour.

Dragomir patine aux côtés de la princesse Ulla.

DRAGOMIR. L'animal est rusé. Ce doit être un vieux solitaire !

PRINCESSE ULLA *(excitée).* Cette première chasse me faisait peur... mais finalement, j'adore... C'est très excitant.

DRAGOMIR. Je vous offrirai donc le trophée... Ce sera au moins un seize cors. *(Son du cor.)* Ah, le cerf est forcé... *(Il écoute encore le cor.)* Il est au point d'eau du huitième étage... *(A la princesse.)* Allons-y princesse Ulla.

PRINCESSE ULLA. Majesté, il vaut mieux prendre l'ascenseur.

Le couloir, le jour.

Le client à la tête de cerf sprinte dans le couloir. Les rabatteurs et les chiens, auxquels se sont joints des barons en trottinette, apparaissent au fond du couloir.
Le client tourne, se précipite vers une porte. Miracle, elle s'ouvre ! Il s'y engouffre et referme la porte derrière lui tandis que retentissent les "Taïaut" et que résonne l'hallali.

La chambre, le jour.

Le client cherche vainement à tourner la clef dans la serrure. Peine perdue... elle est cassée. Il jette la clef avec rage.

CLIENT. Pas de clef. Je suis perdu ! *(Il se précipite vers la fenêtre et tente de l'ouvrir, en vain.)* Seul un miracle... O saint Hubert... Venez à mon secours !!

Le couloir, le jour.

Les barons, les rabatteurs, les chiens sont groupés devant la porte. Dragomir et la princesse Ulla les rejoignent.

LE BARON ULRICH. C'est l'hallali ! Sire, vous allez pouvoir servir le cerf.

DRAGOMIR. Baron Ulrich ! Ouvrez cette porte et lâchez les chiens…

PRINCESSE ULLA. Est-ce qu'il va pleurer ? Est-ce que le cerf pleure vraiment avant de mourir ?

DRAGOMIR. Oui, comme un crocodile.

PRINCESSE ULLA. Ça me passionne, Dragomir !

La chambre, le jour.

CLIENT *(pleurant).* Oh, mon Dieu ! Je vais mourir… si jeune… sans avoir rien fait de ma vie…

UNE FÉE *(sort de l'armoire).* Je suis la fée des forêts. Saint Hubert a pitié de toi. Tiens, prends ça…

Elle lui tend un étui à violon.

CLIENT. Merci mais je suis nul au violon !

Il tient maladroitement l'étui tandis que la fée disparaît dans l'armoire. La porte s'ouvre. Dragomir, ses barons et la princesse Ulla pénètrent dans la pièce. Dragomir a son couteau de chasse à la main.

DRAGOMIR. Regardez, princesse, ses yeux sont humides.

PRINCESSE ULLA. … Et il joue du violon… Quelle sensibilité merveilleuse.

Traqué, acculé dans un coin, le client ouvre soudain son étui et en tire une mitraillette qu'il braque.

CLIENT. Après tout, ce n'est que de la légitime défense !

Il tire une rafale. Dragomir et quelques barons s'effondrent, aussitôt dévorés par les chiens.

Ça, c'est juste pour faire monter le budget.

LES BARONS RESTANTS ET ULLA. Le roi est mort ! *(Ulla ramasse la couronne de Dragomir et la pose sur la tête de cerf du client.)* Vive le roi !

Acclamations.

ULLA. Vive Dragomir II de Croatie !

TOUS. Longue vie au roi !

Ulla l'embrasse passionnément sur la bouche.

ULLA. Cochon, tu bandes comme un cerf !

Le bar, le jour.

Dragomir II, sans couronne, sans tête de cerf et sans Ulla, boit ce qui reste dans son verre, cul sec.

DRAGOMIR. Et puis, je continue la tradition mais désormais nous ne chassons que l'ours brun. Alors ? C'est pas la plus belle histoire du Palace, ça ?

HENRI *(le barman).* Oui, elle est pas mal mais je préfère celle du pickpocket pincé par un kangourou…

ROLAND TOPOR/JEAN-MICHEL RIBES

Le Seau

La salle à manger, la nuit.

Une jolie jeune femme et un homme élégant terminent de dîner. Ils sont assis côte à côte. L'homme élégant a l'air très près de la jeune femme qui visiblement ne répond pas aux avances de son élégant convive. Ils boivent du champagne.

L'HOMME *(sortant la bouteille du seau).* Une dernière petite larme Fabienne ?

FABIENNE. Non merci.

L'HOMME. Une larme qui pétille c'est une étoile… une étoile, ça ne peut pas faire de mal… Vous le savez vos yeux en sont remplis.

Il verse dans son verre.

FABIENNE *(lasse).* Thibault, soyez gentil, ne cherchez pas à me griser, je vous assure, c'est inutile…

THIBAULT *(cherchant à l'embrasser dans le cou).* Si je ne vous grise pas, vous ne me donnez pas le blues…

FABIENNE *(le repoussant).* Ça suffit Thibault, je vous ai dit non, c'est non !

Thibault se redresse, lâche négligemment la bouteille de champagne dans le seau ; mais au lieu de s'y tenir, elle disparaît dans le seau, après deux ou trois secondes de doute, on entend un gros plouf.

THIBAULT *(sidéré)*. Ça alors ?... Vous avez vu...

FABIENNE *(un peu ailleurs)*. Quoi ?

THIBAULT *(troublé)*. Mais la bouteille elle a... elle est tombée à pic... enfin je veux dire au fond...

FABIENNE *(se moquant)*. A pic ou au fond, ce n'est pas pareil !...

THIBAULT. Dans le seau, elle a disparu dans le seau.

Il se penche dans le seau.

FABIENNE *(éclatant de rire)*. Vous êtes totalement ivre, Thibault !

THIBAULT. Tenez, regardez !

Il prend sa fourchette, son couteau et les jette dans le seau. On entend un bruit de chute comme dans un puits, suivi de deux plouf rapprochés. Inquiet.

C'est hallucinant non ?

FABIENNE *(troublée)*. Qu'est-ce que c'est que cette histoire ?... C'est encore une de vos facéties ?... Thibault répondez-moi !

THIBAULT. Je n'y comprends rien.

Il lui passe le seau. Fabienne regarde à l'intérieur.

FABIENNE. C'est tout noir, on ne voit rien.

THIBAULT. Ça a l'air profond ?

FABIENNE. Je ne sais pas, on va voir...

Elle s'apprête à mettre sa main à l'intérieur. Thibault bondit et lui saisit la main.

THIBAULT. Vous êtes folle... s'il y avait un crocodile !

FABIENNE. Un crocodile dans un seau à champagne !

THIBAULT. Vous ne lisez pas les journaux, elles remontent partout, ces bestioles !

FABIENNE. Thibault ne soyez pas complètement crétin !

Elle veut remettre son bras, il l'en empêche à nouveau, petit pugilat. Soudain on entend un bruit de chute dans le seau suivi encore d'un grand plouf. Moment de stupeur. Fabienne met ses mains autour de son cou – elle pousse un cri.

Mes émeraudes !

THIBAULT. Quoi vos émeraudes !

FABIENNE. Elles sont tombées dans le seau… *(Elle hurle.)* Mes émeraudes !!

THIBAULT. Calmez-vous Fabienne je m'en occupe…

Le directeur accourt avec Félix.

LE DIRECTEUR *(paniqué, regardant la jeune femme en pleurs)*. Que se passe-t-il monsieur, c'est une arête de poisson ? Un chagrin d'amour ? Ou un début d'angine ?

THIBAULT *(furieux)*. C'est un collier d'émeraudes, monsieur le directeur, un collier d'émeraudes qui a été volé par le seau !

Il brandit le seau.

LE DIRECTEUR. Ce n'est pas possible, nous utilisons ces seaux depuis trente ans et nous n'avons jamais eu le moindre…

THIBAULT. Vous ne me croyez pas !!!

LE DIRECTEUR. Mais si, bien sûr, je vous crois, je crois tous les clients depuis trente ans, il n'y a pas un seul client que je n'aie pas cru, en trente ans ! N'est-ce pas Félix ?

FÉLIX. C'est exact, nous croyons toute notre clientèle, jour et nuit.

THIBAULT *(se levant avec le seau)*. Qui s'occupe des seaux ici ?

FÉLIX. Le barman, monsieur.

Entre deux sanglots, Fabienne hurle.

FABIENNE. Mes émeraudes !

THIBAULT. Ne vous inquiétez pas Fabienne, je prends les choses en main… Le bar, c'est par ici ?

FÉLIX. Oui monsieur.

Thibault s'y dirige d'un pas ferme, tandis que le directeur tente de réconforter Fabienne.

Le bar, la nuit.

Thibault arrive dans le bar, derrière le comptoir, Henri essuie ses verres.

HENRI. Ça y est monsieur ?

THIBAULT. Ça y est.

Il pose le seau sur le comptoir.

HENRI *(à son garçon)*. Roland… tu dis que c'est fermé pendant dix minutes…

THIBAULT. Ça a marché comme sur des roulettes, formidable Henri…

HENRI. Oh moi je n'y suis pas pour grand-chose. C'est surtout eux…

Il désigne l'intérieur du seau, Thibault se penche au-dessus.

THIBAULT. Bravo les gars !

VOIX OFF D'HOMMES DANS LE SEAU. Merci m'sieur.

Henri prend une corde au bout de laquelle il y a un petit panier et la descend dans le seau.

HENRI. O.K. les gars, vous renvoyez les émeraudes…

VOIX OFF D'HOMMES DANS LE SEAU. Bien compris ! On les met dans le panier.

Henri remonte la corde.

THIBAULT *(très excité)*. Je lui rapporte les émeraudes, je suis son héros, elle devient folle de moi et enfin je la saute, mais alors je la saute comme une bête !

Henri, qui a remonté le panier, tend à Thibault le collier d'émeraudes.

HENRI. Voilà monsieur.

THIBAULT. Merci. Prenez ! Voilà pour vous…

Il sort du bar avec le collier, très enfiévré.

HENRI *(se penche dans le seau)*. C'est terminé les gars vous pouvez remonter !

La salle à manger, la nuit.

Triomphant, Thibault rentre dans la salle à manger, collier dans la main.

FABIENNE *(l'apercevant)*. O Thibault vous les avez retrouvées…

THIBAULT. Pour vous j'aurais été les chercher sur la mer…

FABIENNE. O mon amour !…

THIBAULT. Ça y est !

Le directeur lui avance une chaise.

LE DIRECTEUR. Tout est bien qui finit bien… Si monsieur peut se donner la peine de s'asseoir.

THIBAULT. Mais bien sûr…

Il s'assied sur sa chaise, et aussitôt il disparaît avec la chaise dans le sol, on entend un grand "AAAAAH" qui s'éloigne comme dans un puits suivi d'un énorme plouf.

LE DIRECTEUR. Voilà madame.

FABIENNE *(remettant son collier)*. Je vous remercie monsieur Loxe parce que sinon, je vous assure il allait me sauter comme une bête, vraiment comme une bête !

JEAN-MARIE GOURIO/JEAN-MICHEL RIBES

L'homme qui a tout vu de la fenêtre du salon

Le salon, le jour.

Deux hommes regardent par une grande baie vitrée d'un salon. Les rideaux sont tirés de manière à leur laisser un champ de vision suffisant.

A travers la vitre, on aperçoit un fond indistinct de verdure. L'un des deux hommes, habillé de tweed, a les allures d'un vieux gentleman. L'autre, plus jeune, pantalon blanc, ample aux hanches et veste de tennis rayée, lui marque de la déférence.
Tapis, plantes vertes en bacs d'acajou, luminaire 1930 (coupe dépolie sur haute tige nickelée), table avec fauteuils clubs.

LE VIEUX GENTLEMAN. Autrefois, d'ici, par beau temps, on distinguait les côtes de Corse.

LE JEUNE HOMME DÉFÉRENT. Vous êtes sûr ?

LE VIEUX GENTLEMAN. Et certains soirs, par temps clair, on pouvait voir le coucher de soleil sur le mont Blanc.

LE JEUNE HOMME. Ah, ah ! Et là, que voyez-vous ?

LE VIEUX GENTLEMAN *(ignorant la question)*. Malheureusement, le jour où Blériot a traversé la Manche, il y avait un peu de brume. Oh ! une très légère brume mais suffisante pour rendre incertain le moment précis où l'aéroplane a touché les blanches falaises d'Albion. Oui ! très regrettable.

LE JEUNE HOMME. Mais aujourd'hui, l'air est assez limpide. Avec un peu de chance, on pourrait distinguer…

LE VIEUX GENTLEMAN. Quoi donc ?

LE JEUNE HOMME. Je ne sais pas. Je m'efforce de voir. Mais au fond, je m'en remets à vous qui semblez avoir meilleure vue que moi.

LE VIEUX GENTLEMAN *(ne se laissant pas entraîner dans le jeu)*. Le plus beau, c'est lorsque le paquebot *Ville de Clermont-Ferrand* est venu s'échouer, juste là, devant. Vlaf ! L'étrave plantée tout droit ! Vous parlez d'une impression !

LE JEUNE HOMME. J'imagine.

LE VIEUX GENTLEMAN. Et ce pauvre Ascari.

LE JEUNE HOMME. Ascari ?

LE VIEUX GENTLEMAN. Grand Prix de Monaco 1947. Sa voiture a quitté le circuit à la sortie du virage que vous voyez là-bas. Deux tonneaux et elle est venue s'immobiliser là. Juste là ! *(Il montre le devant de la baie.)* Tué sur le coup, sous nos yeux ! Une roue folle est venue percuter la baie vitrée. On a cru que tout allait s'effondrer.

LE JEUNE HOMME. Je croyais qu'Ascari s'était tué en tombant dans le port de Monaco avec sa voiture ?

LE VIEUX GENTLEMAN. Parfaitement ! Dans l'ancien port ! Celui qui a été comblé pour gagner sur la mer. Rapacité immobilière qui nous vaut cette vue infecte sur cette falaise de buildings prétentieux. Dallas-sur-Mer ! Avant, le désert commençait ici et déroulait ses dunes jusqu'à l'horizon. Lorsque le simoun soufflait, vous n'auriez pas tenu ici, malgré les baies hermétiquement closes. Le sable s'infiltrait jusqu'entre les bank-notes dans les portefeuilles !
Un jour de simoun justement, un avion de l'Aéropostale, perdu dans la tourmente, s'est écrasé pratiquement au ras de la vitre. *(Il recule.)* Le pilote s'en est tiré. Une fameuse chance qu'il a eue là ! Tout l'hôtel a sablé le champagne jusqu'à l'aube. On ne peut pas dire que tous les événements que j'ai vus se dérouler sous mes yeux, à travers cette baie vitrée, aient eu un dénouement aussi heureux.

LE JEUNE HOMME. Et vous n'avez pas peur de rester là, exposé à tous les dangers ?

LE VIEUX GENTLEMAN. Peur ? Hummm ! Je n'aurai jamais autant peur que le jour où je les ai vus là, de l'autre côté, face à moi, tous les douze ! Moi, les mains liées derrière le dos – j'avais refusé que l'on me bandât les yeux – et l'officier le bras levé ! *(Il lève le bras. Un serveur, interprétant le bras levé du client comme un appel, s'approche.)* Il y en avait un, pauvre type, blanc comme un linge. Je voyais son fusil trembler.

LE SERVEUR. Ces messieurs désirent quelque chose ?

31

LE VIEUX GENTLEMAN. Hein ? Ah, oui ! Pourquoi pas ? *(Au jeune homme.)* Que diriez-vous d'un petit whisky ?

LE JEUNE HOMME. C'est une idée. Avec deux glaçons !

LE VIEUX GENTLEMAN. Sans glace, pour moi.

LE SERVEUR. Très bien, messieurs. Je vous les apporte tout de suite.

Il sort.

LE JEUNE HOMME. Et alors ?

LE VIEUX GENTLEMAN. Longtemps il y a eu la marque des balles dans la vitre. *(Il désigne des points de la vitre.)* Un trou là. Un là. Deux autres à peu près ici, groupés. Et là, alors, un énorme éclat où on pouvait passer le poing. Plus un impact tout en bas, sans doute le tir du malheureux qui tremblait comme une feuille. Après la guerre, ils ont remplacé la vitre. Plus de traces ! Oublié tout ça ! Sauf aux changements de temps. Alors là, surtout quand il va pleuvoir *(Mouvement circulaire de la main sur la vitre.)*, j'ai l'impression que tous ces trous vont se rouvrir. Mais bah ! parlons d'autre chose.

LE SERVEUR *(il pose les consommations sur une table proche des deux hommes)*. Vos whiskies, messieurs.

LE VIEUX GENTLEMAN. Ah, merci ! *(Au jeune homme.)* A votre santé, mon garçon !

LE JEUNE HOMME. A la vôtre, monsieur.

LE VIEUX GENTLEMAN *(regardant sa montre)*. Presque la demie ; elle ne va pas tarder.

LE JEUNE HOMME. Vous attendez quelqu'un ? En ce cas, je vais vous laisser.

LE VIEUX GENTLEMAN. Non ! Non ! Au contraire. Restez donc. J'attends ma femme. Vous la verrez ! *(Il se penche un peu et regarde à travers la vitre.)* Justement la voilà !

Le jardin, le jour.

Contrechamp.
Un bout de pelouse devant la baie vitrée. Dans l'embrasure on aperçoit le vieux gentleman et le jeune homme, verres à la main, regardant dehors.
Une nymphe, vêtue de voiles transparents, arrive en courant à petites foulées légères. Elle fait mine de fuir devant un satyre couronné de pampres et vêtu d'une ceinture de lierre et d'un tee-shirt "Dingo

Palace". Ils font trois petits tours devant la baie. Au passage la nymphe fait un petit bonjour de la main au vieux gentleman qui le lui rend. Le satyre salue aussi. Le vieux gentleman lui rend son salut.

LE SATYRE. Hou ! Je l'attrape ! Je l'attrape ! Je l'attrape ! Hou ! Si je l'attrape, je la pince…

LA NYMPHE. Hi ! Hi ! Hi ! Hi ! Hi !…

Ils sortent.

Le salon, le jour.

LE JEUNE HOMME *(plein d'espoir).* Vous croyez qu'ils vont repasser ?

LE VIEUX GENTLEMAN. Ce serait de la folie ! L'express de 17 h 34 va passer d'une seconde à l'autre.

Ils boivent en silence. Soudain, l'air s'emplit du bruit d'un train surgissant dans un grondement de tonnerre. Il défile à toute vitesse derrière la baie dont la vitre tremble, projetant des alternances d'ombre et de lumière sur les deux buveurs impassibles.

GÉBÉ

Service après-vente

Le hall du Palace, le jour.

M. de Follainville traverse le hall, fait une halte à la réception pour déposer sa clef.

LE CONCIERGE. Monsieur de Follainville, bonjour.

FOLLAINVILLE. Bonjour, Alexandre.

LE CONCIERGE. Bien dormi, monsieur ? Tout s'est bien passé ?

FOLLAINVILLE. Oui, oui. Très bien, merci.

LE CONCIERGE. Vous dites "oui" mais j'ai l'impression que vous pensez "non"… Vous n'avez pas été totalement satisfait ?

FOLLAINVILLE. Si, si ! Dans l'ensemble, c'était très agréable…

LE CONCIERGE. Seulement "dans l'ensemble" ! C'est inadmissible ! Je vais immédiatement convoquer le responsable du service…

FOLLAINVILLE. Non, non. Je vous en prie. Il s'agit juste d'un petit rien… Ça ne vaut même pas la peine d'en parler.

LE CONCIERGE. C'est l'honneur du Palace et sa réputation dont il s'agit, monsieur. Je vous supplie de me signaler ce qui ne vous a pas donné entière satisfaction cette nuit…

FOLLAINVILLE. Bon… Vous allez dire que je suis maniaque mais, au début, quand – après ce magnifique vol de dindons argentés – Marilyn Monroe, à moitié nue, sort du volcan perchée sur cette espèce de… de…

LE CONCIERGE. … De phacochère…

FOLLAINVILLE. C'est ça… et qu'elle s'avance vers moi avec cette envie visible de m'embrasser… Eh bien, je trouve le décor, l'ambiance, le climat… un peu tristes.

LE CONCIERGE. Tristes ?

FOLLAINVILLE. Oui.

LE CONCIERGE. Les petites pygmées qui dansent sous la palmeraie ne vous ont pas amusé ?

FOLLAINVILLE. … Trop bruyantes…

LE CONCIERGE. Tiens !…

FOLLAINVILLE. Ah oui ! Beaucoup trop bruyantes. Normalement, l'avantage du pygmée quand il danse, c'est que c'est imperceptible…

LE CONCIERGE. Ah ?!!

FOLLAINVILLE. Oui. Un vrai pygmée, c'est grand comme ça. *(Espace entre son index et son pouce.)* Ça ne doit, pour ainsi dire, pas s'entendre…

LE CONCIERGE. Ça n'a pas perturbé votre relation avec Mlle Monroe j'espère ?

FOLLAINVILLE. Non, parce que Marilyn a tout de suite senti que j'étais agacé. Alors, elle m'a fait un massage du dos avec sa poitrine pour me détendre…

LE CONCIERGE. Ah ! Tant mieux… !

FOLLAINVILLE. Non, c'est une fille très bien, Marilyn !

LE CONCIERGE. … Très intuitive… et puis très calme…

FOLLAINVILLE. Oui, heureusement, parce que, avec les éléphants, il faut avoir les nerfs solides.

LE CONCIERGE. Ne me dites pas que vous n'avez pas aimé les éléphants !!?

FOLLAINVILLE. Ecoutez ! Quand on est en train de faire l'amour avec Marilyn Monroe dans du lait d'ânesse et que vous avez soudain une horde d'éléphants qui passe en barrissant à trois centimètres de la baignoire… c'est crispant !

LE CONCIERGE. Oui mais alors monsieur Follainville, je me demande si vous n'auriez pas dû commander un rêve plus doux, plus tranquille…

FOLLAINVILLE. Non ! Vous pouvez peut-être simplement supprimer les éléphants. C'est tout.

LE CONCIERGE. C'est impossible ! Un rêve qui s'appelle "Folie africaine avec Marilyn Monroe" sans les éléphants, ça ne veut plus rien dire…

FOLLAINVILLE. Alors, faites-les passer plus loin ou je ne sais pas moi. Faites passer des explorateurs tout doucement. C'est très africain, un explorateur…

LE CONCIERGE. Je suis surpris de cette aversion que vous avez pour les éléphants, parce que moi, quand il est libre, je commande souvent le rêve et quand je suis avec Marilyn Monroe dans la baignoire, ça ne me gêne pas du tout… au contraire !

FOLLAINVILLE. Ah bon !!?

LE CONCIERGE. Non ! Je dirais même que ça m'aide… leur présence.. leurs trompes… je ne sais pas… Enfin, je note vos réclamations…

FOLLAINVILLE. Réclamations… réclamations… C'est un bien grand mot. Disons… des suggestions parce que toute la fin du rêve était parfaite : le gorille blanc qui nous a mariés, la réception chez ce type très sympathique avec une tête de rat qui parlait admirablement de James Joyce et puis alors ces petites filles de la tribu des Swalou qui se trémoussaient au sommet du gâteau… une merveille !!…

LE CONCIERGE. Elles sont mignonnes, non ?

FOLLAINVILLE. Plus que ça… A ce propos *(Il se penche sur le comptoir, fait signe au concierge de s'approcher et lui parle à l'oreille.)*, ne serait-il pas possible d'en glisser une ou deux dans la baignoire avec Marilyn Monroe ?

LE CONCIERGE. C'est peut-être beaucoup demander, monsieur. Il ne faut pas rêver tout de même…

FOLLAINVILLE. Oui, vous avez raison… Bonne journée, Alexandre.

LE CONCIERGE. A vous aussi monsieur de Follainville…

M. de Follainville s'éloigne vers les portes à tambour.

FRANÇOIS ROLLIN/JEAN-MICHEL RIBES

Amours hawaïennes

Le hall du Palace, le jour.

Un client élégant au comptoir de la réception, une valise posée à ses pieds. Un employé lui présente sa note.

L'EMPLOYÉ. Votre note, monsieur.

LE CLIENT. Merci.

Le client parcourt machinalement la note du regard. Soudain, intrigué, il pointe une ligne du doigt.

Dites-moi, là, sous "Homard thermidor", je vois "Rêve n° 24"... Je n'ai jamais commandé de rêve...

L'EMPLOYÉ. Monsieur n'a pas commandé "Amours hawaïennes" ?

LE CLIENT. Mais jamais de la vie.

L'EMPLOYÉ. Je vous prie de nous excuser. Il s'agit d'une erreur de la comptabilité. Je fais rectifier immédiatement votre note...

LE CLIENT. "Amours hawaïennes" vous avez dit ?

L'EMPLOYÉ. Oui, monsieur. C'est le rêve n° 24.

LE CLIENT. C'est un beau rêve ?

L'EMPLOYÉ. Enchanteur, monsieur.

LE CLIENT. A moins que... *(Il regarde sa montre.)* Laissez, je vais le prendre, ça évitera les comptes... On peut me le servir tout de suite ?

L'EMPLOYÉ. Tout à fait, monsieur. Le seul inconvénient, c'est que monsieur a rendu sa chambre...

LE CLIENT. Ce n'est pas grave. Je vais le prendre ici, au comptoir... C'est possible ?

L'EMPLOYÉ. Mais parfaitement, monsieur. Je vous commande le rêve n° 24 immédiatement.

Il décroche le téléphone. Une ravissante jeune femme, qui vient de pénétrer dans le hall, s'approche du comptoir de la réception et se place à côté du client.

LA JEUNE FEMME *(à l'employé qui raccroche).* Je voudrais la clef de la chambre 128, s'il vous plaît.

L'EMPLOYÉ. Tout de suite, madame.

Il décroche la clef au tableau et la lui donne. A ce moment arrivent dans le hall deux grooms portant un grand paravent plié, des accessoires hawaïens, palmiers, pirogues, colliers de fleurs, etc., très "théâtre".

Voici votre rêve, monsieur.

LE CLIENT. Ah, parfait !

La jeune femme regarde intriguée les deux grooms qui installent le décor du rêve. Un paysage de mer bleue apparaît sur le paravent déplié. On accroche un soleil. Plus tard, on mettra un disque de musique hawaïenne, etc.

LA JEUNE FEMME. Oh que c'est joli ! Qu'est-ce que c'est ?

LE CLIENT. C'est mon rêve, madame.

LA JEUNE FEMME. Ah ! Alors, je vous laisse.

LE CLIENT. Je vous en prie, ça ne me dérange pas. Si vous souhaitez rester…

LA JEUNE FEMME. Non, non. Un rêve, c'est personnel.

LE CLIENT. Un rêve pour deux, ça peut être amusant. C'est une expérience. Si ça vous tente.

LA JEUNE FEMME. C'est-à-dire que… Je ne rêve jamais. Ce serait une première…

LE CLIENT. Regardez, ça a l'air pas mal.

LA JEUNE FEMME *(regarde puis se décide d'un coup).* Allez, je reste…

LE CLIENT. Bravo ! C'est courageux…

LA JEUNE FEMME. Pas tellement…

LE CLIENT. Si ! Un premier rêve, ce n'est jamais très rassurant.

LA JEUNE FEMME. Oui mais vous, vous l'êtes tellement…

LE CLIENT. Ah bon ? C'est la première fois qu'on me dit ça.

LA JEUNE FEMME. Même si vous m'avez menti et qu'en vérité vous avez commandé un cauchemar, je resterai avec vous…

LE CLIENT. C'est gentil…

LA JEUNE FEMME. Je me sens si bien depuis que je suis là, à côté de vous…

LE CLIENT. Moi...

LA JEUNE FEMME. Vous ?

LE CLIENT. Moi aussi... Ah ! je crois que le rêve va commencer.

LA JEUNE FEMME. Lionel...

LE CLIENT. Mais comment savez-vous mon nom ?

LA JEUNE FEMME. Il est inscrit sur l'étiquette de votre bagage.

LE CLIENT *(troublé)*. Que vous êtes belle...

LA JEUNE FEMME. Lionel, j'ai envie de vous embrasser.

Le client ému approche ses lèvres de celles de la jeune fille. Au moment où elles vont se toucher, un groom, qui préparait le décor, s'avance.

LE GROOM. Le rêve de monsieur est avancé.

Le client sursaute.

L'EMPLOYÉ *(au groom)*. Joël, voyons, vous voyez bien que monsieur est occupé...

LE CLIENT. Non, non ! Allez-y... Commencez...

LE GROOM. Bien monsieur...

Il fait un signe. L'autre groom met la musique hawaïenne.

LA JEUNE FEMME. Je n'aime pas cette musique.

LE CLIENT. Moi non plus.

LA JEUNE FEMME. Viens...

LE CLIENT. On ne peut pas partir au milieu...

LA JEUNE FEMME (*à l'oreille de Lionel*). J'ai envie de toi...

LE CLIENT. Sylvie...

LA JEUNE FEMME. Comment sais-tu mon nom ?

LE CLIENT. Je t'attends depuis si longtemps...

Ils s'embrassent follement.

PREMIER GROOM. Il regarde même pas !

DEUXIÈME GROOM. Qu'est-ce qu'on fait, on continue ?

L'employé leur fait signe de couper la musique. Le groom s'exécute.

LE CLIENT *(se retourne vers le desk)*. C'est fini ?

L'EMPLOYÉ. Oui, monsieur…

LE CLIENT *(se retourne).* Tu vois, ça n'a pas été long… *(Il s'aperçoit que la jeune femme a disparu.)* Sylvie ? Mais où est la jeune femme qui était avec moi ?

L'EMPLOYÉ. Elle fait partie du rêve, monsieur.

LE CLIENT. Ce n'est pas possible !!?

L'EMPLOYÉ. Si monsieur.

LE CLIENT. C'est ce qu'on va voir ! Recommandez-moi le rêve… et tout de suite !

L'EMPLOYÉ. Hélas, monsieur. Il a été demandé pendant que monsieur rêvait.

L'employé montre au client les grooms qui s'éloignent emportant le paravent replié et les accessoires ainsi que la jeune femme qui porte un palmier.

On le livre au client du 102.

GÉBÉ/JEAN-MICHEL RIBES

Le Bouchon

Une chambre du Palace, la nuit.

La porte de la chambre 122 s'ouvre sous l'impulsion d'un joyeux coup de pied. Portant sa femme en robe blanche dans ses bras, un jeune marié en habit pénètre dans la chambre.
Il dépose sa femme sur le lit et aussitôt se jette sur elle en l'embrassant. Dans leurs ébats amoureux, ils roulent sur le lit ; la jeune mariée, dans une étreinte, laisse tomber sa tête de l'autre côté et aperçoit, sous le lit, une ficelle reliée au matelas qui descend dans le plancher par un petit trou.

LA JEUNE MARIÉE. Christian ! Tu as vu ? Il y a une ficelle sous le lit…

LE JEUNE MARIÉ *(l'embrassant).* … Et sur le lit il y a moi… et toi, mon amour…

Il arrache son corsage et lui mord passionnément l'épaule. La jeune mariée gémit de plaisir.

La cuisine du Palace, la nuit.

Un maître d'hôtel entre précipitamment dans la cuisine.

LE MAÎTRE D'HÔTEL. C'est déjà commencé ?

MAX LE MARMITON. Non, mais ça va pas tarder.

Le maître d'hôtel se dirige vers la grande table au milieu de la cuisine où, sous une lampe très blanche, une trentaine de membres du personnel masculin de l'hôtel sont assis. Tout le monde fixe un bouchon suspendu à une ficelle qui tombe du plafond ; bouchon qui reste là, immobile, à cinquante centimètres au-dessus du centre de la table. Le maître d'hôtel enlève sa veste queue-de-pie, écarte légèrement deux grooms et s'assied sur le banc du fond.

LE MAÎTRE D'HÔTEL. C'est bien ce soir ?

PREMIER GROOM. Je sais pas. On est câblés sur la 122.

LE MAÎTRE D'HÔTEL. La 122 ?... Non, je les ai pas vus...

DEUXIÈME GROOM. Pierre dit que ça risque d'être pas mal...

LE MAÎTRE D'HÔTEL *(à Pierre)*. Tu les connais ?

PIERRE *(au garçon d'étage)*. Je les ai croisés dans l'escalier... J'ai le sentiment que ça va être bien...

LE MAÎTRE D'HÔTEL. Espérons, parce que samedi dernier, quelle déception... !

MAX. Chut... Ça y est... Ça commence...

Tout le monde fixe le bouchon qui se met à remuer imperceptiblement de bas en haut et en sens inverse. Le rythme s'accélère.

DEUXIÈME GROOM. Il est pas mal, le gars...

PREMIER GROOM. C'est classique, pour l'instant.

LE MAÎTRE D'HÔTEL. ... Classique mais avec de la santé...

Le bouchon va plus vite.

LE GARÇON D'ÉTAGE. Elle se débrouille pas mal non plus, la salope...

MAX *(absorbé par le bouchon)*. Vos gueules, merde !

Le bouchon se met à tressauter.

PREMIER GROOM. Ça y est, il la secoue...

DEUXIÈME GROOM. On est tombés sur des bons !

Le bouchon fait un saut périlleux.

LE MAÎTRE D'HÔTEL *(en extase)*. Mamma mia !

MAX *(murmure, fasciné)*. Oh, les bêtes…

Le bouchon monte très haut.

TOUS *(en osmose)*. Aaaaaaah…

Puis il retombe et s'immobilise. Tout le monde applaudit. On se lève. On quitte la table en commentant.

LE GARÇON D'ÉTAGE. Quand c'est comme ça, là ça vaut le coup de regarder le bouchon le samedi soir…

PREMIER GROOM. … Et puis, c'était bien rythmé, y avait pas de longueurs, c'est rare…

DEUXIÈME GROOM. Tu te souviens de la chambre 432, il y a quinze jours ?

PREMIER GROOM. Ah oui ! Les Japonais avec tout le cérémonial du tatami… J'en pouvais plus ! Je suis pas resté jusqu'au bout !

Tous sortent de la cuisine sauf le maître d'hôtel qui reste attablé face au bouchon. Max arrive et s'apprête, avec une paire de ciseaux, à couper la ficelle.

LE MAÎTRE D'HÔTEL. Non… coupe pas…

MAX. C'est fini. Y a plus rien maintenant… Ils dorment…

LE MAÎTRE D'HÔTEL. Je reste. Au cas où ils rêvent. Ça fait des émissions très intéressantes, en général, les rêves…

MAX. Mmmmouais… moi, je suis crevé. *(Il lui lance les ciseaux.)* T'oublieras pas de couper… Salut !

Il sort. La cuisine est déserte et noire. Seule, la lampe au-dessus de la table projette son halo de lumière blanche sur le maître d'hôtel, fixant le bouchon immobile. Soudain, le bouchon s'ouvre en deux et laisse s'échapper un papillon.

ROLAND TOPOR/JEAN-MICHEL RIBES

Le Grand Chic : une chaîne en or pour les lunettes, une autre pour ne pas perdre le dentier.

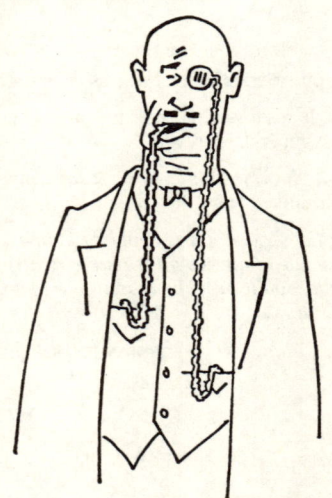

Dessin Willem

2 – LADY PALACE

Assise sur un canapé Louis XVI au milieu d'un petit salon raffiné de l'une des suites royales du Palace, une femme d'une cinquantaine d'années au teint de porcelaine, coiffée comme on l'est dans le monde, plisse avec délicatesse son tailleur Chanel en croisant les jambes et adresse un sourire extrêmement distingué à la caméra. Derrière elle, deux jolies standardistes répondent et sélectionnent les appels.

Roger l'exhibitionniste

LADY PALACE. Chers amis, bonsoir. Je suis très heureuse, car je sais que depuis la naissance de cette émission, vous êtes de plus en plus nombreux à passer vos vacances dans des palaces ou dans des hôtels de très grand luxe. Croyez bien que ça nous fait chaud au cœur. Cela dit, je suis certaine que beaucoup d'entre vous ont encore quelques petits tracas avec le mode d'emploi du palace. C'est bien normal, la reine d'Angleterre ne s'est pas faite en un jour. Mais que tous ceux qui ont un problème palace sachent que je suis là pour les aider. Je vous rappelle le numéro de téléphone de l'émission : pour ceux qui habitent Neuilly, Auteuil, et Passy : 44. 44. 44. 44, pour les autres on verra après. *(Le téléphone blanc nacré qui se trouve sur la table basse en face de lady Palace se met à sonner.)* Ah, voici notre premier appel.

Elle décroche.

VOIX D'HOMME *(populaire).* Lady Palace ?

LADY PALACE. Oui, elle-même, bonsoir monsieur, comment vous appelez-vous ?

VOIX D'HOMME. Roger.

LADY PALACE. Roger... C'est un très joli nom. En général les Roger se sentent très bien dans un palace...

VOIX D'HOMME. Ben, justement, pas moi.

LADY PALACE. Vous m'étonnez Roger... D'où m'appelez-vous ?

VOIX D'HOMME. Du Royal King.

LADY PALACE. Vous avez fait un excellent choix, c'est un de nos meilleurs palaces.

VOIX D'HOMME. Peut-être, mais les gens ils vous regardent d'une drôle de façon…

LADY PALACE. Vous avez le sentiment que le regard de l'autre vous exclut de ce bel hôtel ?

VOIX D'HOMME. Non, c'est pas exactement ça… C'est froid quoi… on vous regarde à peine, surtout les dames, c'est glacial…

LADY PALACE. Si je comprends bien, vous ne vous sentez pas réellement rejeté mais plutôt ignoré, on vous dédaigne, on ne vous porte pas assez attention.

VOIX D'HOMME. C'est ça, et je vous dis, surtout les femmes. Elles sont fières, c'est à peine si elles vous jettent un coup d'œil.

LADY PALACE. Roger, c'est la première fois que vous allez dans un palace ?

VOIX D'HOMME. Oui, la première.

LADY PALACE. Roger, et si vous forciez votre timidité, car à mon avis vous êtes un grand timide. Si vous vous disiez : Je suis dans un des plus beaux endroits du monde, certes les gens m'ignorent un peu, mais moi, je vais aller vers eux, je vais briser ce malaise, je vais faire le premier pas.

VOIX D'HOMME. Mais je l'ai fait le premier pas, et puis même le second, je me suis baladé partout, au bar, dans les salons, à la salle à manger, et même dans les étages, j'en ai rencontré du monde, personne ne me regardait, personne ne m'a montré autre chose que du dédain, presque du mépris.

LADY PALACE. Roger je ne veux pas vous croire, la convivialité du Royal King est réputée dans le monde entier.

VOIX D'HOMME. Et là, dans le grand hall, à la réception d'où je vous téléphone si vous voyiez la tête des gens qui sont devant moi… ils ont l'air écœuré.

LADY PALACE. Que comptez-vous faire Roger ?

VOIX D'HOMME. Bah, si ça continue, je vais remonter mon pantalon, fermer mon imperméable, et retourner dans le métro.

LADY PALACE *(après un temps)*. Je vous comprends Roger…

VOIX D'HOMME. Non, parce que sur la ligne Bastille-Nation, on vous sert peut-être pas du caviar à la louche mais quand je montre mon coucou, ça crie, ça hurle, ça bouge, y a du contact, y a de la vie surtout chez les dames !

LADY PALACE. Merci Roger pour votre témoignage, et maintenant quelques actualités mondaines.

JEAN-MICHEL RIBES

La Gaffe

La salle à manger, le jour.

Il est 1 heure. La salle à manger du Palace est en pleine activité. Deux femmes et un homme déjeunent gaiement. La femme, qui est de dos, se retourne face à la caméra : c'est lady Palace.

LADY PALACE *(levant son verre)*. Hello les amis ! Oui, oui, ne vous impatientez pas. J'ai lu votre nombreux courrier. Je connais votre problème : vous faites souvent des gaffes lors de dîners chic ou de déjeuners élégants et vous devenez tout rouge. Vous bafouillez ; vous vous étranglez… Bref, vous ne savez pas comment vous en sortir… Ce n'est pourtant pas très difficile. Voici le truc le plus simple : la fourchette.
Prenons, si vous le voulez, le cas d'une gaffe classique. Vous êtes à table, par exemple, avec l'ambassadeur de Bulgarie et son épouse Olga. Vous ne savez pas très bien quoi leur dire. Alors, pour être aimable avec l'ambassadeur, au moment des œufs brouillés, vous dites : "Vraiment Excellence, je trouve votre mère très sympathique pour son âge…" En voyant la tête d'Olga *(La femme en face de lady Palace crache ce qu'elle a dans la bouche et tape du poing, folle de rage.)*, vous réalisez votre gaffe. Pour vous en sortir, il faut aller très vite : la meilleure défense, c'est l'attaque.
Vous prenez votre fourchette. *(Elle le fait.)* Vous vous jetez par terre. Vous soulevez la nappe et vous la plantez dans le pied de l'ambassadrice *(Elle le fait.)* qui hurlera *(La femme hurle de douleur.)* comme un goret. Aussitôt, tout le monde se moquera d'elle. *(Les tables autour d'eux éclatent de rire.)* La plupart des convives diront :

QUELQUES CONVIVES. Il n'aurait pas dû venir avec sa vieille mère ; elle est hystérique !

LADY PALACE. Elle hurlera de plus belle. Très vite des ambulanciers l'emmèneront et l'ambassadeur aura vite fait d'oublier votre petit impair, surtout lorsque vous l'emmènerez passer la nuit dans votre chambre pendant que sa femme subit l'amputation du pied droit à l'hôpital...
Plus tard, je vous expliquerai comment garder la tête haute après avoir produit un bruit inconvenant...

JEAN-MICHEL RIBES/ROLAND TOPOR

Le Chewing-Gum

Le hall, le jour.

Lady Palace est assise dans l'un des confortables fauteuils qui bordent le hall.

LADY PALACE. Hello, les amis ! L'une des questions que vous vous posez le plus fréquemment quand vous séjournez dans un palace concerne l'irritant problème du chewing-gum.
Vous mâchouillez souvent un vieux bout de chewing-gum, sans goût, sans fraîcheur et vous voulez vous en débarrasser.
Où faut-il le coller ?
Sous le rebord de la table, sous votre chaise, sous le bras du fauteuil... en douce ?
Non ! On ne fait pas les choses en douce dans un palace. Quand on appartient à une élite, on se respecte suffisamment pour agir au grand jour, sans honte et sans remords ; même avec panache !
Pour donc vous débarrasser de votre répugnant chewing-gum, je vous conseille la méthode officielle. Elle enchantera les gens qui vous entourent car la clientèle Palace raffole de tout ce qui est cérémonie officielle.
Et qu'y a-t-il de plus officiel qu'une inauguration ?
Alors sans vous cacher, en vous tenant bien droit, le front haut, vous sortez votre infâme bout de gomme de votre bouche et vous le collez sur un dossier de chaise ou une colonne ou une plante verte bien en vue dans le hall. *(Elle le fait sur une colonne.)* Puis, vous pincez le chewing-gum et vous l'étirez jusqu'à une autre chaise, colonne ou plante verte où vous le fixez bien entendu.
Si l'opération est bien menée, vous obtenez un joli fil régulier reliant la colonne à la chaise.
Regardez les mines réjouies des gens qui vous entourent. *(Des clients ravis quittent leur fauteuil, se détournent de la réception, et s'approchent de lady Palace.)* Ils savent qu'il y a de l'inauguration dans l'air. Il ne

vous reste plus qu'à prendre des ciseaux, à prononcer une courte allocution et le tour est joué.
Vous vous êtes débarrassé de votre vieux chewing-gum avec la sensation d'avoir inauguré le pont de Tancarville, sans avoir les problèmes du retour à Paris avec les embouteillages de l'autoroute de l'Ouest.
Une autre fois, je vous parlerai du comportement à adopter lorsqu'on a la goutte au nez dans un salon...

JEAN-MICHEL RIBES/ROLAND TOPOR

Vomir

LADY PALACE. Une bonne nouvelle, pour commencer : dorénavant, il vous suffira de composer LADY PALACE sur Minitel pour me toucher jour et nuit et obtenir toutes les réponses aux questions que vous me poserez.
Beaucoup d'entre vous se demandent comment faire au Palace quand on a envie de vomir.
Faut-il aller aux toilettes, derrière les doubles rideaux, sous le grand escalier ou faut-il tout ravaler ?
Bref, vous craignez de commettre une faute de goût, de paraître déplacé.
En réalité, il n'y a aucun mal à vomir dans un palace, à condition de ne pas créer de malaise social et, pour cela, il faut – une fois de plus – agir au grand jour, sans se cacher.
Dès les premiers signes de nausée, rendez-vous au bar ou dans la salle du restaurant et demandez franchement au garçon de vous mettre deux doigts dans la bouche. Oui, deux doigts, comme pour le porto.
Non seulement le personnel s'exécutera mais il vous apportera aussitôt le seau à glace et il vous tiendra le front jusqu'à ce que le seau soit plein. Alors là, il faudra impérativement que vous cessiez de vomir. Aussi stylé que soit le service, il y a des limites à ne pas franchir. Quand la coupe est pleine, elle déborde et nous devons respecter les règles syndicales pour éviter les grèves et tout ce qui s'ensuit.
Dégueuler, c'est bien, mais quand c'est plein, c'est plein !!

ROLAND TOPOR

Les pieds qui gonflent

LADY PALACE. Nombre d'entre vous s'inquiètent de savoir ce qu'ils doivent faire au Palace quand leurs pieds gonflent.
S'ils étaient chez eux, ils se prépareraient un bon bain de pieds avec du gros sel et voilà tout.
Au Palace, ils n'osent pas et souffrent en silence.
C'est inutile et stupide.
Quand on a les pieds qui gonflent au Palace, c'est une chance.
Il suffit de vous déchausser et de tremper vos pauvres extrémités dans le premier aquarium venu.
Hé oui ! L'aquarium ! Vous l'aviez oublié ?!!
Pourquoi croyez-vous qu'il y a tellement d'aquariums au Palace, du hall de réception au bar, en passant par le restaurant ?
Pour faire joli ?
Quels cons !
Tout est joli, au Palace, sauf les aquariums.
Ils sont exclusivement là à l'intention de vos pieds. Les poissons exotiques ont été sélectionnés pour leurs merveilleuses propriétés sédatives et leur habileté à pratiquer le "bouche à pied", un massage bien connu des pêcheurs de perles du Pacifique.
Alors, si vous avez les pieds qui gonflent... Vite... Traînez-vous au Palace, vous ne le regretterez pas.

ROLAND TOPOR

Proust

LADY PALACE. Nombreux sont ceux d'entre vous qui n'osent pas aller dans un palace parce qu'ils n'ont jamais lu *A la recherche du temps perdu*.
Certains s'imaginent même que la fiche qu'ils devront remplir à la réception n'est autre que le fameux questionnaire de Proust.
Je vous le dis tout de suite et tout net. Il s'agit d'un préjugé ridicule.
On peut très bien aller au Palace sans avoir lu une seule ligne du divin Marcel.
Le Palace a prévu cette lacune.
Sa bibliothèque est à votre disposition.
Oh, je sais ! Vous vous dites : "Quelle corvée ! Je ne viens pas dans un hôtel de luxe pour me farcir Proust."

La longueur de ses phrases, le nombre des volumes, la pénétration de l'analyse vous rebutent. Vous préférez aller dans la première gargote venue, dans un taudis même, avec un bon recueil de bandes dessinées.
Vous avez tort !
Au Palace, la lecture se fait en douceur.
Les quinze volumes de l'œuvre proustienne sont résumés en deux mots qu'on vous apportera, à votre demande, avec le plateau du petit déjeuner.
Deux mots ; ce n'est pas le bout du monde !
Ce serait quand même idiot de ne pas profiter de cette occasion unique de vous cultiver.
Je vous signale, par la même occasion, que la bibliothèque du Palace comprend aussi *Ulysse* de James Joyce en deux lignes, le théâtre complet de Claudel sur carte postale et tout Jean d'Ormesson en gaufrettes amusantes.
Le Palace vous en donne moins pour plus cher.

ROLAND TOPOR

L'Argent

LADY PALACE. Vous êtes nombreux à me demander si les gens qui vivent au Palace sont faits comme tout le monde.
Les questions fusent de partout, révélant une insatiable curiosité.
Les hôtes du Palace se lavent-ils ? Les mâles ont-ils deux couilles et les femmes une paire de seins ? Les règles sont-elles mensualisées ? Qui crache et qui avale quoi ? L'amour est-il plus raffiné ? Passe-t-il par les mêmes organes ?
Mon Dieu que vous êtes naïfs !
Les préjugés ont décidément la vie dure.
Sachez donc, si cela peut vous rassurer, que les habitués du Palace sont exactement faits comme vous et moi.
Ils vivent, souffrent et meurent.
Ils ont des joies, des chagrins, des espoirs.
Et l'argent demeure leur principal auxiliaire, qu'il s'agisse de sexe, d'hygiène ou d'amour. L'organe le plus important, au Palace, c'est quand même le portefeuille.
Alors, à quoi bon vous tourmenter inutilement ?
Si votre portefeuille est sain, tout ira bien.
S'il est malade, allez vous faire foutre !

ROLAND TOPOR

Péter dans la soie

LADY PALACE. Beaucoup d'entre vous me demandent s'ils peuvent péter dans un palace.
Ils redoutent le bruit, l'odeur et même le petit inconvénient qui consiste à chier carrément dans sa culotte quand on mesure mal les conséquences d'une poussée trop franche.
Je vous rassure tout de suite.
Oui, on peut péter dans un palace.
C'est même une distraction extrêmement prisée, à condition de respecter les règles les plus élémentaires du savoir-vivre.
Il faut agir au grand jour, sans se cacher, avec panache.
Quand le bol fécal est dilaté, l'important est de vous munir d'un mouchoir de soie blanche ou, faute de mieux, d'une culotte de dame en soie mais blanche.
Agitez l'étoffe pour attirer l'attention et indiquer ainsi que vous vous rendez à une impérieuse nécessité de votre corps.
Puis, approchez le mouchoir ou la culotte de dame de votre postérieur, dans un geste signifiant : "Je m'en tamponne."
Vous pouvez alors péter tout votre soûl, sans risque de passer pour un être vulgaire.
C'est, très exactement, ce que l'on appelle "péter dans la soie", l'une des spécialités les plus enviées du Palace.

ROLAND TOPOR

Les Putes

LADY PALACE. Hello les amis !
On vient de me poser coup sur coup quatre fois la même question : comment reconnaît-on une pute au Palace ?
Le problème semble vous turlupiner si fort que j'ai pris la décision de reporter à la semaine prochaine mon petit sujet sur "la façon de s'asseoir élégamment au bar quand on a des hémorroïdes".
Donc, vous vous dites : Toutes ces dames qu'on rencontre au Palace sont si belles, si excitantes ; elles montrent si généreusement seins et cuisses, ce n'est pas possible, ce sont des putes. Mais peut-être pas toutes. Comment faire pour ne pas commettre d'impair ?
Détendez-vous, la solution est très simple. Le Palace n'est pas la rue Saint-Denis.

Il n'y a pas de prostituées ici mais cela dit, toutes ces dames peuvent monter avec vous si vous le désirez vraiment.
La bonne question n'est pas : "Laquelle est une pute ?"
Mais : "Combien ?"
Posez-la à haute voix, sans honte, ni rougeur au front, en mettant la main dans votre poche. A vous de décider si la passe avec la comtesse "une telle" ou la milliardaire "truc" est dans vos moyens. Mais de grâce, ne marchandez pas, vous passeriez pour un goujat ou pire pour un fauché.
Allez, pas de complexes, faites confiance à votre portefeuille... Moi je vous préviens quand même qu'au-dessous de 3 000 plus la chambre, c'est non. Bon disons 2 500... d'accord !
A la semaine prochaine les amis !

JEAN-MICHEL RIBES

Moi, lady Palace

LADY PALACE. Hello les amis !
Cette semaine, plusieurs de vos questions me concernent directement. Vous me demandez comment je suis devenue lady Palace, quel est mon nom de jeune fille, celui de mon mari. Quels sont mes diplômes ? Le montant de mon compte en banque ? Est-ce que j'ai des manies sexuelles, des chiens, des chats, des singes ? Comment je fais la tarte aux prunes ?...
Oh la la... petits curieux ! Comme votre imagination s'emballe... Enfin bon, puisque le public a tous les droits, il faut bien vous répondre.
Non, je ne suis pas mariée, je suis fiancée depuis une dizaine d'années à père qui est veuf et ne supporte pas de vivre seul. Comme nous sortons souvent ensemble, il était plus convenable que nous nous fiancions.
Je n'ai aucun animal domestique ; pourtant depuis trois jours, ça me gratte un peu partout, alors c'est possible que j'aie des bêtes.
J'ignore tout de la cuisine ; la seule chose que je fasse moi-même, ce sont mes chewing-gums et mon dentifrice.
Quant à mes manies sexuelles... Bien sûr que j'en ai ! Surtout à cheval quand je trottine sur mon anglo-arabe, je suis toute chose... Je ne sais pas l'odeur, la crinière, les naseaux et puis soudain ce galop qui vous... ce galop qui vous...
Bon, je vous quitte, il faut absolument que je retourne au haras.

Elle prend sa bride et sa cravache et s'en va toute palpitante de désir.

JEAN-MICHEL RIBES

Crotte de nez

LADY PALACE. Hello les amis !
Très heureuse de vous savoir là, fidèles au rendez-vous. Je sais, je sais ce qui vous préoccupe en ce moment.
Votre courrier en témoigne et la question revient, toujours la même : que faire au Palace de ses crottes de nez ?
Faut-il les garder ? Les manger ? Les semer discrètement ?
Non !
Au Palace, on agit au grand jour sans se cacher, avec panache. A l'heure du thé, quand vous sentez un corps étranger encombrer sérieusement vos canaux nasaux, prenez la pince à sucre du service à thé et approchez-la franchement de votre narine.
Si la chandelle n'est pas directement extirpable, soufflez bien fort par le nez en riant gaiement. Comme ceci ! Voilà ! C'est prêt, vous pouvez maintenant pincer l'amorce, le reste viendra tout seul.
Alors là, pas question de faiblir, vous l'avez, vous la gardez. Sans desserrer la pince, vous déposez votre concrétion dans la paume de la main ; avec l'index de l'autre main, travaillez-la dans le sens des aiguilles d'une montre.
Très vite, la consistance et la couleur vont changer et rapidement vous obtenez une jolie petite boule noire et malléable.
Et voilà ! Le tour est joué, il ne vous reste plus qu'à l'appliquer sur la joue délicatement. Vous voilà parée d'une jolie mouche qui ne manquera pas de flatter votre teint et de rehausser l'éclat de votre sourire.
Ce soir, dans les salons du Palace, votre mouche suscitera bien des jalousies. Ah ! Ah !
Vous n'avez plus qu'à prendre le bras du comte de Munchbayer et vous diriger vers la salle à manger pour un grand souper aux chandelles.
Bonsoir les amis !

Et se croyant hors du champ, elle fouille dans l'autre narine, regarde et mange.

VALÉRIE LEMERCIER/JEAN-MICHEL RIBES

Clubs "Palace"

LADY PALACE. Hello les amis !
Vous êtes si nombreux à écrire à lady Palace, à me téléphoner, à me minitéler, que l'émission *Palace* est en train de devenir un véritable

phénomène de société, de bonne société bien sûr. Le luxe revient à la mode. Bravo !
Ainsi, je lis qu'à Nanterre quelques pauvres ou en tout cas des personnes de très basse extraction ont créé un club "Palace" qui se réunit chaque vendredi soir au café chez "Roger Cul Sec" pour jouer ensemble au Palace. L'inscription n'excède pas le SMIC et la tenue exigée est un simple bleu de travail passé au cirage noir et habilement lustré pour qu'il ait le brillant du smoking.
Bravo ! Mille fois bravo au café "Roger Cul Sec" pour son initiative.
Vous aussi, dans votre banlieue, créez d'autres clubs "Palace" ; dans votre hangar à pneus, sous la bretelle de l'autoroute, dans le local du catéchisme ou dans la baraque des restaus du cœur… Ça vous change la vie d'avoir l'air riche !
De plus, je vous signale que chaque semaine, nous tirons au sort trois des meilleurs clubs "Palace" et que les gagnants seront invités pendant quinze jours gratuitement au Palace pour passer l'aspirateur et nettoyer les salles de bains des grands de ce monde et… *(Confidence à la caméra.)* vous toucherez peut-être un petit pourboire…
La semaine prochaine, je parlerai des maladies vénériennes contractées dans les ascenseurs.
Bonsoir !

JEAN-MICHEL RIBES

LE PLUMEAU

Dessin Wolinski

3 – DESK

Bureau de change

Le hall du Palace, le jour.

L'HOMME. Pardon, c'est ici le change ?

L'HOMME AUX CLEFS D'OR. Parfaitement, monsieur. Que puis-je pour vous ?

L'HOMME. Je voudrais changer d'opinion.

L'HOMME AUX CLEFS D'OR. Bien sûr, monsieur. Vous voulez changer d'opinion sur le monde en général, sur les femmes, le nucléaire, l'intégrisme dans l'islam ?

L'HOMME. Non, sur mon beau-frère !

L'HOMME AUX CLEFS D'OR. Sans problème, monsieur.

L'HOMME. Voilà ! Je le trouve formidable !

L'HOMME AUX CLEFS D'OR. Ah !

L'HOMME. Mais vraiment formidable. Il est grand, blond, drôle. Il parle le kurde, le coréen, l'afghan. C'est un as du canoë-kayak. Bref, il m'épate et ça finit par... m'étouffer un peu...

L'HOMME AUX CLEFS D'OR. Vous me parlez bien de votre beau-frère Henri. Celui qui se teint ?

L'HOMME. Ah bon ? Henri se teint ?

L'HOMME AUX CLEFS D'OR. Oui... Remarquez, c'est normal. C'est ce que font la plupart des gens à leur sortie de prison. Ils veulent avoir une nouvelle tête...

L'HOMME. Ah ! Parce qu'il a fait de la prison... ?!

L'HOMME AUX CLEFS D'OR. Douze ans ! Détournement de fonds, trafic de drogue, coups et blessures sur un vieillard et flagrant délit d'exhibitionnisme devant la maternelle du lycée Condorcet...

L'HOMME. Non ! Ce n'est pas possible !!!?

L'HOMME AUX CLEFS D'OR. Votre femme ne vous en a jamais parlé ?

L'HOMME. Mais non ! Geneviève est au courant ?

L'HOMME AUX CLEFS D'OR. Je suppose. Ça fait six ans qu'ils couchent ensemble…

L'HOMME. Oh ! le salaud !…

L'HOMME AUX CLEFS D'OR. Je dirais plutôt "l'ordure"…

L'HOMME. Oui, mais enfin ça ne l'empêche pas de subjuguer tout le monde au canoë-kayak…

L'HOMME AUX CLEFS D'OR *(s'approche de l'homme et lui glisse à l'oreille)*. C'est pas lui qui rame.

L'HOMME. Quoi ?!!!

L'HOMME AUX CLEFS D'OR. C'est un nain caché au fond du bateau qui pédale… un nain dopé !!

L'HOMME. Oh, le porc ! Le porc !

L'HOMME AUX CLEFS D'OR. … Hé oui !

L'HOMME. Je vous remercie de m'avoir ouvert si vite les yeux sur mon beau-frère.

L'HOMME AUX CLEFS D'OR. C'est mon métier…

L'HOMME. Vous êtes formidable.

L'HOMME AUX CLEFS D'OR. Mais non, monsieur, mais non !

L'HOMME. Si, si, vous m'avez épaté. Vraiment, je vous trouve formidable… Vous êtes grand, élancé, intelligent… et je suis sûr que vous faites très bien de la planche à voile. Quand je vois des hommes comme vous, je me sens peu de chose… Ça m'étouffe.

L'homme s'en va aussi dépité qu'il était arrivé.

L'HOMME AUX CLEFS D'OR *(ennuyé, le regarde partir)*. J'aurais peut-être dû lui dire que je me biture tous les soirs après le turbin…

JEAN-MICHEL RIBES

Rien ne va plus

Le hall, le jour.

Trois hommes et deux femmes sont autour du desk.

HOMME N° 1. La chambre 26, s'il vous plaît !

FEMME N° 1. La 12.

HOMME N° 2. La 19 et la 24.

FEMME N° 2. La 33.

HOMME N° 3. La 19... Non pardon, la 27.

Chaque fois, l'homme aux clefs d'or pose la clef sur le comptoir devant la personne qui l'a réclamée.

L'HOMME AUX CLEFS D'OR. C'est tout ? Alors, rien ne va plus ! *(Il fait tourner une roulette... Angoisse sur la tête des clients tandis que la boule rebondit sur les numéros.)* La 18 rouge pair et passe. Rien au comptoir, désolé !

Avec une raclette de casino, il ramasse toutes les clefs.

FEMME N° 1 *(à l'homme n° 2)*. Ça fait la cinquième clef que je perds cette semaine.

HOMME N° 2. Moi, j'ai pas à me plaindre. J'ai tiré deux fois la suite royale la semaine dernière...

Un homme arrive, en tenue de cavalier, bombe de velours noir, veste à col de velours, etc.

LE CAVALIER. La 10 et la 13 ! A cheval, s'il vous plaît !

JEAN-MICHEL RIBES

Homonymie

Le hall du Palace, le jour.

Un homme descend l'escalier et pose sa clef sur le comptoir du desk.

L'HOMME AUX CLEFS D'OR. Bonjour, monsieur Trouducul.

L'HOMME. Pardon ?

L'HOMME AUX CLEFS D'OR. Bien dormi, monsieur Trouducul ?

L'HOMME. Vous faites erreur. Je ne m'appelle pas Trouducul.

L'HOMME AUX CLEFS D'OR. Oh, je vous prie de m'excuser !

Une hôtesse passe à cet instant dans le hall avec une pancarte.

L'HÔTESSE. Monsieur Anus !... On demande monsieur Anus au téléphone...

L'HOMME. Oui, voilà !

Il quitte le desk et se dirige vers l'hôtesse.

L'HOMME AUX CLEFS D'OR. Ah ! je les confonds toujours ces deux-là... Je ne sais pas pourquoi !

GEORGES WOLINSKI

Equivalence

Le hall, le jour.

Une cliente s'approche de la réception.

LA CLIENTE N° 3. Bonjour ! J'ai rendez-vous avec M. de Gramier pour déjeuner.

LE CONCIERGE *(vérifiant le tableau des clefs)*. M. de Gramier est absent madame.

LA CLIENTE N° 3. Allons bon !

LE CONCIERGE. M. Gerbin va descendre dans quelques instants.

LA CLIENTE N° 3. Comment est-il ?

LE CONCIERGE. Grand, mince, le front haut, une petite cicatrice sur la joue, et un léger accent slave.

LA CLIENTE N° 3. Bon d'accord je le prends !

ROLAND TOPOR

Le cours est au plus bas

Le hall, le jour.

LE CONCIERGE. Monsieur ?

LE CLIENT N° 2. Le change c'est ici ?

LE CONCIERGE. Parfaitement monsieur.

LE CLIENT N° 2. Je voudrais changer de tête.

LE CONCIERGE *(après l'avoir rapidement dévisagé)*. Je vous comprends.

LE CLIENT N° 2. Combien m'en donnez-vous ?...

LE CONCIERGE *(prenant une liste)*. Ça dépend du cours...

LE CLIENT N° 2. Il est haut ?

LE CONCIERGE. Hélas non monsieur, la tête de con est au plus bas aujourd'hui...

LE CLIENT N° 2. Bon... Bah je reviendrai demain...

LE CONCIERGE. Bien monsieur... *(Un client arrive avec à la place de la tête un énorme cordage noué.)* Je suis désolé monsieur nous ne changeons pas les têtes de nœud...

ROLAND TOPOR

Trop c'est trop !

Le hall, le jour.

Une femme élégante s'approche de la réception.

LA CLIENTE N° 4. S'il vous plaît, pouvez-vous prévenir M. Karrimpton-Klessovitch que Mme Doubla-Saïskaïa von Stentenberg-Tolkoff l'attend au bar ?

LE CONCIERGE. Non !

LA CLIENTE N° 4 *(interloquée)*. Pourquoi ?

LE CONCIERGE. Parce que je n'y arriverai pas !

JEAN-MICHEL RIBES

Dessin Willem

4 – GROOM SERVICE

Empêtré dans un standard, véritable jungle de fiches téléphoniques, un groom propose à toute heure aux clients qui l'appellent les plats qu'on peut leur servir dans leur chambre.

Paris-Brest

LE GROOM STANDARDISTE *(répond à un appel).* "Groom Service" j'écoute… Oui parfaitement… Ce soir, je peux vous proposer :

"La selle d'agneau tour de France."

On la choisit dans les dix premières à l'arrivée… Garantie très tendre.

"Le nez de clown dans sa farce."

Un plat très amusant… qui dilate la rate.

En dessert.

"Le paris-brest aller-retour."

Pardon ? C'est un paris-brest classique mais qui a l'immense avantage de ne pas vous rester sur l'estomac… Dès que vous l'avez mangé, il repart… C'est ça, vous le rendez… A qui ? Au maître d'hôtel qui l'attend à côté de vous…

Si vous avez plus de soixante ans ou une famille nombreuse, vous avez une réduction de 50 % sur le prix du gâteau…

JEAN-MICHEL RIBES/ROLAND TOPOR

Œufs réconciliés

LE GROOM STANDARDISTE *(répond à un appel).* "Groom Service" j'écoute… Oui parfaitement… Ce soir, je peux vous proposer :

"Le poulet servi dans son képi d'origine."

Le bâton et le sifflet sont en garniture.

"La purée de pois cassés avec la vaisselle."

Très frais...

"Les œufs réconciliés."

... Ce sont des œufs brouillés auxquels le chef parle très gentiment pendant quarante à quarante-cinq minutes en leur expliquant que la vie est trop courte pour se disputer, surtout pour de telles balivernes, et au bout d'une heure, la brouille est terminée et ils se serrent la main... Vous prenez ça, parfait. Mais attention, il faut manger tout de suite les œufs réconciliés parce que pour un rien, ils peuvent se foutre sur la gueule !

JEAN-MICHEL RIBES/ROLAND TOPOR

Les Haricots

LE GROOM STANDARDISTE *(répond à un appel).* "Groom Service" j'écoute. Mais certainement. Alors ce soir, je peux vous proposer :

"La tête de veau bicentenaire."

C'est une tête de veau coupée à la guillotine et servie dans son panier de sciure par l'arrière-petit-fils de Robespierre... Ça change un peu de la sauce ravigote...

"Le pot-au-feu de forêt."

Ça a un petit goût de vacances en Provence...

"Le ragoût de haricots sans son odeur après."

... Nous dégazéifions tous les haricots un par un, ce qui fait que le soir... Comment ?...
Non, ça n'empêche pas le pet... mais il ne sent rien...
Votre habituelle flatulence puante devient une brise légère... Un peu comme si une fenêtre s'était ouverte dans votre lit... Ça risque d'enrhumer votre femme ? Faut qu'elle choisisse ou le rhume ou l'odeur de merde.

JEAN-MICHEL RIBES/ROLAND TOPOR

Couilles toréador

LE GROOM STANDARDISTE *(répond à un appel)*. "Groom Service" j'écoute. Oui, parfaitement... Je peux vous proposer ce soir :

"Le pied de porc en espadrille."

Ça donne au cochon une saveur basque qui est très appréciée...

"L'omelette aux petits lardons."

Très spécial. Ce sont des œufs auxquels on a enlevé leur coquille mais battus dans un saladier comme si on voulait faire une omelette. Voyez en sorte une omelette aux petits lardons.

Sinon, j'ai...

"Le délice du toréador."

Comment ?... Ce sont ses couilles... Non, pas celles du taureau... Celles du toréador... Juste les deux belles couilles de ce connard macho qui s'habille en collant rose pour tuer des vaches ; que nous servons en brochettes sur des banderilles... Ah oui, elles sont très fraîches, c'est le même taureau qui nous les apporte trois fois par semaine.

JEAN-MICHEL RIBES/ROLAND TOPOR

Le Millefeuille

LE GROOM STANDARDISTE *(répond à un appel)*. "Groom Service" j'écoute... Oui, parfaitement... Je peux vous proposer ce soir :

"Le soufflé servi sur une enclume."

Lourd à porter, léger à digérer.

"Le homard à la nage avec sa bouée."

Non... C'est parce que nous ne servons que de très jeunes homards... Pour la fraîcheur... Et à cet âge-là, ils ne savent pas encore nager... La bouée... vous la gardez, ça peut vous faire un très joli rond de serviette...

"Le millefeuille maison."

Ah, je vous le garantis... C'est moi-même qui les compte... La dernière fois, il en manquait une ! Je suis désolé... On va réparer ça. Je vous envoie un mille et quatre feuilles tout de suite...

JEAN-MICHEL RIBES/ROLAND TOPOR

Tournedos

LE GROOM STANDARDISTE *(répond à un appel).* "Groom Service" j'écoute... Oui, monsieur... Alors, je peux vous proposer ce soir :

"La cuisse de grenouille bouillie dans son bénitier."

Très sain pour le foie.

"La joue de bœuf cuite à la gifle."

Ah ! Je vous le garantis, c'est moi qui la... *(Geste de gifle.)* Et puis...

"Le tournedos maître d'hôtel."

Vous ne savez pas ce que c'est... Eh bien, c'est une pièce de viande épaisse que le chef fait griller dès que le maître d'hôtel a le dos tourné... Pourquoi ? Mais parce que ça ne le regarde pas le maître d'hôtel ce que fait le chef...
Il nous emmerde le maître d'hôtel, il n'a qu'à prendre les commandes, un point c'est tout.
Non mais, de quoi je me mêle !

Vous prenez ça ?...

En confidence.

Si vous voulez, il y a aussi la femme tournedos maître d'hôtel... Dès qu'il a le dos tourné, on la...
Vous préférez la viande, parfait !

JEAN-MICHEL RIBES/ROLAND TOPOR

Dessin Willem

Dessin Willem

5 – HISTOIRES

Le Romancier

Une chambre du Palace, le jour.

Une belle chambre du Palace où travaille un écrivain.
Désordre, feuillets froissés partout. Un homme en robe de chambre de soie se tient la tête dans les mains devant sa machine à écrire. Il tape une ligne, s'arrête, arrache la page, la lit...

L'ÉCRIVAIN. De la merde ! De la merde ! Rien, ça ne vaut rien, même pas de la merde... *(Il la déchire.)* Rien, du vent, du pet ! *(Il jette les morceaux qui s'éparpillent dans la chambre.)* Fini, je suis FINI N.I. NI ! *(On frappe à la porte.)* Qu'est-ce que c'est ? J'ai demandé qu'on ne me dérange pas.

VOIX DU GARÇON *(off)*. Il s'agit de votre... désaltérant, monsieur.

L'ÉCRIVAIN. Ah oui ! Entrez !

Un garçon d'étage très stylé entre, tenant sur le plat de la main un plateau d'argent, sur le plateau une bouteille de scotch.

LE GARÇON. Où dois-je poser la bouteille de monsieur ?

L'ÉCRIVAIN. Où vous voulez ! Qu'est-ce que vous voulez que ça me fasse...

LE GARÇON. Sur la table de travail de monsieur ?

L'ÉCRIVAIN. Très bien, parfait, sur la table.

LE GARÇON. Puis-je pousser légèrement les feuillets manuscrits du nouveau livre de monsieur ?

L'ÉCRIVAIN. Poussez ! Poussez ! *(Il prend les feuillets et les jette à la volée dans la pièce.)* De la pisse de rat, du vomi de chat, de la courge bouillie mais pas un livre !

LE GARÇON. Monsieur n'a pas le droit de dire ça...

L'ÉCRIVAIN. Qu'est-ce que vous en savez... ?

LE GARÇON. Quand on a écrit *Grenouillette et Grenouillot visitent la mare du père Michaud* ça m'étonnerait beaucoup que l'on fasse ensuite de la pisse de chat.

L'ÉCRIVAIN *(surpris)*. Vous avez lu *Grenouillette* ?

LE GARÇON. Trois fois, monsieur... A mon avis, c'est un chef-d'œuvre...

L'ÉCRIVAIN. Vraiment ?

LE GARÇON. Pour moi, c'est bien simple. Avec *La Chartreuse de Parme*, *Madame Bovary* et *Le Bal du comte d'Orgel*, je place *Grenouillette et Grenouillot* à l'étagère d'honneur de ma bibliothèque.

L'ÉCRIVAIN *(ragaillardi)*. Ah bon ?

LE GARÇON. Ah oui... Ce n'est pas pour vous flatter, monsieur, mais le chapitre où Grenouillot, le petit têtard, est saisi par la glace au beau milieu de la mare du père Michaud et où Cacoin, le canard, ne l'entend pas pleurer parce qu'il s'amuse avec Nuchon, le mulot... Tenez, je préfère arrêter, j'en ai le frisson... Non, c'est d'une justesse, d'une vérité, et puis, surtout, quel style...

L'ÉCRIVAIN. Vous êtes... comment dire... vous êtes très pressé, là, maintenant... ?

LE GARÇON. Si monsieur a besoin de moi...

L'ÉCRIVAIN. Juste deux minutes... Ça vous ennuie si je vous lis deux ou trois lignes de mon prochain... enfin du roman que j'essaie d'écrire...

LE GARÇON. C'est un immense honneur, monsieur.

L'ÉCRIVAIN *(il ramasse une feuille par terre)*. Mais attention, vous me dites vraiment ce que vous pensez...

LE GARÇON. Vraiment, monsieur ?

L'ÉCRIVAIN. Franchement, vraiment franchement...

LE GARÇON. Monsieur peut me faire confiance...

L'ÉCRIVAIN. Merci... Bon, j'y vais : "Cricri laissa tomber son ballon rouge et le ballon roula, heurtant pierres et feuillages, jusqu'au ruisseau. Là, le castor Hector, d'un coup de queue, renvoya d'un trait le ballon dans les mains de Cricri. La fouine, émerveillée, se mit à applaudir." Alors ? Franchement ?

LE GARÇON. Franchement ?

L'ÉCRIVAIN. Oui. Allez-y, à cœur ouvert.

LE GARÇON. Je n'accroche pas, monsieur...

L'ÉCRIVAIN. Vous voyez ! Qu'est-ce que je vous disais ? C'est de la merde…

LE GARÇON. C'est exact, monsieur, c'est de la merde !…

L'ÉCRIVAIN *(rageant)*. Mais pourquoi ? Pourquoi ?

LE GARÇON. A mon avis parce qu'on se fout pas mal que Cricri récupère son ballon. Ce qu'on voudrait, c'est qu'Hector, le castor, garde le ballon pour aller jouer avec tous ses petits amis de la forêt…

L'ÉCRIVAIN *(se laissant choir sur une chaise)*. Mais BIEN SÛR ! MAIS C'EST L'ÉVIDENCE ! MAIS LA VOILÀ, L'IDÉE ! C'est le castor qui garde le ballon et après, tout coule de source, la fouine le suit, Galopin, le lapin, les rejoint et Marie Gouille, la grenouille, propose de faire le goal… Mon garçon, vous venez de me sauver la vie…

Il lui glisse un billet dans la main.

LE GARÇON. Monsieur est trop bon…

L'ÉCRIVAIN. C'est vous qui êtes trop bon… Dites-moi, vous n'avez jamais eu envie d'écrire ?

LE GARÇON. Chacun son métier, monsieur…

L'ÉCRIVAIN *(dans un soupir)*. Oui, vous avez peut-être raison…

LE GARÇON *(s'inclinant)*. Monsieur…

Il sort tandis que l'écrivain se met à taper sur sa machine avec enthousiasme.

L'ÉCRIVAIN *(tapant)*. "Je garde ton ballon Cricri, s'esclaffa Hector, le castor…"

Le garçon pénètre dans la chambre où un peintre s'acharne sur une toile.

La chambre d'un peintre, le jour.

LE PEINTRE *(jetant ses pinceaux, fou de rage)*. C'est nul, nul ! J'y arriverai jamais à les peindre ces *Gonzesses de Roubaix* ! Jamais !

LE GARÇON *(posant la vodka)*. Si monsieur me permet. Il me semble que c'est juste une question de climat. La lumière du Sud me paraît plus proche de la sensibilité de monsieur. Si monsieur peignait, à la place des *Gonzesses de Roubaix*, les *Demoiselles d'Avignon*, je pense qu'il serait plus proche de sa vraie nature de peintre…

LE PEINTRE *(réalisant l'évidence)*. Les *DEMOISELLES D'AVIGNON* ! Mais bien sûr !

JEAN-MARIE GOURIO/JEAN-MICHEL RIBES

La Conscience

La nuit, le hall.

Il est tard. Tout le monde dort dans le Palace.
Le hall est désert. Un homme, en robe de chambre, descend le grand escalier. Il a une cinquantaine d'années ; visiblement victime d'une insomnie, l'air anxieux, il fait quelques pas dans le hall. C'est Paul de Vermont. Il aperçoit le bar qui est encore allumé. Il s'y dirige.

La nuit, le bar.

Henri, le barman, range ses verres. Assis au comptoir, un homme corpulent somnole devant un alcool blanc. M. de Vermont s'installe sur un tabouret, l'air ailleurs.

HENRI. Bonsoir, monsieur.

VERMONT. Bonsoir, Henri.

HENRI. Je vous vois rarement si tard.

VERMONT. Je n'arrive pas à dormir.

HENRI. Je vous sers une tisane ?

VERMONT. Non ! Un double bourbon, c'est meilleur pour... comment dire... pour les *(Il fait tourner son doigt près de sa tempe.)*... obsessions...

HENRI *(versant le bourbon).* Des ennuis, monsieur ?

VERMONT. Non, rien de grave... *(Il trempe ses lèvres dans son bourbon.)* Ça va passer. *(Un temps.)* C'est idiot, je sais, mais...

HENRI. Mais... ?

VERMONT. Vous allez rire... mais par moments, je ne sais pas pourquoi je pense à tous ces gens qui meurent de faim, de froid, de la peste, de la lèpre... les boat-people, la torture, les gens qu'on pend, qu'on fusille, le goulag, la sécheresse, les raz de marée... et moi qui suis là, dans un palace... dans des draps en satin... c'est ridicule, je sais, mais ça me... ça m'appuie là... ça m'étouffe...

HENRI. Mauvaise conscience, c'est ça ?

VERMONT. Oui. *(Il vide d'un trait son bourbon, pour oublier.)* Je n'en peux plus. Je ne supporte plus ces images de gosses affamés... et moi qui bouffe... qui bouffe... trois, quatre, cinq fois par jour...

L'homme corpulent qui somnole devant sa poire a relevé une paupière.

L'HOMME CORPULENT. Moi, six fois par jour, sans compter ça. *(Il lève son verre.)* Mais ça, tout le monde s'en fout... La télé elle vient pas filmer mon foie... ni mon cœur... Y en a que pour les Hindous et le Sahel... Pourtant votre cœur qui ressemble à une masse de saindoux jaunâtre, y pourrait passer de temps en temps au journal télé, il est dans un plus mauvais état que le Bangladesh votre cœur, sans compter nos intestins pollués par les crustacés, le bordeaux et les truffes. Et je ne parle pas du foie gras, c'est pire que le napalm... Ça fait exploser nos artères, comme à Beyrouth ! On n'en parle pas de ça à Médecins sans frontières ! Pourtant y pourraient venir les voir nos veines, y a pas de frontières sur mes guiboles... Et mes poumons ! A qui ils donnent le bourdon mes poumons ? Pourtant, deux éponges en goudron, ça devrait émouvoir !! *(Il tousse et crache.)* Alors, excusez-moi, vos petits niards maigrelets qui meurent propres comme des haricots secs... Laissez-moi rigoler ! *(Il est tout rouge de fureur, congestionné.)* Seulement nous, les gros, les riches, tout le monde s'en fout... De notre merde... Y a jamais de reportage ni de quête. On n'a que les palaces... C'est pas énorme vu notre état...

HENRI *(essuyant ses verres).* C'est pas faux...

M. de Vermont paie et s'en va.

La nuit, le hall.

M. de Vermont se dirige vers le grand escalier ; soudain, il fait un petit entrechat et, plein de gaieté, chante.

VERMONT. Tchou bidou bidou wap !

JEAN-MARIE GOURIO/JEAN-MICHEL RIBES

Olé !

Le hall, le jour.

Le directeur, M. Loxe, assis derrière le desk, est plongé dans le livre des réservations. Soudain, une musique de corrida envahit le hall.
Le directeur relève la tête et aperçoit un matador en grande tenue suivi de sa quadrilla pénétrer dans l'hôtel. Sur les accords martiaux de la musique, la dizaine d'Espagnols en costume de lumière, fronts hauts, mentons bleus, regards machos, traversent le hall en se dirigeant vers le desk.
Derrière le sourire du directeur, on devine une légère angoisse.

Le matador se plante devant le desk, ses hommes s'immobilisent derrière lui, et dans une attitude cambrée, s'adresse au directeur, avec une fureur contenue.

LE MATADOR. Yé souis PEDRO SANCHEZ Y RAMIRON.

LE DIRECTEUR. Très honoré…

LE MATADOR. On m'a dit qué bous abiez oune couissine esseptionnelle !

LE DIRECTEUR. En effet, il semble que notre clientèle ne se plaigne pas trop souvent du chef…

LE MATADOR *(le coupant)*. Né tourne pas autour du pot, il est esseptionnel ou il est pas esseptionnel lé chef ?

LE DIRECTEUR *(terrorisé)*. Il est… enfin… il est… oui, il est excellent…

LE MATADOR. Alors, yé veux qu'il mé prépare ça !… Paco !

Le banderillero de la quadrilla rejoint le matador et lui donne quelque chose d'enveloppé dans du papier journal. Pedro Ramiron prend le paquet et le jette sur le comptoir devant le directeur.

LA QUADRILLA. Olé !

LE DIRECTEUR *(déplie délicatement le papier)*. Qu'est-ce que… qu'est-ce que c'est ?

LE MATADOR. La queue et les deux oreilles !

LE DIRECTEUR. ?!!

LE MATADOR. Oui. Yé bouffe ça dos fois par semaine depouis quinss ans… porqué après chaque corrida on me les donne porqué yé souis très doué…

LA QUADRILLA. Olé !

Le directeur stupéfait écarte légèrement le papier journal et jette un coup d'œil furtif sur son contenu.

LE DIRECTEUR. Vous voulez dire que vous mangez la queue et…

LE MATADOR. Si ! C'est très bon pour la virilité. Moi yé né les yette yamais au poublic… Yé beux garder la force dou toro en moi.

LE DIRECTEUR. Bien sûr…

LE MATADOR *(menaçant)*. Pourquoi tou dis "bien sûr" ?

LE DIRECTEUR *(décontenancé)*. Parce que… heu… Oui, c'est vrai. Pourquoi je dis "bien sûr" ?

LE MATADOR. Tou dis "bien sûr" parce que tou né sais pas commo c'est dégueulasse, infecto, oune martyre pour la bouche, surtout avec la couissine espagnole… *(Il l'attrape par le revers du veston.)* Yé n'en peux plou, tou comprends ?

LE DIRECTEUR. Ne vous inquiétez pas, monsieur Sanchez y Ramiron. Notre chef va vous arranger ça. Je suis certain qu'il va en faire un plat délicieux…

LE MATADOR. Muy bien !

LE DIRECTEUR *(appelant un groom)*. Lucien, voulez-vous accompagner ces messieurs à la salle à manger… Dix petites minutes et je vous rapporte tout ça… Vous allez vous régaler…

Le directeur s'éloigne vers les cuisines en tenant son paquet du bout des doigts.

LE MATADOR. Hé ! *(Le directeur s'arrête. Le matador s'approche de lui.)* Yé té préviens. Si cé n'est pas oune délice esseptionnel, yé té coupe à toi la queue et les dos oreilles !

LA QUADRILLA. Olé !

Le directeur a un léger vertige.
Le matador tourne les talons et se dirige vers la salle à manger. Le directeur, dans un état de panique totale, se précipite vers la cuisine.

La cuisine, le jour.

Le directeur déboule dans la cuisine et jette sur la table de travail du chef son papier journal.

LE DIRECTEUR. Vite, prépare-moi ça…

LE CHEF *(découvrant le contenu du paquet)*. C'est à qui, ça ?

LE DIRECTEUR *(maîtrisant mal sa panique)*. … T'occupe pas… Il faut que ce soit délicieux dans dix minutes. Tu m'as compris ?… Délicieux…

LE CHEF. Je ne peux pas…

LE DIRECTEUR *(s'étranglant)*. Pourquoi !!!?

LE CHEF. Ce sont des abats.

LE DIRECTEUR. Et alors ?

LE CHEF. Et alors, je refuse de cuisiner les abats. Je ne cuisine que les morceaux nobles… C'est ce qui a fait ma réputation dans le monde entier…

LE DIRECTEUR. Ça ne fait rien. Considère ça comme une truite, un canard, une langoustine.

LE CHEF. Une queue ? Comme une langoustine !!

LE DIRECTEUR. Et pourquoi pas ! C'est noble après tout une queue ! Aussi noble que ce petit crustacé rosâtre. Et les oreilles ? Ce n'est pas noble peut-être les oreilles ? Et Mozart, il passe par où Mozart ? Par la poitrine ? Par la cuisse ? Par l'épaule ? Et toi, tu refuses de cuisiner un morceau où a résonné *Don Giovanni* ?

LE CHEF *(ébranlé)*. Ce n'est pas faux.

LE DIRECTEUR *(le prenant par le bras, sur un ton grave)*. Louis, si tu ne fais pas un chef-d'œuvre de la gastronomie avec ce braquemart et ces deux esgourdes… je risque d'avoir de graves problèmes.

LE CHEF. Je vais essayer mais mettez-moi un peu de musique. *(Prenant les oreilles.)* Puisque c'est par là que ça se passe…

La salle à manger, le jour.

Assis à cheval sur leurs chaises derrière le matador, lui-même à califourchon sur son siège, la quadrilla au complet dans un silence tendu attend l'arrivée du plat.
La porte de la cuisine s'ouvre. Apparaît le directeur, un sourire crispé. Il tient un plateau avec un plat fumant, le tout tremblant légèrement.
Il le dépose sur la table, devant le matador qui, imperturbable, ne desserre pas les mâchoires et regarde, d'un œil noir, ce qu'on vient de mettre dans son assiette.

LE DIRECTEUR. J'ai tenu à vous l'apporter moi-même.

Sans un mot, le matador prend lentement son couteau et sa fourchette et commence à découper son plat. Il pique sa fourchette dans un morceau et, lentement, le porte à sa bouche. Tension. Le directeur déglutit mal sa salive. Regards tendus de la quadrilla. Le matador mâche lentement sans aucune expression. Le directeur essaie de sourire mais il n'y parvient pas bien. Soudain, le matador crache par terre ce qu'il a dans la bouche. Le directeur, par un réflexe de terreur, se met les mains sur son sexe et hurle.

NON !!!

LE MATADOR *(très calme)*. C'est l'habitude… Yé crache touyours. Ça ne beut rien dire…

Le directeur retrouve un peu de couleur. Le matador mange une nouvelle bouchée. Cette fois, il l'avale. Il ferme les yeux pour jouir de la dégustation ou pour maintenir sa fureur ?
Très calmement.

C'est esseptionnel... Y'adore ça...

LE DIRECTEUR *(n'y croyant pas).* Vraiment ?

LE MATADOR. Si... braiment, c'est succulente...

LE DIRECTEUR *(s'évanouissant presque de soulagement).* Si vous saviez comme ça me fait plaisir...

LE MATADOR *(toujours très calme).* Yé crois même qué yé vais vous en demander oune autre...

LE DIRECTEUR. Pardon ?

LE MATADOR. Yé boudrais la même chose...

LE DIRECTEUR. Mais, monsieur Sanchez y Ramiron...

LE MATADOR *(menaçant).* Né mé dites pas que dans oune établissément de cette classe on ne peut pas demander un plat deux fois...

LE DIRECTEUR *(qui défaille).* Mais monsieur Sanchez y...

LE MATADOR. Bon. Y'ai compris. Yé bais me servir moi-même...

LE DIRECTEUR *(reculant).* Non... non...

LE MATADOR *(se levant).* Comme dans un buffet campagnard !

LA QUADRILLA. Olé !

Le matador sort son épée et déplie sa cape. Musique de corrida. La quadrilla se déploie autour du directeur qui hurle en se tenant le sexe et les oreilles.

LE DIRECTEUR. NON ! S'il vous plaît !

Il fonce pour sortir vers la porte, le matador fait tourner sa cape en l'évitant de peu. Traqué comme un taureau, le directeur fonce tête baissée sur la quadrilla qui scande chaque passe par un "Olé" martial.
Appuyé contre la porte de la cuisine, le chef Louis regarde la scène.

LE CHEF *(dans un soupir).* A mon avis, il va perdre sa langoustine !

JEAN-MICHEL RIBES/ROLAND TOPOR

Le club de celles
qui ne ressemblent pas à Madonna

Le hall, le jour.

Le directeur est agité. Un groom arrive vers lui.

LE DIRECTEUR. Alors ?

LE GROOM. Elles n'ont pas fini, monsieur le directeur !

LE DIRECTEUR. C'est insensé ! On avait dit jusqu'à 17 heures ! Il est 18 heures ! J'ai un groupe qui arrive dans cinq minutes.

LE GROOM. Qu'est-ce que je dois dire, monsieur ?

LE DIRECTEUR. Rien ! J'y vais moi-même.

Le directeur se dirige d'un pas rapide vers le salon. Au-dessus de la porte du grand salon, un panneau : "CLUB DES FEMMES QUI NE RESSEMBLENT PAS A MADONNA."
Le directeur pousse la porte – le groom retient la porte derrière lui puis la referme.

La salle à manger, le jour.

Sur l'estrade installée au fond du salon, une longue table derrière laquelle est assis le comité directeur du club. Au centre, la présidente. Devant elle, une centaine d'adhérentes assises sur des chaises. Le directeur referme doucement la porte derrière lui.

LA PRÉSIDENTE. ... Et pour finir, une bonne nouvelle. Je vous rappelle que les cartes d'adhérent sont à retirer chez Mme Timbaud. Nous sommes heureux d'accueillir un nouveau membre dont nous sommes très fiers car c'est magnifique à quel point elle ne ressemble pas à Madonna. Il s'agit de Mme Christine Dubosc qui travaille aux entrepôts Lagier à Bois-d'Arcy... Levez-vous, madame, ne soyez pas timide.

Une jeune femme se lève dans l'assistance. Elle est très grande, très maigre, cheveux longs et noirs. Pull mauve, jupe longue. Son long visage est triste. Elle se tortille les doigts en tous sens. Ses épaules tombent.

Avouez que la non-ressemblance est frappante ! On l'applaudit bien fort. *(Toute la salle applaudit la jeune femme.)* Si vous pouviez nous dire quelque chose... sur vous... par exemple...

CHRISTINE DUBOSC. C'est si soudain... *(Elle rougit.)* Une fois, j'ai vu Madonna à la télé et mon mari m'a dit : "T'as vu comment t'es foutue ; on peut pas dire que tu ressembles beaucoup à Madonna..."

LA PRÉSIDENTE. De là à dire que vous ne lui ressembliez pas du tout, il n'y avait qu'un pas !

CHRISTINE DUBOSC. C'est ça... Alors, j'ai envoyé ma photo à Mme de Gouvion et après, elle m'a reçue très gentiment... et voilà...

LA PRÉSIDENTE. Je crois qu'on peut l'applaudir à nouveau...

L'assistance applaudit. Puis silence ! Le directeur fait un signe. La présidente aperçoit le directeur.

Oui, oui ! Nous sommes en retard. Je me dépêche... *(Accélérant.)* Pour terminer, j'ai l'immense regret de devoir vous annoncer le départ d'une dame que pourtant nous aimons toutes, mais les règlements de notre association sont très stricts ! *(Les congressistes se regardent les unes les autres, inquiètes.)* Madame Poissec...

MADAME POISSEC. Oh non !

LA PRÉSIDENTE. Je suis tellement désolée, madame Poissec, tellement, mais ce grain de beauté !!! Pourquoi ce grain de beauté ?

Mme Poissec baisse les yeux. Elle porte sur la joue le même grain de beauté que Madonna. Pourtant, elle est très grosse, très brune, avec un gros chignon.

UNE DAME DANS L'ASSISTANCE. En effet, on dirait vraiment Madonna maintenant !

UNE AUTRE DAME. Quel dommage ! Une si belle non-ressemblance !

LE DIRECTEUR *(n'y tenant plus).* Je suis vraiment désolé, mesdames, mais l'heure est largement dépassée !

LA PRÉSIDENTE. Ça y est. Nous avons terminé ! Nous allons maintenant nous rendre au salon de thé pour manger de gros gâteaux comme Madonna n'en mangera jamais...

Tout le monde se lève et sort. La dame exclue pleure.

MADAME POISSEC. Mais qu'est-ce que je vais dire à mon mari ? Que je ressemble à Madonna ? Mais il va être furieux !

LA PRÉSIDENTE. Je sais ! Je sais bien ! Ça peut paraître odieux mais je suis forcée d'être très stricte sinon notre association ne ressemblerait plus à rien... *(Mme Poissec éclate en sanglots.)* Moi-même, il y a quelques années, j'ai été exclue de ceux qui ne ressemblent pas à Brigitte Bardot, à cause d'une idiotie de culotte de cheval. Tout d'un coup, j'ai eu la même qu'elle...

La salle se vide entièrement. Le directeur ferme la marche, sort et referme la porte derrière lui.

Le hall de l'hôtel, le jour.

Des employés retirent la banderole "CLUB DE CELLES QUI NE RESSEMBLENT PAS A MADONNA", au-dessus de la porte et, à la place, fixent : "CONGRÈS DE CEUX QUI DISENT «ENFIN BREF» TOUTES LES CINQ MINUTES."
Un groupe de gens entoure le directeur.

LE RESPONSABLE. Enfin, bref… Ça fait tout de même une heure de retard.

LE DIRECTEUR. Croyez bien que nous sommes sincèrement désolés…

LE RESPONSABLE. Enfin bref… Le principal est que la salle soit libre.

LE DIRECTEUR. … Et encore mille excuses… Enfin bref, vous pouvez y aller.

Il se retourne.

LE RESPONSABLE *(il ouvre de grands yeux).* Extraordinaire !

LE DIRECTEUR. Quoi ?

LE RESPONSABLE. Vous venez de dire "enfin bref".

LE DIRECTEUR. Ah bon ?

LE RESPONSABLE. Et vous ne saviez pas que vous disiez "ENFIN BREF" ?

LE DIRECTEUR. Ça vient comme ça…

LE RESPONSABLE *(il fait signe au directeur de passer devant).* Si ça vous fait plaisir d'assister au congrès des enfinbrefistes.

LE DIRECTEUR. Vous pensez que je peux ? Mais vite, je dois accueillir "ceux qui reniflent comme Poivre d'Arvor"… Enfin bref, c'est mon problème…

LE RESPONSABLE. Enfin bref comme vous voulez.

JEAN-MICHEL RIBES/JEAN-MARIE GOURIO

Anoblissement express

Juste devant la salle à manger, la nuit.

Une porte à deux battants est ouverte sur une salle d'où s'exhale un brouhaha mondain sur fond de valse.
Un domestique à gants blancs en barre discrètement l'entrée à un monsieur en smoking.

LE DOMESTIQUE. N'insistez pas, monsieur, je vous répète que c'est impossible.

L'HOMME *(monté)*. Et en supposant que j'entre quand même ! Qu'est-ce que vous faites ? Vous appelez la police ?

LE DOMESTIQUE. Nous avons notre service d'ordre, monsieur.

Le domestique tousse deux fois dans sa main gantée. Aussitôt se matérialise un majordome, sans doute aux aguets derrière la porte. (Le majordome peut être Félix.)

LE MAJORDOME. Quelque chose ne va pas, William ?

LE DOMESTIQUE. Il y a que monsieur insiste pour entrer alors que monsieur n'est pas…

LE MAJORDOME *(au domestique)*. Ça va ! Ça va ! *(A l'homme en smoking.)* Que monsieur me dise qui je dois annoncer.

L'HOMME. Bergougnoux. Bertrand Bergougnoux avec un *x*.

LE MAJORDOME *(il fait celui qui a mal entendu)*. Pardonnez-moi, *de* Bergougnoux ou *du* Bergougnoux ?

L'HOMME. … Bergougnoux tout court.

LE MAJORDOME. Je suis désolé, monsieur, mais le bal de la noblesse est strictement réservé aux aristocrates…

L'HOMME. Mais enfin, c'est une plaisanterie ! C'est Mme de Rochecourt qui m'a invité…

LE MAJORDOME. Je n'en doute pas, monsieur. Parfois – et c'est ce qui fait leur charme – les gens qui ont le sang bleu ont un peu aussi "d'oubliance". Et Mme la marquise de Rochecourt a oublié que pour participer à ce bal, la particule était obligatoire !

L'HOMME. J'ai fait trois cents kilomètres pour la voir et vous allez me renvoyer ! C'est insensé ! Insensé !

LE MAJORDOME *(soupirant).* Bien ! On va essayer d'arranger ça, monsieur, suivez-moi.

L'HOMME *(retrouvant espoir).* Non, c'est vrai ?!

Ils se dirigent vers les vestiaires.
Une rangée de capes et de manteaux de fourrure derrière le long comptoir. Une dame de vestiaires.

LE MAJORDOME *(à la dame du vestiaire).* Le chevalier est là ?

LA DAME DU VESTIAIRE *(se tournant vers les vêtements pendus).* Chevalier ! On vous demande.

Un vieil homme en armure, sans heaume, sorte de don Diègue barbu, apparaît entre deux manteaux de vison.

LE CHEVALIER. Me voici !

LE MAJORDOME *(présentant son protégé).* M. Bertrand Bergougnoux désirerait entrer au bal, par la grande porte ; si vous pouviez…

LE CHEVALIER. Je m'en occupe.

LE MAJORDOME *(à Bergougnoux).* Je vous laisse.

Bergougnoux intimidé reste face au chevalier qui l'examine comme un tailleur.

LE CHEVALIER *(à la dame du vestiaire).* Donnez-moi une grande taille. *(Ou une taille moyenne ou une petite taille, selon la corpulence du comédien.)* Et un heaume.

Pendant que la dame du vestiaire recherche ce que lui a demandé le chevalier, ce dernier prend en main un carnet à souches et un stylo-bille attachés à son armure par des ficelles.

Vous êtes d'où… ?

L'HOMME. J'habite dans le 8e à Lyon…

LE CHEVALIER *(s'apprêtant à écrire).* "De" ou "du" ? Vous avez une préférence pour la particule ? *(La dame du vestiaire apporte une cuirasse et un heaume, qu'elle dépose devant Bergougnoux, sur le comptoir.)* Enfilez ça !

Pendant que Bergougnoux se harnache, le chevalier écrit sur son carnet. Bruits de ferraille off provenant de l'habillage.

Parfait ! Allons-y ! *(Lâchant calepin et stylo, il tire son épée et la brandit vers le plafond, puis d'une voix forte, il commande.)* A genoux ! *(Bergougnoux, dont on voit les jambes de pantalon sous le plastron de fer, tombe lourdement à genoux devant le comptoir. Le chevalier a les yeux sur son épée qui lance des éclairs.)* Par le Tout-Puissant, par saint Michel et saint Georges. *(Il abaisse son épée au-dessus du heaume de Bergougnoux.)* Je te fais chevalier !

Le plat de l'épée frappe chaque épaule du nouveau chevalier avec un bruit retentissant. Bang ! Bang !

Devant la salle à manger. L'entrée du bal, la nuit.

Ex-Bergougnoux, d'un geste large et noble, tend sa carte au domestique du début. Ce dernier la prend et, en dépit d'un imperceptible dédain qu'il ne peut tout à fait dissimuler, annonce.

LE DOMESTIQUE. Monsieur Hubert de Gougnoux du huitième de Lyon !

Hubert de Gougnoux entre dans la salle de bal. Le domestique referme la porte en murmurant.

… Et après, on s'étonne que la noblesse française ne soit plus ce qu'elle était…

GÉBÉ/JEAN-MICHEL RIBES/ROLAND TOPOR

L'Immortel

Une chambre, le jour.

Un homme, la tête coiffée d'un chapeau d'académicien, est allongé dans son lit. Le docteur est à son chevet, ainsi que Zézette, la secrétaire de l'écrivain, qui pleure discrètement. Des vêtements verts et l'épée sont rangés sur une chaise.

L'ACADÉMICIEN. Docteur, je sens que je vais mourir.

LE DOCTEUR *(dubitatif)*. Oui… C'est toujours possible.

L'ACADÉMICIEN. Le cœur, sans doute ?

LE DOCTEUR *(après avoir écouté au stéthoscope)*. Rien d'anormal…

L'ACADÉMICIEN. Je sens que je vais passer… d'une seconde à l'autre… Zézette ? Vous êtes là, Zézette ?

ZÉZETTE *(pleurant)*. Oui, monsieur.

L'ACADÉMICIEN. Allez chercher le directeur. Je ne veux pas qu'il rate mon mot de la fin.

LE DOCTEUR. Allons, allons… Il ne faut pas être pessimiste.

ZÉZETTE. J'y vais monsieur.

Elle sort.

Le bar, le jour.

Le directeur est occupé au desk.

ZÉZETTE. Henri Roquefort de l'Académie française vous réclame.

LE DIRECTEUR. C'est urgent ?

ZÉZETTE. Oui, il est au plus mal…

LE DIRECTEUR. C'est pour son mot de la fin, je suppose !…

ZÉZETTE. Oui, il voudrait le dire devant vous.

LE DIRECTEUR. Vous êtes certaine qu'il n'y a plus d'espoir ? Non parce que ça fait quatorze fois en deux jours que je vais l'écouter, sa dernière parole…

ZÉZETTE. Il vous trouve cultivé, il a envie de laisser sa dernière phrase à quelqu'un qui comprend son œuvre, c'est humain !

LE DIRECTEUR. J'ai adoré *Les Rougaliots*, c'est vrai, mais il faut qu'il se décide à trépasser une bonne fois pour toutes, j'ai du travail moi, beaucoup de travail !

ZÉZETTE. Je crois que cette fois ce sera la bonne, il est si pâle…

LE DIRECTEUR *(excédé)*. Espérons ! Bon, je vous suis mademoiselle !

Une chambre, le jour.

L'académicien moribond a les yeux fermés. Le docteur lui tient le pouls. Le directeur et Zézette entrent dans la chambre sur la pointe des pieds.

LE DIRECTEUR *(à voix basse)*. Il est mort ?

LE DOCTEUR. Non, il se concentre.

L'ACADÉMICIEN *(sans ouvrir les yeux)*. Zézette, c'est vous ?

ZÉZETTE *(émue aux larmes)*. Oui maître.

L'ACADÉMICIEN. Le directeur est là ?

LE DIRECTEUR. Oui maître, je vous écoute.

L'ACADÉMICIEN. Zézette vous avez votre calepin ?

ZÉZETTE *(le crayon en arrêt).* Je suis prête.

L'académicien rassemble ses forces, arrive à relever légèrement la tête et prononce avec difficulté.

L'ACADÉMICIEN. J'ai gagné de nombreuses batailles mais j'ai perdu la guerre de la vie !

Il pousse un terrible râle mortel, sa tête retombe sur son oreiller. Il ne bouge plus. Zézette, qui a noté fébrilement, éclate en sanglots.

ZÉZETTE *(en pleurs).* Ça y est, il est parti pour toujours ! Que c'était beau sa dernière parole…

LE DIRECTEUR. Pas mal. Bon je vous laisse… Je fais prévenir les pompes funèbres…

L'ACADÉMICIEN *(relevant soudain la tête).* "Pas mal" ? Comment "pas mal" ? *(Il répète sa dernière phrase en l'articulant exagérément.)* J'AI GAGNÉ DE TRÈS NOMBREUSES BATAILLES MAIS J'AI PERDU LA GUERRE DE LA VIE.

LE DIRECTEUR. Oui, c'est ce que j'avais compris.

L'ACADÉMICIEN. Et vous trouvez ça "pas mal" ?

LE DIRECTEUR. Oui… C'est classique, ça sonne bien, mais enfin ce n'est pas du grand Roquefort…

LE DOCTEUR. C'est vrai, je ne sais pas, il y a quelque chose d'un peu "pompier" dans le style…

L'ACADÉMICIEN. "Pompier" ! Il faudrait savoir, hier je vous ai proposé "Dieu mets un couvert de plus, j'arrive" et vous avez trouvé ça trop petit, trop bande dessinée pour un académicien…

LE DIRECTEUR *(impatient).* Bon, maître, vous en essayez un autre parce qu'il faut que j'y aille moi…

L'ACADÉMICIEN. De toute façon vous n'aimez rien…

LE DIRECTEUR. Maître, c'est injuste…

L'ACADÉMICIEN. Rien !… Même hier au restaurant quand j'ai eu mon attaque et que je me suis évanoui dans le navarin, vous n'avez pas aimé ma dernière phrase et pourtant elle était forte…

LE DIRECTEUR. C'était laquelle ?

L'ACADÉMICIEN. "La viande retourne chez les légumes."

LE DIRECTEUR. C'est vrai, elle était belle. Vous n'avez qu'à la redire…

L'ACADÉMICIEN. Trop tard ! Je n'ai jamais fait du réchauffé moi…

ZÉZETTE *(regardant son calepin).* Je la garde quand même pour le recueil *Mes meilleurs mots de la fin* ?

L'ACADÉMICIEN. Bien sûr Zézette, bien sûr !…

LE DIRECTEUR *(trépignant).* Bon, maître, j'ai des clients qui m'attendent…

L'ACADÉMICIEN. Et moi, j'ai la postérité qui m'attend. Ça y est ! J'en ai une qui me vient…

LE DIRECTEUR. Elle arrive tout de suite ?

L'ACADÉMICIEN *(dramatique).* La voilà : "Poète, dans la vie comme dans la mort tu seras rongé par les vers…" *(Très faible.)* Elle vous plaît ?

LE DIRECTEUR. Beaucoup… Sincèrement beaucoup, beaucoup non ?

LE DOCTEUR. Si.

L'ACADÉMICIEN. Merci !

Il tombe sur son oreiller immobile, le docteur écoute son cœur et, grave, fait un signe de tête qui signifie : C'est fini.

Le hall, la nuit.

Le chef du protocole funéraire.
Tentures noires avec la lettre R brodée en argent dans le grand hall, tout le personnel est aligné. Sur une musique somptueuse le cercueil de l'académicien porté par quatre croque-morts descend le grand escalier, précédé par deux hommes en noir portant, sur des coussins, l'un ses décorations et son épée, l'autre son bicorne et son habit. Dans le hall, gardes républicains et personnalités en deuil. Zézette, en parme, suit la dépouille mortelle. Le directeur debout derrière son desk regarde passer devant lui le cercueil, il demande discrètement à Zézette.

LE DIRECTEUR *(bas).* Il n'a rien dit d'autre ?

ZÉZETTE. Non.

LE DIRECTEUR. Dommage ce n'était pas sa meilleure…

A peine le directeur a-t-il fini sa phrase qu'on entend du bruit, le couvercle du cercueil s'ouvre, l'académicien se redresse fou de rage.

L'ACADÉMICIEN. Vous ne l'aimez pas ? Vous m'avez menti !

LE DIRECTEUR. Mais monsieur l'académicien…

L'ACADÉMICIEN *(à ses porteurs)*. Demi-tour ! Allez ! Allez ! Zézette on s'y remet !

Tout le convoi funéraire fait demi-tour et remonte l'escalier.

LE DIRECTEUR *(effondré)*. Pourquoi j'ai parlé, pourquoi ?…

LE CHEF DU PROTOCOLE FUNÉRAIRE. Vous frappez pas, nous, on a l'habitude, c'est toujours comme ça avec les immortels.

ROLAND TOPOR/JEAN-MICHEL RIBES

Partouze

Le hall, le jour.

L'HOMME AU BALCON. S'il vous plaît… S'il vous plaît. *(Les gens du hall lèvent la tête et le regardent.)* Mesdames, messieurs, pardonnez-moi de vous déranger mais ma femme et moi cherchons des partenaires pour partouzer. Est-ce qu'il y en a parmi vous que ça intéresse ?

Un homme près du desk réagit le premier.

HOMME N° 1. Pourquoi pas, mais qu'entendez-vous exactement par "partouzer" ?

L'HOMME AU BALCON. Oh c'est très simple… Faire toute une série de cochonneries à plusieurs couples, échanger son épouse avec celle d'un autre, se mettre à trois ou quatre hommes sur une femme, ou l'inverse… Enfin s'envoyer en l'air de toutes les façons possibles et imaginables !

Un homme accompagné de sa femme près de la porte à tambour intervient à son tour.

HOMME N° 2. Nous sommes partants, vous n'avez rien contre les trucs pervers ?

L'HOMME AU BALCON. Du style ?

HOMME N° 2. Je ne sais pas… du style "lanières de cuir"… ou du style on oblige l'un d'entre nous à regarder sa femme se faire fesser par le valet de chambre pendant que lui, avec une bougie…

L'HOMME AU BALCON. Pas de problème, au contraire et s'il y en a qui aiment, ma femme fait très bien la "roulette Pompadour"…

UNE DAME FORTE. C'est la position suspendue au lustre et puis on tourne ?

L'HOMME AU BALCON. Non, c'est la ligne qui avance par saccades rythmées par un tambour.

LA DAME FORTE. Ah oui ! Chez moi on appelle ça "le tourniquet des galériens" !!... Oui c'est très amusant, vous la faites à combien de fouetteurs ?

L'HOMME AU BALCON. En général quatre, mais si vous préférez six, je n'ai rien contre.

HOMME N° 2. Oui, le tout, c'est qu'on fixe bien les règles au départ...

FEMME N° 2. A ce propos, j'espère qu'on a le droit d'emmener un groom ! Parce que partouzer dans un hôtel sans groom, pour moi, ce n'est pas une partouze !...

HOMME N° 2. Je vous comprends très bien...

L'HOMME AU BALCON. Cela va de soi chère madame, tout comme ceux qui veulent se déguiser en soubrette ou en garçon d'étage pour qu'on les siffle, qu'on les humilie, etc. Bien sûr... c'est évident... Nous sommes dans un hôtel... Alors je marque monsieur, madame, madame, monsieur, madame...

LA DERNIÈRE FEMME DÉSIGNÉE *(hésitante)*. C'est-à-dire, mon mari n'est pas très frais...

LE MARI PAS TRÈS FRAIS. Je ferai le mort.

LA FEMME. Oui mais enfin chéri quand tu fais le mort en général tu t'endors, ce n'est pas drôle pour toi mon amour...

LE MARI PAS TRÈS FRAIS. Sauf si on me donne un biberon...

LA FEMME *(à l'homme au balcon)*. A quelle heure comptez-vous commencer ?

L'HOMME AU BALCON. Vers 21 heures, 21 h 30...

LA FEMME. Oui c'est tard pour nous, mon mari et moi ne partouzons jamais après quatre heures de l'après-midi...

LE MARI PAS TRÈS FRAIS. Je veux y aller...

LA FEMME. Georges, ton conseil d'administration demain matin, tu l'oublies !

HOMME N° 2 *(intervenant).* Ça lui fait tellement plaisir… Ma femme lui donnera le sein, je vous le promets !

LE MARI PAS TRÈS FRAIS. Elle a des gros seins ?

HOMME N° 2 *(paternel).* Très… Ne vous inquiétez pas…

LE MARI PAS TRÈS FRAIS. Je peux les mordre ?

HOMME N° 2 *(lui embrassant le front).* Bien sûr… *(A l'homme au balcon.)* Ça y est ! C'est d'accord, inscrivez-les…

L'HOMME AU BALCON *(inscrivant).* Ça fait douze…

LA JEUNE FILLE. C'est possible de passer juste un quart d'heure ? Parce que j'adore partouzer mais j'ai un avion à prendre très tôt demain matin et j'ai une foule de choses à régler avant mon départ…

L'HOMME AU BALCON. Bien sûr ! En un quart d'heure vous pouvez vous faire chevaucher une bonne dizaine de fois, ça vaut la peine… et puis vous filez discrètement…

LA JEUNE FILLE. Merci, c'est très gentil à vous…

L'HOMME AU BALCON. Parfait ! Donc nous serons une vingtaine en comptant mes deux grandes filles et ma sœur. Alors, je vous attends dans une heure, nous sommes à la chambre 326… A tout de suite. *(Il s'éloigne et revient sur ses pas.)* Ah ! j'oubliais, ce que je vous demande par contre, c'est d'apporter des cendriers et des cintres, parce que je n'aurai pas le compte, et vous allez peut-être me prendre pour un maniaque mais je ne supporte pas quand il y a du bordel dans ma chambre.

FRANÇOIS ROLLIN/JEAN-MICHEL RIBES

Entre les nuages

La terrasse, la nuit.

Georges, en smoking blanc, parle à Robert, en smoking noir, une coupe à la main. Solange, la femme de Georges, sirote un drink à côté de son mari.

SOLANGE. Oh ! vous avez vu ? La lune apparaît entre les nuages !

GEORGES. Tu sais, finalement, je t'aime beaucoup Robert.

ROBERT. Mais c'est très réciproque, Georges...

GEORGES. Oui, mais toi tu m'aimes comme un ami...

ROBERT. ... Un véritable ami...

GEORGES. Alors que moi, je t'aime physiquement.

ROBERT. Ah bon ?...

GEORGES. Oui ! La nuit, je rêve de toi. Quand je caresse Solange, c'est à toi que je pense... N'est-ce pas, Solange ?

SOLANGE. C'est tout à fait vrai...

ROBERT. Georges... tu plaisantes... Ne me dis pas que...

GEORGES. Si je te le dis...

ROBERT. C'est fou ! Tu deviens fou !

GEORGES. Je suis fou de toi, Robert !

ROBERT. Ça suffit ! Tu m'emmerdes à la fin !

GEORGES. Solange, tu entends ? Tu entends comment me traite Robert ? C'est très cruel, non ?

SOLANGE. C'est méchant, c'est vrai. Ça m'étonne de toi, Robert. Georges qui t'aime tant...

ROBERT. Mais enfin, tu réalises ce qu'il me demande ?

SOLANGE. Oui. Eh bien quoi ? Tu couches bien avec moi, pourquoi tu ne coucherais pas avec mon mari ?

GEORGES. Ah, tu vois ! Solange est de mon avis.

SOLANGE. Force-toi un peu Robert. Ça fait tellement plaisir à Georges.

ROBERT. Bon ! Très bien, allons-y !

GEORGES. Allons-y où ?

ROBERT. Enlève ton pantalon.

GEORGES. Mon pantalon ?... Comme ça... oui... mais...

ROBERT. Quoi "oui mais"... Tu as changé d'avis ? Il faut savoir !

GEORGES. Mais je ne peux pas comme ça... J'ai besoin de tendresse, de séduction, que tu me parles, que tu me prennes par la main...

SOLANGE. Georges, là tu compliques.

GEORGES. Ecoute, Solange, nous ne sommes pas dans la jungle... Je suis désolé...

ROBERT. Tu es désolé ! Tu es désolé ! Et moi maintenant, qu'est-ce que je fais ?

GEORGES. Comment qu'est-ce que tu fais ?

ROBERT. Tu as fini par m'exciter...

GEORGES. Tu entends, Solange ! C'est une bête... Robert, une bête !!... Robert, le gentil Robert, le délicieux Robert n'est qu'un sexe, qu'un braquemart en furie...

SOLANGE *(à Georges).* Tu es trop sensible, chéri.

ROBERT. S'il te plaît, Georges, baisse ton pantalon...

GEORGES. Ecoute-le, écoute-le... un ami de vingt ans ! Il me parle comme à un zouave... Je suis déçu... mais déçu...

SOLANGE. C'est vrai, Robert... Par moments, on a le sentiment que tu veux juste trousser Georges.

GEORGES. Mais oui ! Il veut juste me trousser !

SOLANGE. Georges n'est quand même pas une fille de joie...

ROBERT. C'est-à-dire...

GEORGES. Vas-y... Dis-le...

ROBERT. C'est-à-dire... Ça m'aide de penser que tu es une fille de joie.

GEORGES *(se laisse tomber sur une chaise).* Je suis écœuré... un ami de toujours qui me prend pour un travelo...

ROBERT *(se prenant la tête dans les mains).* Excuse-moi, Georges... excuse-moi...

GEORGES *(effondré).* La vie est une garce...

SOLANGE. Oh ! vous avez vu ? La lune apparaît entre les nuages...

GEORGES WOLINSKI/JEAN-MICHEL RIBES

Réclamations

La salle à manger, le jour.

C'est l'heure du déjeuner. L'élégante clientèle, répartie dans la salle à manger, déguste le repas de midi.
Charmant et courtois, le directeur passe de table en table. Soudain, un homme passablement énervé, assis à une table du fond, remue dans tous les sens pour attirer l'attention d'un garçon. L'un d'eux s'approche. Il s'écrie alors d'une voix forte.

L'HOMME. Appelez-moi le directeur !

Le directeur, qui a entendu, arrive à toute allure près du client mécontent pour étouffer le scandale naissant.

LE DIRECTEUR. Monsieur, un problème ?

L'HOMME. Regardez ce que je viens de trouver dans mon potage.

Il montre une boule d'acier, pleine de vermicelles.

LE DIRECTEUR *(ahuri)*. Mais c'est… c'est une boule de pétanque !

LE CLIENT. Je ne vous le fais pas dire !

LE DIRECTEUR. Dans votre potage !!!

LE CLIENT. C'est insensé, non ? Je ne veux pas faire d'esclandre mais enfin reconnaissez tout de même qu'une boule de pétanque dans un minestrone à l'oseille, c'est un peu beaucoup…

LE DIRECTEUR. Elle est petite remarquez… Mais enfin, c'est vrai, c'est tout à fait inadmissible…

Il remue la louche dans la soupière.

LE CLIENT. Qu'est-ce que vous faites ?

LE DIRECTEUR. Je regarde s'il y a le cochonnet… parce qu'une boule de pétanque c'est vrai que ce n'est pas très agréable dans son assiette, mais enfin ce n'est pas dangereux. On la voit…

LE CLIENT. Ça !

LE DIRECTEUR. Tandis que le cochonnet, c'est perfide. Il suffit qu'il se soit niché entre deux champignons. On ne le remarque pas et hop, c'est l'étranglement assuré… Non, il n'y est pas. Tant mieux !

Il pose la louche.

LE CLIENT. Bon Dieu !

LE DIRECTEUR. Quoi ?

LE CLIENT. Si je l'avais avalé !

LE DIRECTEUR. Le cochonnet !

LE CLIENT *(blême)*. Oui.

LE DIRECTEUR. Ça m'étonnerait beaucoup.

LE CLIENT. Pourquoi ?

LE DIRECTEUR. Parce que si vous aviez un cochonnet dans l'estomac, vous ne seriez pas là à gesticuler, à clamer "appelez-moi le directeur", "c'est un scandale" et patati et patata pour une malheureuse boule de pétanque dans votre velouté à l'oseille… Non, vous n'en auriez pas la force… Vous seriez trop faible.

LE CLIENT. Ah… ?

LE DIRECTEUR. Holà ! oui. Ça épuise un cochonnet. On est groggy. Vous auriez mangé votre potage avec la boule de pétanque sans même vous en apercevoir.

LE CLIENT. Ah bon, vous me rassurez…

LE DIRECTEUR. C'est pour ça je trouve toute cette histoire un peu exagérée… C'est vrai, pas l'ombre d'un cochonnet dans la soupière. Vous êtes en pleine forme et la boule de pétanque, mon Dieu, elle ne vous a pas mordu…

LE CLIENT. C'est exact…

LE DIRECTEUR. Vous savez, quand on voit certaines images à la télévision… faire toute une histoire pour ça… *(Il montre la boule.)* Par moments, je me dis que certains clients perdent un peu le sens de la réalité…

LE CLIENT. Je… je vous demande de m'excuser… Je me suis laissé emporter…

LE DIRECTEUR. Vraiment, c'est une réaction d'enfant gâté…

LE CLIENT. Je suis navré… Ma mère m'a toujours passé tous mes caprices et je me crois tout permis… Je suis infernal… J'ai honte…

LE DIRECTEUR *(appelant un garçon)*. Bien. Raymond, voulez-vous changer le potage de monsieur…

LE CLIENT. Non !

LE DIRECTEUR. Alors, qu'est-ce qui ferait plaisir à monsieur ?

LE CLIENT. Remettez-la-moi...

LE DIRECTEUR. La boule ?

LE CLIENT. Oui... s'il vous plaît !

Le directeur lève les yeux au ciel, soupire et met la boule dans l'assiette de potage du client. Le client avec un sourire tendre.

Merci... et pardon...

LE DIRECTEUR. C'est oublié, monsieur...

Il s'incline. Le client se remet à manger son potage en écartant un peu la boule avec sa cuillère.
Le directeur s'éloigne en soupirant.

Quel métier !

JEAN-MICHEL RIBES/JEAN-MARIE GOURIO

Une addition ressemblante

Un couple a fini de dîner. L'homme lève discrètement le doigt pour attirer l'attention du maître d'hôtel. Ce dernier l'aperçoit et s'approche de la table.

FÉLIX LE MAÎTRE D'HÔTEL. Oui monsieur ?

L'HOMME. L'addition s'il vous plaît.

FÉLIX LE MAÎTRE D'HÔTEL. Tout de suite monsieur.

Le maître d'hôtel prend la fiche qui se trouve sur la table puis sort un carnet et un crayon de sa poche.

Alors... Une nage de Saint-Jacques et une salade Palace... *(Il se penche légèrement vers l'homme en le dévisageant.)* Disons quatre cent cinquante... *(Il l'examine d'un peu plus près.)* Disons même cinq cents... Ensuite nous avons une julienne de lotte et un agneau printanier. *(Il s'approche un peu plus du visage de l'homme qui instinctivement se recule.)* Je vais vous demander de ne pas bouger monsieur, je risquerais de faire une erreur... Tiens. *(Il désigne le bas de sa joue.)* Vous avez des rougeurs, là...

L'HOMME. C'est un after-shave qui m'irrite un peu.

FÉLIX LE MAÎTRE D'HÔTEL. Je vous conseille d'en changer... Ça fera huit cent cinquante.

LA FEMME. Un carré d'agneau et de la lotte huit cent cinquante francs !

FÉLIX LE MAÎTRE D'HÔTEL. Et encore madame, je ferme les yeux sur le gros grain de beauté que possède monsieur au bas de la narine gauche.

L'HOMME. Je t'en prie Nathalie, monsieur est très aimable, laisse-lui faire son métier...

FÉLIX LE MAÎTRE D'HÔTEL. Merci monsieur, je crois qu'il y avait deux vacherins ensuite ?

L'HOMME. C'est bien ça.

Le maître d'hôtel tourne autour de l'homme.

FÉLIX LE MAÎTRE D'HÔTEL. Disons trois cent cinquante francs...

LA FEMME *(en pâlissant)*. Du fromage, trois cent cinquante francs... !

FÉLIX LE MAÎTRE D'HÔTEL. Je suis désolé madame, mais avec le double menton de monsieur, je ne peux pas faire moins.

L'HOMME *(calmant son épouse)*. C'est vrai regarde... c'est normal chérie, il n'exagère pas...

FÉLIX LE MAÎTRE D'HÔTEL. Il n'y avait pas de dessert, n'est-ce pas ?

L'HOMME. Non.

FÉLIX LE MAÎTRE D'HÔTEL. En vin, une bouteille de château-pétrus ?

L'HOMME. Oui, c'est ça, une bouteille.

FÉLIX LE MAÎTRE D'HÔTEL. Monsieur je vais vous demander de vous mettre de profil. *(L'homme s'exécute.)* Je vous remercie. *(Il s'approche très près de l'homme.)* C'est dommage, votre nez...

L'HOMME. Mon nez... Qu'est-ce qu'il a ?

FÉLIX LE MAÎTRE D'HÔTEL. Sans cette petite excroissance osseuse, il était presque droit, ce qui nous met le château-pétrus à...

L'HOMME *(inquiet)*. Deux mille ?

Le maître d'hôtel décrit du bout du doigt la petite bosse osseuse.

FÉLIX LE MAÎTRE D'HÔTEL. Deux mille cinq cents... Voilà, je crois que c'est tout. La petite cicatrice sous le menton de monsieur est offerte par la maison...

L'HOMME. Merci beaucoup !

FÉLIX LE MAÎTRE D'HÔTEL. Ce qui nous fait… quatre mille francs… *(L'homme sort des billets de son portefeuille et les pose sur le petit plateau en argent où le maître d'hôtel vient de placer la note.)* Merci monsieur.

Il s'incline, prend l'argent et s'éloigne.

LA FEMME *(hors d'elle)*. Je te l'avais dit, Marc, avec la tronche que tu as aujourd'hui on n'aurait jamais dû aller dans un restaurant où ils font l'addition à la tête du client !

L'HOMME *(furieux)*. C'est ça, tu préfères peut-être qu'on aille dans ce genre de boui-boui où on a une chance sur deux d'être blessés avec leur addition en coup de fusil ! Nathalie, il a même pas vu ma dent sur pivot.

LA FEMME. Heureusement, mon ange.

L'HOMME. Ça fait deux cents francs d'économisés.

ROLAND TOPOR/JEAN-MICHEL RIBES/FRANÇOIS ROLLIN

France-Japon

La terrasse, la nuit.

Un homme présente un Japonais à sa femme.

L'HOMME. Edmonde, je te présente notre nouveau partenaire, Toshiku Kushito.

LA FEMME. Bonjour, monsieur.

LE JAPONAIS. Très honoré. Voici ma carte.

L'HOMME. Plutôt que de lutter contre la concurrence, j'ai préféré négocier et nous sommes arrivés à un accord qui, je le crois, a des chances de sauver notre union de la faillite.

LE JAPONAIS *(tendant un cadeau à la femme)*. Cadeau.

LA FEMME. Merci. *(A son mari.)* Notre union ?

L'HOMME. Oui. Grâce à l'apport de capital de Toshi, nous allons pouvoir investir et repartir sur de nouvelles bases. Que dirais-tu d'une auto neuve, de la moquette partout, d'une cuisine presse-bouton, d'un vison pastel et d'un magnétoscope tristandard ?

LE JAPONAIS. Très jolis pieds !

LA FEMME. Merci. Mais qu'as-tu vendu à M. Toshi Kushi ?

L'HOMME. 49 % des parts que j'ai sur toi. J'ai gardé 51 % pour conserver la majorité. C'est une très bonne affaire. Surtout que tu n'es plus toute jeune !

LA FEMME. Mais enfin, Gérard, tu aurais pu me demander mon avis !

L'HOMME. Ton avis ? Mais enfin, j'ai agi dans notre intérêt. Notre union va faire un bond magistral.

LE JAPONAIS *(lui soulevant sa jupe).* Derrière pas joli ! Pas assez bas.

L'HOMME. Ma chérie, "face au dynamisme des Japonais, nous devons proscrire tout réflexe épidermique de repli sur soi", a dit Raymond Barre.

LE JAPONAIS. Jambes trop droites ; Japonais aimer jambes tordues.

LA FEMME. Foutez-moi la paix, vous ! *(Puis, à son mari.)* Je refuse d'être vendue. Mon corps est à moi !

LE JAPONAIS. Moi signer contrat. Vous préparer bain et porter tatami sur le tapis.

L'HOMME. Le patron du CNPF a dit : "Aux Japonais nous devons emprunter la technique des arts martiaux, éviter les chocs frontaux et utiliser la force de l'adversaire pour rebondir."

LA FEMME. Vous savez où vous pouvez vous le mettre votre tatami ? Ne me touchez pas !

LE JAPONAIS. Femme pas bonne mentalité ! Pas accepter contrat.

LA FEMME *(déchire le contrat).* Voilà ce que j'en fais du contrat !

LE JAPONAIS *(s'en va, déçu, son attaché-case à la main).* Pas correct !

L'HOMME. C'est comme ça qu'en France, on n'arrive à rien. Nous ne deviendrons jamais un pays moderne.

LA FEMME. Salaud !

GEORGES WOLINSKI

Régime de luxe

Au fond d'une luxueuse salle à manger du Palace, un homme seul, un tantinet anxieux, attend assis devant une table. Soudain, la porte à deux battants des cuisines s'écarte pour laisser passer une élégante table roulante que pousse un maître d'hôtel très digne. Il s'approche du monsieur seul, et place près de lui la table roulante, sur laquelle trônent trois dômes en argent recouvrant trois plats.

LE MAÎTRE D'HÔTEL. Bonjour monsieur Swinch.

L'HOMME *(impatient).* Bonjour Félix.

LE MAÎTRE D'HÔTEL. Voici votre menu régime.

L'HOMME. Ah, enfin !

LE MAÎTRE D'HÔTEL. Le chef a préparé, pour commencer, une caille farcie aux airelles sur un coulis de morilles.

MONSIEUR SWINCH *(se délectant à l'avance).* J'adore ça.

LE MAÎTRE D'HÔTEL *(soulevant un des dômes).* La voici monsieur.

MONSIEUR SWINCH *(salivant).* Elle a l'air succulente…

LE MAÎTRE D'HÔTEL. Elle l'est, monsieur. *(Il recouvre la caille.)* Prêt monsieur ?

MONSIEUR SWINCH *(anxieux).* Prêt.

Le maître d'hôtel, avec une agilité étonnante, interchange à toute vitesse les trois couvercles en argent, comme le fait un joueur de bonneteau. Il s'arrête soudain.

LE MAÎTRE D'HÔTEL. Où se trouve la caille, monsieur Swinch ?

MONSIEUR SWINCH *(après avoir hésité).* Là !

Le maître d'hôtel soulève le couvercle en argent. L'assiette est vide.

LE MAÎTRE D'HÔTEL. Perdu. Elle est là monsieur.

MONSIEUR SWINCH. J'aurais pourtant juré…

LE MAÎTRE D'HÔTEL. Vous l'avez échappé belle monsieur, elle était très grosse. Vous voulez la carte des desserts monsieur ?

MONSIEUR SWINCH. Je vais la tenter…

Le maître d'hôtel sort un paquet de cartes, il les bat et les présente à Swinch. Ce dernier en tire une au hasard et la regarde aussitôt.

LE MAÎTRE D'HÔTEL. Je vous écoute monsieur.

MONSIEUR SWINCH. Le six de carreau.

LE MAÎTRE D'HÔTEL *(tirant une carte à son tour).* Désolé, j'ai la dame de cœur... Je vous fais votre café au 421 ?

MONSIEUR SWINCH *(dépité).* Oh ce n'est pas la peine, je ne tire rien aujourd'hui.

LE MAÎTRE D'HÔTEL. Parfait. *(Prenant son carnet.)* Alors, pas de caille : moins mille deux cents calories. Pas de dessert : moins huit cents calories et pas de café : moins deux cents calories. Ça vous fait : moins deux mille deux cents calories. Félicitations monsieur Swinch... Vous avez perdu à peu près un kilo trois cents.

MONSIEUR SWINCH. Le dîner ce soir ?

LE MAÎTRE D'HÔTEL. Soufflé grand veneur, turbot vénitien et une délicieuse tarte aux cerises. Je vous ferai le tout à la passe anglaise.

MONSIEUR SWINCH. A la passe anglaise ! J'y joue comme un pied. Le dîner on ne peut pas le faire au poker ?

LE MAÎTRE D'HÔTEL. Vous m'avez sorti deux carrés d'agneau hier soir, c'est beaucoup. Je rappelle à monsieur qu'au cas où ça tournerait trop mal, il a tout de même droit à un joker yoghourt.

MONSIEUR SWINCH. Faut vraiment être mordu pour le suivre votre régime !

LE MAÎTRE D'HÔTEL. On ne triche pas monsieur. Surtout avec le jambon-beurre.

JEAN-MICHEL RIBES

Sponsoring

Le bar, le soir.

Deux couples d'aristocrates distingués papotent assis autour d'une bouteille de gin. Leur élégance vestimentaire est légèrement altérée par la présence de badges publicitaires cousus çà et là sur les vestes des hommes et les tailleurs Chanel des femmes. On remarque notamment, sur l'épaule droite du plus jeune des deux nobles, le logo des couches Zizidoux ainsi que celui du camembert Toutenvache sur la poche du blazer du plus vieux. Les deux femmes, elles, se partagent – à hauteur de la poitrine – les écussons du nettoie-four Bombex et du protège-slip Buvard'Or. On devise gaiement.

ALEXANDRE DE FOUTRAIN-LONGEMBERT. Alors, à la troisième battue, j'ai fini par dire à Bourbon-Chanterelle : "Charles, je vous préviens, si vous me tirez encore un faisan au-dessus de la tête, je plombe votre labrador…"

ALINE DE COUVON-SICARD. Mais je vous comprends très bien !

KARL VON KARL. Moi, j'aurais commencé par tirer sur son valet… sans sommation…

CHRISTIANE LANGLAIS-MONTJARDIN. C'est vrai que quand il s'y met, Charles est horripilant à la chasse !

Henri, le barman, s'approche de la table.

FOUTRAIN-LONGEMBERT. Oui, Henri ?

HENRI. Pardonnez-moi de vous déranger, monsieur le duc, mais il y a un monsieur Rollin de chez Canibouffe qui veut vous voir !

FOUTRAIN-LONGEMBERT *(excédé)*. Ah ! leur manie de la vérification chez Canibouffe ! *(Il sort sa cravate où est cousu le badge Canibouffe.)* Je le porte leur badge !

CHRISTIANE LANGLAIS-MONTJARDIN. Mon ami, calmez-vous. Vous vous êtes déjà fâché avec Saucifort la semaine dernière… N'oubliez pas que nous avons la toiture à refaire…

FOUTRAIN-LONGEMBERT *(attendri)*. Bon, allons-y…

Il se lève, très énervé, et suit Henri jusqu'au comptoir du bar.

ALINE DE COUVON-SICARD. Ça, je dois dire, j'ai de la chance avec Zizidoux, ils me foutent une paix intégrale.

Le duc arrive au bar où un homme, style représentant de commerce, l'attend, accoudé au comptoir.

FOUTRAIN-LONGEMBERT *(agacé)*. Bonsoir Rollin. Que se passe-t-il ? Un problème ?

ROLLIN. Mes respects, monsieur le duc. Je suis ennuyé de vous le dire mais chez Canibouffe, on n'est pas content.

FOUTRAIN-LONGEMBERT. Tiens, monsieur, et pourquoi ?

ROLLIN. A propos du jubilé de la reine d'Angleterre…

FOUTRAIN-LONGEMBERT. Je ne saisis pas…

Rollin ouvre son attaché-case et sort une pile de magazines qu'il pose sur le comptoir.

ROLLIN *(désignant les photos).* Ni dans la cathédrale, ni dans le carrosse du duc de Kent, ni sur le perron de Buckingham... vous ne tenez votre haut-de-forme du côté où il y a le chien Canibouffe. C'est bien simple, on dirait que vous le faites exprès !

FOUTRAIN-LONGEMBERT *(se penchant sur les magazines).* Vous exagérez ! Là, on le voit très bien !

ROLLIN. Où ?

FOUTRAIN-LONGEMBERT. Là ! A la garden-party de la reine mère.

ROLLIN *(regardant la photo).* Vous savez ce qu'on voit surtout, monsieur le duc, sur cette photo ? On voit surtout "WC FLORE, le printemps dans vos WC". Là, sous les décorations de lord Buldington !

FOUTRAIN-LONGEMBERT. Oui, mais cette canaille de Buldington est beaucoup plus cher que moi !

ROLLIN. Peut-être mais il est rentable, très rentable. Je ne sais pas si vous connaissez la courbe de progression de WC FLORE sur le marché du sanitaire de luxe depuis qu'ils investissent dans la noblesse anglaise Foudroyant ! Nous, chez Canibouffe, on commence à se poser des questions...

FOUTRAIN-LONGEMBERT. Vous me faites rire. Qui vous a décroché le marché catholique ? Le prince de Galles peut-être ?

ROLLIN. C'est vrai que quand vous avez été reçu par le pape, on a très bien vu à la télévision Canibouffe sur votre missel, c'est vrai... et cela a été immédiatement sensible sur nos ventes, c'est vrai... Mais cela fait cinq ans, monsieur le duc, et depuis pas grand-chose...

FOUTRAIN-LONGEMBERT. Où voulez-vous en venir, Rollin ? A ce que je mette Canibouffe dans les armoiries des Foutrain-Longembert ?

ROLLIN. Non, monsieur le duc, mais nous ne pouvons plus investir dans un support d'une si faible rentabilité.

FOUTRAIN-LONGEMBERT. Vous me virez ?

ROLLIN. Non. On vous donne encore une chance, monsieur le duc, puisque le support visuel ne marche plus, on vous propose un essai dans le sonore...

FOUTRAIN-LONGEMBERT. Vous voulez que je pète ? C'est ça ?

ROLLIN. Non. Vous allez devoir placer dix fois par jour, au cours de vos conversations : "OUF ! OUF ! dit le chien heureux. OUF ! OUF ! Il est midi, c'est l'heure de Canibouffe !" ?

FOUTRAIN-LONGEMBERT. Le tarif... ?

ROLLIN. De un à dix, selon l'endroit où vous placez le slogan. Il est évident que si c'est au cours d'un dîner à l'Elysée, c'est mieux payé que chez votre concierge...

La salle à manger, le soir.

Longue table très élégante. Officiels, ambassadeurs, etc. Le duc est à côté d'une dame très distinguée et en face d'un général.

FOUTRAIN-LONGEMBERT *(très enjoué).* Alors, à la troisième battue, j'ai fini par dire à Bourbon-Chanterelle : "Ouf ! Ouf ! Il est midi, c'est l'heure de Canibouffe..."

Les convives le regardent sidérés.

ROLAND TOPOR/JEAN-MICHEL RIBES

Accident

Le hall du Palace, le jour.

Un énorme gâteau d'anniversaire porté par six marmitons avance vers la salle à manger. Au sommet, plein de bougies. Au moment où il va entrer dans la salle à manger, un autre énorme gâteau d'anniversaire arrive sur sa droite. C'est la collision inévitable. Sous le choc jaillissent, tels des diables hors de leur boîte, les deux filles nues qui étaient – selon la coutume – cachées dans la pâtisserie.
Elles commencent immédiatement à s'insulter.

FILLE N° 1. Ça va pas, non ! T'es miraude ou quoi ?!!!

FILLE N° 2 *(hurlant).* Ma charlotte ! Dans quel état tu as mis ma charlotte !

FILLE N° 1. ... Et moi, mon fraisier, tu l'as regardé ? On dirait une tarte !

FILLE N° 2. Tu parles ! C'est rien... Deux cuillères de crème et ça ne se voit plus ! Moi, il faut tout recuire... Tu vas payer, ma vieille...

FILLE N° 1. C'est pour tes fesses, oui !

FILLE N° 2 *(hurlant).* Salope ! Tu vas voir les tiennes !

Un maître d'hôtel accourt. C'est Félix.

LE MAÎTRE D'HÔTEL. Mesdemoiselles, s'il vous plaît…

FILLE N° 1. J'étais au pas, monsieur Félix, au pas… ! Je vous le jure. Elle, elle courait… alors forcément…

FILLE N° 2. Monsieur Félix, en cinq ans de gâteaux d'anniversaire, à part une poire au caramel qui s'est décrochée de mon cake arrière l'année dernière… et encore ce n'était pas ma faute, je n'ai jamais eu le moindre pépin… jamais. Alors, vous n'allez pas croire…

FÉLIX *(sortant son carnet)*. Mademoiselle Kull, combien de fois faudra-t-il vous répéter que c'est le gâteau d'anniversaire du plus âgé qui a priorité… De plus, regardez dans quel état sont vos bougies !… Très encrassées !

FILLE N° 2. Mais, monsieur Félix, c'est pas possible ! Je sors à l'instant de la cuisine…

On entend, venant de la salle à manger, des gens chanter "Happy birthday to you, happy birthday to François", *etc. Un garçon affolé arrive en courant.*

LE GARÇON. Monsieur Félix ! Ils s'impatientent. Qu'est-ce qu'on fait ?

FÉLIX *(à la fille n° 1)*. Linda, tu peux rouler ?

FILLE N° 1. J'ai plus de jus, plus une goutte…

FÉLIX *(au garçon)*. Bon, bah pousse-la… Allez, vas-y, on pousse…

LE GARÇON *(poussant le gâteau de la fille n° 1 vers la salle à manger)*. … Et ça y est, je me suis foutu plein de cambouis.

WILLEM/JEAN-MICHEL RIBES

Ginger

La terrasse, la nuit.

Pierre-André et Ginger prennent un drink sur la terrasse du Palace. Lui est en tenue de soirée, elle, en robe décolletée.

PIERRE-ANDRÉ. Ginger, j'ai très envie de vous embrasser.

GINGER. Moi aussi, Pierre-André.

PIERRE-ANDRÉ. Mais avant que j'écrase vos lèvres, puis-je vous demander si vous avez des aphtes ou des écorchures aux gencives ?

GINGER. Mes gencives sont saines, Pierre-André.

PIERRE-ANDRÉ *(fou de passion)*. Ginger, j'ai envie de vous.

GINGER. Moi aussi, Pierre-André.

PIERRE-ANDRÉ. Mais avant de me jeter sur vous comme une bête, puis-je vous demander si vous avez eu, récemment, des relations sexuelles avec un partenaire de passage ?

GINGER. Oui, Pierre-André. Mais j'ai vérifié qu'il utilisait un préservatif renforcé, lubrifié au monoxynol 9.

PIERRE-ANDRÉ. Parfait, Ginger. Etes-vous récemment allée chez un acupuncteur ?

GINGER. Non, Pierre-André.

PIERRE-ANDRÉ. Pratiquez-vous un de ces sports violents où les joueurs sont à touche-touche ?

GINGER. Non, Pierre-André.

PIERRE-ANDRÉ. Avez-vous récemment voyagé dans un pays à haut risque ? Kenya, Haïti, les Halles ?

GINGER. Non, Pierre-André.

PIERRE-ANDRÉ. N'avez-vous pas été mordue récemment par un policier, un dentiste, un critique littéraire ou un grand couturier ?

GINGER. Non, Pierre-André.

PIERRE-ANDRÉ. Vous asseyez-vous parfois sur le siège des toilettes publiques ? Buvez-vous dans le verre des autres ? Votre mère se droguait-elle ?

GINGER. Non, Pierre-André.

PIERRE-ANDRÉ. Ginger, je pense que si dès demain vous faites faire un examen de votre sang et que le test est positif, nous pourrons envisager de faire l'amour ensemble...

GINGER. C'est mon plus cher désir, Pierre-André.

PIERRE-ANDRÉ. Bien sûr, en passant un deuxième examen d'ici un an pour plus de sécurité car la durée d'incubation du virus n'est pas connue et il peut y avoir des erreurs au laboratoire.

GINGER. Pierre-André, qu'est-ce que c'est un an lorsqu'on s'aime !

Ils se mettent un masque de chirurgien et s'embrassent passionnément.

GEORGES WOLINSKI

Les Rêves

Une chambre, le jour.

C'est le petit matin. Un couple au lit vient à peine de se réveiller.

L'HOMME. Tu as bien dormi, ma chérie ?

LA FEMME *(s'étirant).* Comme un ange...

L'HOMME. Quelle chance ! Moi, je n'ai pas arrêté de faire des rêves bizarres. J'étais sur une plage de sable fin et plein de femmes nues me faisaient des avances... C'est étrange, j'avais un sexe énorme...

LA FEMME *(se moquant).* Tiens donc... Ça faisait longtemps...

L'HOMME. Tu ne me crois pas ?

LA FEMME. Mais si, je te crois. Mais ça fait trente ans que chaque matin, tu me racontes ce que tu as rêvé. Alors, aujourd'hui, tu me laisses en paix et tu demandes l'analyseur de rêves de l'hôtel. D'accord ?

L'HOMME *(souriant).* Excellente idée ! *(Il prend le téléphone.)* Ici, la chambre 22 ; si je pouvais avoir votre analyseur de rêves... Merci...

LA FEMME. ... Enorme comment ton sexe ?...

L'HOMME. Je ne sais pas, moi... *(On frappe à la porte. L'homme s'interrompt.)* Entrez ! *(Puis il reprend la conversation avec sa femme.)* Euh... comme un éléphant. Oui, à peu près comme celui d'un éléphant...

L'analyseur de rêves prend une chaise et s'approche du lit. Il s'assoit.

L'ANALYSEUR. ... Ne s'agirait-il pas d'un pénis ? Dans votre rêve, vous en aviez un comme ça ?

Il montre une mesure des deux mains.

L'HOMME. Plus.

L'ANALYSEUR *(écartant les mains).* Comme ça ?

L'HOMME. Plus.

L'ANALYSEUR *(écartant encore les mains).* Comme ça ?

L'HOMME. C'est ça ! Exactement comme dans mon rêve !

L'ANALYSEUR. En effet, c'est vraiment un pénis d'éléphant...

L'HOMME. Et donc, sur ma chose d'éléphant, il y avait un nain qui faisait du vélo.

LA FEMME. Un nain ? Tiens, pour une fois, ce n'est pas ta secrétaire !

L'HOMME. Ne sois pas jalouse. Ce ne sont que des rêves... Bon... Et alors, en faisant du vélo, ce nain me ballottait les testicules.

L'ANALYSEUR. Très intéressant... Gros, les testicules ?

L'HOMME. Oui, oui... énormes !

L'ANALYSEUR. Comme des ballons de football ?

L'HOMME. Plutôt comme des citrouilles.

L'ANALYSEUR. Ce sont effectivement de très grosses couilles. Ma grand-mère faisait pousser des citrouilles dans son jardin. J'en ai vu qui pesaient dans les quarante kilos. Ça nous fait du quatre-vingts kilos pour les deux couilles.

L'HOMME. C'est exactement ce que j'avais !... Voilà, et toutes les femmes nues sur la plage voulaient faire un tour de vélo avec le nain...

LA FEMME *(levant les yeux au ciel)*. Mon pauvre Henri...

L'HOMME. Quoi ?

LA FEMME. Rien... Un nain qui fait du vélo ! Franchement...

L'ANALYSEUR. Ce nain avait-il une casquette de coureur ?

L'HOMME *(réfléchissant)*. Non... je ne crois pas... C'est important ?

L'ANALYSEUR. Oui et non. Disons qu'avec une belle casquette on comprendrait mieux pourquoi toutes les femmes veulent faire du vélo avec le nain... Mais c'est un mécanisme d'occultation classique propre au rêve qui complique tout.

L'HOMME. ... Et les grosses couilles ? Que viennent-elles faire là-dedans ?

LA FEMME. Mais si tu as une grosse bite d'éléphant, c'est bien forcé que tu aies des grosses couilles aussi, imbécile !

L'ANALYSEUR. Pas forcément, madame. Freud décrit, par exemple, le cas de Wilhem Stoker, un de ses patients, qui rêvait de pénis complètement tordus et qui n'avaient pas de couilles...

L'HOMME. Alors, mon rêve ?

L'ANALYSEUR. Alors, c'est un rêve classique ; typique, je dirais, du rejet du père. Bon... les couilles, pas de problème, ce sont des grosses couilles. La bite, c'est une grosse bite. Normal ! Le nain, le vélo, les femmes nues, tout ça on connaît, c'est des femmes nues, mais le père, il est où le père ? Vous pouvez me le dire ?

L'HOMME *(il parle en regardant sa femme).* Le père ?

LA FEMME. Oui, le père. Ton père ! Pas le mien, triple andouille !

L'HOMME. Alors là !...

L'ANALYSEUR. Il n'y est pas. Vous avez exclu votre père du rêve. Pourtant, ça aurait pu être lui sur le vélo. Ou bien au lieu de mettre deux couilles qui tiennent toute la place, vous auriez pu mettre une couille plus l'image du père. Je dis n'importe quoi. Ou une femme nue et le père ! Ou faire la bite en forme de père ! Avec les rêves on fait un peu ce qu'on veut en matière de formes... Eh bien, non !... Le père n'y est pas...

L'HOMME. Elle est pas banale, celle-là...

L'ANALYSEUR. Notez bien que votre mère n'est pas là non plus... ni votre femme...

LA FEMME. Faire du vélo sur une bite avec un nain, merci bien !

L'HOMME. Bon, ça suffit maintenant ! Tu ne vas pas nous faire croire que tu ne rêves qu'à des petites fleurs bleues !

LA FEMME. Eh bien si ! Justement ! J'avais des gros nichons de baleine, comme ça ! *(Elle fait le geste.)* Et je me roulais dans les fleurs bleues...

L'HOMME *(il parle à l'analyseur).* Je la crois pas !

Le ton monte. L'analyseur de rêves se retire sur la pointe des pieds. Le couple continue à s'engueuler.

Le couloir, le jour.

L'analyseur marche dans le couloir. On entend des éclats de voix derrière toutes les portes de l'étage.

VOIX D'HOMME *(off).* Un poireau de deux mètres, tu ne vas pas me faire croire que c'est uniquement pour la soupe !

VOIX DE FEMME *(off).* Et un taureau qui a sa chose qui traîne par terre, c'est pas pour le bouillon non plus !

VOIX D'HOMME *(off).* Merde, tu comprends, merde et merde ! Je rêve de ce que je veux, même d'une crotte phosphorescente !

VOIX DE FEMME *(off).* Tu oserais le dire devant notre enfant ?!

L'analyseur stoppe devant la porte de la chambre 34. Il frappe.

VOIX D'HOMME *(off)*. Entrez !

Une chambre, le jour.

L'analyseur entre dans la chambre. Sur le lit sont allongés un énorme poireau et une énorme banane.

L'ANALYSEUR. Ces messieurs-dames m'ont fait demander ?

JEAN-MARIE GOURIO

La Pêche

Une salle de bains, le jour.

Une femme, dans un bain moussant, s'éponge délicatement les épaules. Au bout de la baignoire, un pêcheur installé sur un pliant surveille son bouchon qui flotte.

LA FEMME. Tu peux me passer le peignoir, chéri ?

LE PÊCHEUR *(agacé)*. Chut !

LA FEMME *(insistante)*. Si ça ne te dérange pas, pourrais-tu, s'il te plaît, me passer le peignoir... mille fois merci...

LE PÊCHEUR. C'est pas possible, ça. Tu vas te taire ! Tu vois bien que j'ai une touche !

LA FEMME. Tu sais, moi... la pêche... ! Alors ?

Elle montre le peignoir.

LE PÊCHEUR. C'était vraiment trop te demander que tu attendes 9 heures pour prendre ton bain ? Tu sais bien que de 6 à 9, c'est le meilleur moment !

LA FEMME. Tu permets, ce sont AUSSI mes vacances. Alors, t'as qu'à pêcher dans les cabinets, si tu ne peux VRAIMENT pas t'empêcher de martyriser le poisson...

LE PÊCHEUR. Tout de suite les grands mots !

Il prend une poignée de chènevis et la jette à la volée dans la baignoire. Sa femme en reçoit.

LA FEMME. T'es VRAIMENT, mais alors VRAIMENT un dégueulasse !

LE PÊCHEUR. Dégueulasse ! J'appâte... c'est tout. Si tu faisais pas fuir le poisson en pataugeant dans l'eau, je serais pas obligé d'appâter comme un semeur !

LA FEMME. De toute façon, t'as jamais rien pris !

Tout d'un coup, le bouchon s'enfonce dans l'eau, le sillon de la canne se courbe. C'est un gros.

LE PÊCHEUR. J'en ai un ! Putain, c'est un gros !

LA FEMME. Et moi, je m'essuie comment pendant ce temps-là ?

Le pêcheur tient la canne à deux mains. Le poisson se défend beaucoup. Il tente de saisir l'épuisette trop loin de lui.

LE PÊCHEUR. L'épuisette, vite, passe-la-moi !

LA FEMME *(très calme).* D'accord mais passe-moi d'abord le peignoir...

LE PÊCHEUR. Putain de putain de putain de merde ! Le fil va casser !

LA FEMME. ... Et moi, je vais m'enrhumer...

Pendant que le mari se bat contre l'animal, un autre pêcheur entre dans la salle de bains. Il pose son pliant près de la baignoire et commence à déplier sa canne.

Ben... faut pas vous gêner surtout !

LE DEUXIÈME PÊCHEUR. La baignoire est à tout le monde, que je sache...

LA FEMME. Elle est incroyable, celle-là ! On peut dire que vous manquez pas de culot, vous !

LE DEUXIÈME PÊCHEUR. Et lui ? *(Il montre le mari.)* Il pêche bien et vous dites rien. En plus, il en attrape le salaud !

LA FEMME. Lui, c'est mon mari !

LE DEUXIÈME PÊCHEUR. Ah bon... Moi, ma femme, je la laisserais pas se mettre à l'eau quand je suis sur un coup !

LE PÊCHEUR. Quand vous aurez fini tous les deux ! L'épuisette, bordel, l'épuisette !

Le second pêcheur tend l'épuisette au premier. Il la saisit et, sous les conseils du dernier arrivé, va sortir sa prise de l'eau.

LE DEUXIÈME PÊCHEUR. Vous le ramenez doucement... Voilà ! Vous lui tirez la tête hors de l'eau pour l'asphyxier. Il est déjà bien fatigué ;

encore un peu… et voilà le travail ! *(Le poisson est dans l'épuisette.)* Sacrée belle bête !

Le mari sort le poisson de l'épuisette et, le tenant par les ouïes, l'examine.

LE PÊCHEUR. C'est une carpe. Moi, je dirais dans les trois livres…

LE DEUXIÈME PÊCHEUR. C'est étonnant. En général, la carpe n'aime pas trop l'eau savonneuse et encore moins le shampooing…

LA FEMME. Je pourrais l'avoir maintenant mon peignoir ??

Un troisième pêcheur entre dans la salle de bains.

LE TROISIÈME PÊCHEUR *(voyant le poisson).* Superbe, vraiment superbe ! Et vous êtes monté gros ?

LA FEMME. Je rêve !

Le couloir, le jour.

Un groupe de pêcheurs discute devant la porte de la chambre 16.

PÊCHEUR N° 4. A la chambre 12, rien ! Mais alors pas une touche !

PÊCHEUR N° 5. Moi, c'est pareil ! Paraît qu'il en a sorti un comme ça *(Il montre avec ses mains la taille du poisson.)* … ici !

PÊCHEUR N° 6. Et encore… sa femme était dans l'eau !

VOIX DE FEMME *(off).* Mon peignoir !

PÊCHEUR N° 6. Tiens, tu l'entends ?

VOIX DE FEMME *(off, hurlant).* André ! mon peignoir… j'ai froid !

PÊCHEUR N° 4. Pourquoi il lui donne pas son peignoir… ?

PÊCHEUR N° 6. Pour pas qu'elle sorte de la baignoire… Paraît que c'est elle qui attire le poisson.

JEAN-MARIE GOURIO

Reporter égaré

Les abords de l'hôtel, le jour.

Un journaliste sportif est assis à une table, au bord de la route, muni d'un matériel de reportage léger, casque sur les oreilles, attendant manifestement la liaison avec la régie finale et jetant régulièrement des coups d'œil inquiets vers la route. Autour de lui, se constitue peu à peu un attroupement de badauds et de clients de l'hôtel qui l'observent avec curiosité. Au top supposé, il entame son "reportage". Au cours de la scène, la lumière baisse doucement jusqu'à une quasi-pénombre.

REPORTER. Eh bien oui, Pierre, la route du Tour de France, une route chaude et ensoleillée aujourd'hui, pour une étape qui nous promet de belles bagarres, comme on dit dans le jargon sportif, puisque tous les favoris de l'épreuve sont encore en course et occupent les premières places du classement général dans un mouchoir... euh... de... euh... poche...
Une étape qui emmène les coureurs de Pau à Narbonne, une belle étape de montagne en somme puisque les coureurs auront à franchir quatre cols de troisième catégorie et deux cols de première catégorie. Une étape où devraient s'illustrer les meilleurs grimpeurs du moment. Je pense notamment au petit Ecossais Robert... euh... Charpentier, qui a quitté Pau ce matin avec sur ses épaules le maillot à pois rouges du meilleur grimpeur. Un départ a donc été donné ce matin à Pau à 10 heures et les coureurs, apparemment, Pierre, ne roulent pas très vite aujourd'hui, comme on dit dans le jargon cycliste, puisqu'ils ne sont toujours pas passés à l'heure où je vous parle, au village de Moncubier, où je me trouve, à environ soixante-quinze kilomètres du départ de Pau.
Alors, Pierre, je vous le disais dans les précédents flashes, les coureurs auraient dû passer ici, selon mes calculs, aux environs de 12 h 30, 13 heures et puisqu'il est maintenant 17 heures, eh bien, je commence à me demander, Pierre, si je ne me serais pas trompé d'itinéraire et si l'étape d'aujourd'hui passe effectivement par le village de Moncubier, où je me trouve.
Alors cela expliquerait, bien sûr, Pierre, que je sois le seul journaliste dans ce secteur et puis cela expliquerait l'attroupement formidable dont je vous parlais il y a une heure et qui ne serait pas dû, Pierre, au passage des coureurs mais dont je serais (je dis bien *serais*, car il faut encore parler au conditionnel), dont je serais personnellement la cause.
Cela étant, Pierre, cette hypothèse reste très improbable puisque c'est sur les indications du service des sports que je me suis rendu à Moncubier,

au passage de la côte de Gendry, une côte de troisième catégorie, et j'imagine, Pierre, que s'il y avait eu un contrordre de dernière minute de la part des organisateurs de la course, eh bien les spectateurs qui sont derrière moi l'auraient appris par d'autres stations et vous-même, Pierre, vous m'auriez immédiatement... *(Silence perplexe.)* A moins, Pierre, que nos amis du service des sports n'aient mal lu (aient mal lu...) la fiche de route qui leur a été transmise, ce qui semble, vous en conviendrez, tout à fait exclu...

En tout cas, Pierre, je reste en ligne. On se retrouve dans le prochain flash, en espérant que la nuit ne tombera pas trop vite ici, à Moncubier, puisque je puis vous dire d'ores et déjà qu'on ne distingue plus grand-chose au passage de la côte de Gendry, mais je vous rassure, Pierre, le moral est bon, puisque j'ai pris soin d'emporter avec moi mon gros pull-over bleu et blanc à col roulé en mohair...

Ici la route du Tour, à vous Paris...

FRANÇOIS ROLLIN

Divorcez au Palace ce soir

Dans la salle à manger.

Dans la salle à manger du Palace, des clients sont en train de dîner. Parmi eux, un couple avec leur petit garçon.

L'HOMME. Mon minou...

LA FEMME. Mon bijou...

Ils s'embrassent.

L'HOMME. *I love you...*

LA FEMME. *Ti adoro...*

Ils s'enlacent.
Les autres dîneurs s'indignent.

PREMIER DÎNEUR. Quel spectacle !

DEUXIÈME DÎNEUR. Des gens mariés, se tenir comme ça !

TROISIÈME DÎNEUR. C'est une honte !

Il la caresse.

L'HOMME. Tu as la peau si douce…

LA FEMME. J'ai mis un porte-jarretelles rien que pour toi…

QUATRIÈME DÎNEUR. Indécent !

CINQUIÈME DÎNEUR. Je vais me plaindre à la direction.

LE PETIT GARÇON *(hurle)*. Ouaah !

L'HOMME. Qu'est-ce qu'il a ?

LA FEMME. Poussin, tu es malade ?

LE PETIT GARÇON. Je suis malheureux !

Il continue à pleurer.

PREMIER DÎNEUR. Pauvre petit !

LA DÎNEUSE. Ça ne m'étonne pas avec des parents pareils !

L'HOMME. Tu as la chance d'avoir des parents qui s'adorent et tu es malheureux ?

LA FEMME. On fait tout pour toi.

LE PETIT GARÇON *(en hurlant)*. Justement, c'est pour ça que je suis malheureux. Ouaaah…

LA DÎNEUSE *(au maître d'hôtel)*. C'est insupportable ces hurlements.

LE MAÎTRE D'HÔTEL. Je vais voir, madame.

LE PETIT GARÇON *(pleure toujours)*. Ouaah… !

LE MAÎTRE D'HÔTEL. Alors, ça ne va pas, ce petit bonhomme ?

LE PETIT GARÇON. Non, mes parents s'aiment trop !

LA FEMME. Allons, mon chéri, ce n'est pas une raison pour pleurer.

LE PETIT GARÇON *(en hurlant)*. Dans ma classe, il n'y a que des enfants de divorcés. Les copains se foutent de ma gueule !

LE MAÎTRE D'HÔTEL. On se calme ! On se calme !

L'HOMME. Tu ne veux tout de même pas qu'on divorce pour te faire plaisir ?

LE PETIT GARÇON. Si, je veux !

LE MAÎTRE D'HÔTEL. Eh bien voilà, le problème est résolu !

L'HOMME *(furieux)*. Vous, mêlez-vous de vos affaires !

LA FEMME. Voyons, Jean-Georges, calme-toi.

LE MAÎTRE D'HÔTEL. Bien, monsieur.

LE PETIT GARÇON. Alors, vous allez divorcer ?

L'HOMME. Il m'agace ce gosse à la fin !

LA FEMME. Jean-Georges, ce n'est qu'un enfant ! Je ne t'ai jamais vu comme ça.

LE PETIT GARÇON. J'aurai deux maisons, deux papas, trois grands-mères, deux mamans, plein de demi-sœurs et de demi-frères, plein de week-ends dans des tas de maisons, plein de cadeaux...

L'HOMME. Tu vas avoir ma main sur la gueule, petit monstre !

LE PETIT GARÇON. Ouaah... ! Il veut me battre !

Les clients tapent sur leur assiette avec les cuillères et encouragent le couple à se séparer en criant : "Divorcez."

LA FEMME *(empêchant son mari de s'approcher du petit garçon).* Ne le touche pas, brute !

L'HOMME. Eh bien, reste avec lui ! Moi, je me tire ! C'est pas les pétasses comme toi qui manquent !

LE PETIT GARÇON *(hilare).* Ça y est, c'est parti !

LES CLIENTS. Divorcez ! Divorcez, divorcez, divorcez...

GEORGES WOLINSKI

AU MILIEU DU BAR DES JOLIES PAYSANNES
ÉCRASENT DES RAISINS AVEC LEURS PIEDS POUR
FAIRE DU VIN

Dessin Willem

6 – LES CHOSES A NE PAS DIRE DANS UN PALACE

Dans le grand salon rose du Palace, une dizaine de vieilles dames distinguées dansent de façon très distinguée en chantant d'une voix distinguée :

"Princesses, duchesses
Femmes du monde
Nous sommes gardiennes du bon goût
Bonnes manières
Et politesse
Ça nous en connaissons un bout.

Et nous venons vous dire
Si vous allez dans un palace
Ce qu'il ne faut surtout pas dire
Quand on veut avoir de la classe."

La chanson terminée, elles s'assoient, puis chacune à son tour nous énonce une des phrases qu'il ne faut pas dire dans un palace.

- Mon voisin sent le caca...
- Le caniche de la dame ressemble à son mari.
- Henri ton plombage est parti.
- J'aime quand Roger fait la pieuvre.
- J'ai l'impression que je goutte.
- J'ai un joint de culasse qui déconne.
- Marcel Proust, il devait pas sentir bon.
- Votre daurade, c'est du poisson ?
- Le colonel a un beau cul.
- J'ai un eczéma de là à là.
- Mon père couchait avec le mari de la bonne.
- Le Louvre, Venise et Mozart me font chier.
- A quelle heure on graille ?
- Votre fils ressemble au maître d'hôtel.
- Quand vous me parlez, j'ai des gaz.
- Lionel, t'as mangé du saucisson à l'ail ou quoi ?
- J'aime les gynécologues qui se lavent les mains.
- Un cheval entier, ça a des couilles ?
- Paul, mouche-toi, on ne voit plus ta bouche.

— La vulgarité me donne la diarrhée.
— J'adore manger des nouilles avec les pieds.
— L'Immaculée Conception, moi ça me fait ni chaud ni froid.
— Alain, t'as ton membre qui dépasse !
— Je suis remboursée par la Sécu.
— Le président-directeur général a la colique.
— Quand je pense que Roméo n'a jamais baisé Juliette !
— Le prince de Galles sent le fromage.
— Ça fait rien, je prendrai le métro.
— Je reprendrais bien de cette merde.
— La Suisse, c'est comme le prince de Galles, ça sent le fromage mais en plus lent.
— Tiens, si j'allais faire pipi !
— J'ai pris une de ces branlées au bridge.
— Anne-Françoise a un anus trop artificiel pour être honnête.
— Lucien, le canari a pissé sur l'oreiller !
— J'aime mieux les oreilles décollées que les moules marinières... et de loin !

Les vieilles dames chantent à nouveau d'une voix distinguée.

*"Retenez bien tout ce qu'on vous a dit
Et ne soyez pas étourdis
Pour réussir en société
Il faut savoir comment parler."*

JEAN-MICHEL RIBES

Dessin Wolinski

Dessin Gébé

7 – LABO PALACE

Tartines

La salle à manger, le jour.

Une dame prend son petit déjeuner dans la salle à manger du Palace. Elle se beurre une tartine puis la recouvre de confiture. Au moment d'en mettre une seconde couche, la tartine lui échappe et tombe par terre.

LA DAME. Oh !

Elle se baisse. La tartine, fort heureusement, est tombée du bon côté. Elle va la ramasser mais la main du directeur la devance et replace la tartine de la dame sur la table.

Merci, monsieur le directeur...

LE DIRECTEUR. Je vous en prie, chère madame...

LA DAME. C'est extraordinaire. Cela fait des années que je viens dans votre palace et jamais, mais jamais, je n'ai vu une seule tartine tomber du mauvais côté, le beurre sur le plancher... C'est extraordinaire, non ?...

LE DIRECTEUR. Extraordinaire ! Disons plutôt que c'est le résultat de beaucoup de travail...

LA DAME. Que voulez-vous dire ?

LE DIRECTEUR. Cela vous intéresse ?

LA DAME. Enormément.

LE DIRECTEUR. Suivez-moi !

Le labo, le jour.

Le directeur pénètre, avec la dame, dans le labo du Palace. Le docteur Hélène Zwift les accueille.

LE DIRECTEUR. Je vous laisse entre les mains du docteur Zwift. Elle dirige notre laboratoire et, de plus, est à l'origine du programme de recherche "Tartine sans risque".

LA DAME. Enchantée...

DOCTEUR ZWIFT. Madame...

LA DAME. Je ne voudrais pas vous importuner...

DOCTEUR ZWIFT. Je vous en prie. Je suis pour les visites de temps en temps. Cela nous oblige à sortir de notre jargon...

Elle se dirige vers le centre du laboratoire où deux hommes en blouse blanche sont penchés au sommet d'une petite tour métallique. Le premier beurre et recouvre de confiture des tartines, le second les lance comme des avions en papier. Les tartines virevoltent dans l'air et vont s'écraser les unes après les autres sur le sol où sont peintes des raies jaunes, un peu comme une piste d'atterrissage.
Une manche à air rayée rouge et blanc indique l'incidence du vent tandis qu'au sol, face à la tour d'où sont envoyées les tartines, un homme fait des signes avec deux drapeaux au bout des bras, comme les techniciens qui aident les avions à prendre leur parking.

Si nous avons aujourd'hui en salle une réussite approchant 92 % sur la chute de la tartine du bon côté, c'est parce que nos équipes travaillent depuis des années sur le coefficient de pénétration dans l'air, la densité et l'aérodynamisme d'à peu près toutes les qualités de pain. *(Elle s'adresse aux deux types sur la tour.)* Comment ça se passe, Tombier ?

TOMBIER. Le viennois tient bien avec la framboise mais, dès qu'on le toaste, il bascule beaucoup à l'arrivée...

DOCTEUR ZWIFT. Diminue le beurre et essaie avec l'abricot...

TOMBIER. Docteur vous savez bien l'attirance de l'abricot pour la moquette, j'ai bien peur que...

Le docteur Zwift excédée se dirige vers un des chercheurs qui s'occupent des toasteurs alignés sur une table.

DOCTEUR ZWIFT *(saisissant un toast).* Carbin, un millimètre de Charentes-Poitou et une bonne cuillerée de confiture d'abricots.

CARBIN. Tout de suite docteur.

L'assistant lui prépare en un clin d'œil la tartine et la lui tend. Le docteur Zwift la soupèse en professionnelle puis va la tremper dans une des nombreuses tasses à petit déjeuner alignées sur une paillasse. Elle lève le bras et la jette de toutes ses forces. La tartine virevolte et va s'écraser à l'autre bout du laboratoire.

DOCTEUR ZWIFT. Alors ?

CARBIN *(qui a couru).* Succès complet docteur ! Pas une goutte de confiture par terre...

Tout le laboratoire applaudit.

DOCTEUR ZWIFT *(assez satisfaite).* Vous venez d'assister à une première, madame...

LA DAME. Je suis bouleversée.

DOCTEUR ZWIFT. Je ne dis pas que nous ayons résolu le problème de cette putain de confiture à l'abricot mais j'ai l'impression que nous avons fait un grand pas...

TOMBIER. Comment avez-vous fait docteur ?

DOCTEUR ZWIFT *(montrant les tasses).* J'ai trempé Tombier... trempé c'est tout... l'intuition...

TOMBIER *(notant fébrilement).* Donc le toast viennois confituré d'abricot...

DOCTEUR ZWIFT *(poursuivant).* ... Après avoir subi une légère immersion dans un café crème, aurait tendance à chuter du bon côté...

TOMBIER *(tout excité).* C'est magnifique docteur ! Magnifique...

DOCTEUR ZWIFT. Pas de triomphalisme Tombier, vous voulez bien, vous savez bien que j'ai horreur de ça ! Pavoiser à chaque fois qu'on découvre quelque chose pour que le jury du Nobel vous remarque... Ce n'est pas mon genre.

TOMBIER. Alors qu'est-ce qu'on fait ?

DOCTEUR ZWIFT. On continue Tombier, on affine, on vérifie l'expérience... Et si vous avez une minute vous envoyez ce petit compte rendu à Stockholm mais sans en faire tout un foin.

TOMBIER. Bien docteur.

DOCTEUR ZWIFT *(s'éloignant avec la dame).* Vous voyez... Parfois, nous sommes obligés d'avancer à tâtons...

LA DAME. C'est très impressionnant...

DOCTEUR ZWIFT. Mais rassurez-vous. Toutes les tartines servies le matin au petit déjeuner sont rigoureusement testées ici avant d'être portées en salle.

Elles s'arrêtent devant une petite estrade carrelée où deux femmes en blouse blanche, gants de caoutchouc et masques de tissu sur la bouche, sont assises devant une table et jettent très vite devant elles des centaines de tartines beurrées et confiturées de divers fruits. Les tartines tombent par terre, au bas de l'estrade, les unes du bon côté, les autres du mauvais. Trois femmes, vêtues de la même façon que les deux qui sont sur l'estrade, posent sur un petit tapis roulant – ou des plateaux en argent – les tartines tombées du bon côté.

Vous voyez, on ne vous sert que les tartines tombées du bon côté, les autres sont impitoyablement détruites... Vous ne courez aucun risque.

Une énorme tartine à l'abricot vient s'écraser sur la blouse du docteur Zwift. Elle ferme les yeux, serre les mâchoires et dans un soupir murmure.

Ce n'est pas encore cette année que j'aurai le Nobel.

JEAN-MICHEL RIBES/ROLAND TOPOR

Savonnettes

Le couloir du Palace, le jour.

Jean Lionau, la quarantaine, sort fraîchement toiletté de sa chambre, visiblement de bonne humeur.
Au moment où il referme sa porte, il aperçoit le directeur qui passe dans le couloir.

LE DIRECTEUR. Monsieur Lionau, bonjour ! Content de vous revoir parmi nous...

MONSIEUR LIONAU. Et moi donc, cher monsieur Loxe. J'adore votre palace. Je m'y sens bien, heureux, content de vivre.

LE DIRECTEUR. J'en suis ravi...

MONSIEUR LIONAU. Non, c'est vrai ! Tout est si merveilleusement juste, à sa place, fait pour rendre la vie agréable. Tenez par exemple, vos savonnettes. Eh bien, ce sont les seules savonnettes que je connaisse qui "wuiittt..." ne nous glissent pas des mains... C'est prodigieux...

LE DIRECTEUR. ... Prodigieux... ! Disons que c'est plutôt le fruit de nombreuses années de travail...

MONSIEUR LIONAU *(étonné)*. Comment ça ?

LE DIRECTEUR. Ça vous intéresse ?

MONSIEUR LIONAU. Plus que ça, monsieur Loxe, ça me passionne.

LE DIRECTEUR. Alors, suivez-moi.

Le labo du Palace, le jour.

Au centre du labo, le directeur, le docteur Zwift en blouse blanche et M. Lionau regardent, à travers une petite cage identique à celles que l'on place sur les pistes des cirques pour les fauves mais de taille réduite, un chercheur avec un fouet. Face à lui, trois chercheurs qui, après s'être plongé les mains dans une bassine d'eau, se les savonnent vigoureusement avec une des savonnettes qui attendent en ligne, sur une étagère grillagée.

L'HOMME AU FOUET *(à la savonnette de droite).* Doucement... doucement. *(Il fait claquer son fouet.)* On reste à l'intérieur de la paume ! *(Soudain, la savonnette du chercheur de gauche lui échappe des mains et, après un vol plané, tombe par terre. Le dompteur fait claquer son fouet.)* Tu ne bouges plus, plus du tout ! Vas-y, Tom, reprends-la. *(Le chercheur à qui elle avait échappé la ramasse.)* Et on recommence tout de suite, on savonne, on savonne...

MONSIEUR LIONAU *(impressionné).* C'est une éducation très stricte.

DOCTEUR ZWIFT. Vous savez, il n'y a pas de mystères. Pour arriver à des résultats, il faut les former très jeunes ; sinon, après, c'est la porte ouverte à tous les accidents...

MONSIEUR LIONAU. Ah bon ? A ce point ?!

LE DIRECTEUR. Ah oui ! Une savonnette mal dressée fait, pour ainsi dire, ce qu'elle veut...

DOCTEUR ZWIFT. Elle va se cacher par terre, près de la baignoire, ou pire, à côté de la porte. Le client, à tous les coups, marche dessus. C'est le vol plané et ça peut aller jusqu'à la fracture de la colonne vertébrale...

MONSIEUR LIONAU. C'est vrai qu'on ne se rend pas du tout compte du danger de ces petites bestioles...

Le docteur Swift les entraîne vers une série de petits bocaux en verre, chauffés par des lampes qui pendent au-dessus.

DOCTEUR ZWIFT. ... Et encore... Ici ce n'est pas de la savonnette sauvage... Nous la fabriquons nous-mêmes ; c'est de l'élevage...

MONSIEUR LIONAU. Vous me rassurez.

DOCTEUR ZWIFT *(se penchant au-dessus d'un bocal)*. Vous voyez, nous accouplons un bon gros savon de Marseille bien calme avec une poignée de lessive naturelle et, cinq ou six jours après, nous avons entre sept à dix savonnettes.

MONSIEUR LIONAU. Holà ! Ça mousse fort ici !...

DOCTEUR ZWIFT. C'est qu'elle va accoucher. Laissons-la tranquille.

Ils s'éloignent.

MONSIEUR LIONAU. Je suis absolument émerveillé. On est loin d'imaginer quand on se lave les mains avec une gentille savonnette tous les efforts que ça représente...

On entend un cri du côté de la cage. L'homme au fouet sort en grimaçant et en se tenant la main.

DOCTEUR ZWIFT. Rien de grave, Troustin ?

L'HOMME AU FOUET. La saloperie. Il y en a une qui m'a mordu.

DOCTEUR ZWIFT. Allez vite vous faire désinfecter.

MONSIEUR LIONAU. Désinfecter ???

DOCTEUR ZWIFT. Oui, il vaut mieux. Vous savez, ce n'est pas toujours très propre une savonnette !

MONSIEUR LIONAU. !!!!????

JEAN-MICHEL RIBES/ROLAND TOPOR

Nuit à la campagne

Le hall du Palace, le jour.

Une jeune et belle cliente descend le grand escalier, radieuse. Elle croise le directeur.

LE DIRECTEUR. Mes hommages, madame Stucks...

MADAME STUCKS. Ah, monsieur le directeur, bonjour !

LE DIRECTEUR. Une bonne nuit, chère madame ?

MADAME STUCKS. Divine ! A chaque fois que je viens dans votre hôtel, je dors, mais je dors... C'est bien simple, je dors comme à la campagne. C'est miraculeux.

LE DIRECTEUR. Miraculeux ! Non ! C'est le résultat de nombreuses années de recherches.

MADAME STUCKS *(intriguée)*. Que voulez-vous dire ?

LE DIRECTEUR. Cela vous intéresse ?

MADAME STUCKS. Mais beaucoup, beaucoup...

LE DIRECTEUR. Suivez-moi...

Le labo du Palace, le jour.

Le directeur, accompagné de Mme Stucks, pénètre dans le laboratoire. Ils sont accueillis par le docteur Zwift, une femme en blouse blanche, lunettes, dossier sous le bras et assez sexy.

LE DIRECTEUR. Je vous laisse entre les mains du docteur Zwift qui dirige notre laboratoire et qui a mis au point le programme "Dormir comme à la campagne".

MADAME STUCKS. Bonjour, docteur.

DOCTEUR ZWIFT. Madame...

MADAME STUCKS. Alors c'est grâce à vous si, dans ce magnifique palace, on passe des nuits aussi reposantes qu'en Bourgogne ?

DOCTEUR ZWIFT *(modeste)*. Grâce à moi... Disons grâce à une équipe très soudée. Venez, je vais vous montrer nos petits secrets...

Elle se dirige vers le centre du laboratoire. Une demi-douzaine de chercheurs travaillent autour de matelas éventrés ou coupés dans leur longueur.

Nous nous sommes très vite rendu compte que la sensation du "sommeil comme à la campagne" dépendait du matelas. Nous avons tout de suite concentré notre travail dans cette direction...

En s'approchant des chercheurs, on s'aperçoit qu'ils bourrent les matelas d'œufs, de fumier, de canards, de paille, de branches d'arbres, de fromage, etc. A l'un des chercheurs.

Comment ça va, Tombier ?

TOMBIER. On termine le prototype "Nuit en Normandie", docteur.

DOCTEUR ZWIFT. Ça s'annonce comment ?

TOMBIER. Pas mal... Si on n'avait pas ce petit problème camembert livarot.

DOCTEUR ZWIFT. Si ça ne colle pas, ne mettez que du pont-l'évêque et forcez sur la pomme à cidre.

TOMBIER. Bien, docteur...

Il s'exécute.

MADAME STUCKS *(émerveillée).* Finalement, vous nous faites dormir sur du champêtre ; mais quelle idée merveilleuse !

DOCTEUR ZWIFT. Vous savez, elle n'est pas nouvelle. Nos grands-mères rembourraient déjà leur matelas avec de la laine de mouton ou du crin...

MADAME STUCKS. C'est vrai !

Elle s'approche d'un autre matelas où un chercheur enfourne du fumier. On entend, à l'intérieur, une voix d'homme avec l'accent paysan.

VOIX D'HOMME *(off).* Pas trop, nom de d'là ! Pas trop !

DOCTEUR ZWIFT *(au chercheur).* Doucement Carbin...

Le chercheur pose sa fourche. Le docteur Zwift ouvre le matelas en deux. Apparaît un paysan, une poule sous le bras.

Un problème, père Rabiaud ?

LE PÈRE RABIAUD. Faut pas forcer sur le fumier parce qu'après ça m'étouffe la betterave. Faut que je la bine et je peux plus amener les bêtes au pré.

DOCTEUR ZWIFT. Bien sûr...

LE PÈRE RABIAUD. ... Et puis, y a toujours le problème de ma clôture...

LE CHERCHEUR. Elle est là, père Rabiaud, elle est là.

Il sort un rouleau de fil de fer barbelé et le glisse à l'intérieur du matelas.

LE PÈRE RABIAUD. Ah ben, c'est pas trop tôt ! Je vais m'y coller tout de suite...

DOCTEUR ZWIFT. Père Rabiaud, j'oubliais... Félicitations pour votre nouvelle chanson...

LE PÈRE RABIAUD *(chante).*
   "Ah qu'il est beau mon hameau
   Quand passe le troupeau de veaux."

DOCTEUR ZWIFT. Elle a endormi la princesse von Morsteinberg en trois minutes...

LE PÈRE RABIAUD. Elle est lourde, celle-là. Je peux vous dire ! *(On entend une vache mugir.)* Holà ! Ho ! j'arrive. Bon, je vais aux bêtes.

Il rabat la moitié du matelas sur lui et disparaît.

MADAME STUCKS. Très sympathique, ce garçon... *(Elle s'aperçoit que le chercheur referme le matelas avec des cadenas.)* Oh mais, vous les enfermez ?

DOCTEUR ZWIFT. Nous sommes obligés, vous savez. Ils ont le sang chaud. Il suffit qu'ils boivent un coup de trop et hop, on les retrouve dans le lit avec une cliente...

MADAME STUCKS *(rêveuse).* ... Un beau garde-chasse, pourquoi pas...

A ce moment, on entend un bruit de chute suivi d'un douloureux hurlement. Le docteur Zwift se précipite vers l'arrière du laboratoire. Un homme en pyjama vient de s'écraser contre le mur. Non loin de là, un matelas, monté sur de gigantesques ressorts qui sont reliés au sommier du lit, pendouille. Chercheurs et chercheuses ramassent l'homme en pyjama inondé de sang. Mme Stucks est terrorisée.

Mon Dieu ! Qu'est-ce qui se passe ?... Il est tombé de cheval ?

DOCTEUR ZWIFT. Nous tentons de mettre au point un matelas éjectable pour les gens qui ne parviennent pas à se lever à l'heure... Mais nous n'y sommes pas encore...

MADAME STUCKS *(regardant le blessé sur une civière).* Pauvre type.

DOCTEUR ZWIFT. Je sais... Mais combien d'hommes Pasteur a dû mordre avant qu'il en trouve un que ça rende enragé ?...

MADAME STUCKS. ... Hé oui ! On ne se doute pas, quand on rentre dans son lit, le soir, ce que tout ça a coûté en vies humaines...

DOCTEUR ZWIFT *(lui tapant sur l'épaule avec un sourire réconfortant).* ... Et c'est bien mieux comme ça...

JEAN-MICHEL RIBES/ROLAND TOPOR

Jungle

Le hall, le jour.

Le directeur traverse le hall. Il croise M. de Semangnac qui sort de la salle à manger.

MONSIEUR DE SEMANGNAC *(débonnaire).* Ah ! monsieur le directeur !

LE DIRECTEUR. Monsieur de Semangnac, bonjour !

MONSIEUR DE SEMANGNAC. Je dois vous féliciter : votre personnel est AD-MI-RABLE !

LE DIRECTEUR. Je suis ravi qu'il vous convienne...

MONSIEUR DE SEMANGNAC. Ah ! Ils sont tous charmants, aimables, rapides, distingués, courtois... ! Un rêve !

LE DIRECTEUR. C'est la moindre des choses...

MONSIEUR DE SEMANGNAC. Mais où trouvez-vous tous ces gens miraculeux ?

LE DIRECTEUR. Oh ! Il n'y a pas de miracle. Nous les formons...

MONSIEUR DE SEMANGNAC. Mais où ?

LE DIRECTEUR. Ici, la nuit...

Le hall puis la salle à manger, la nuit.

Il fait nuit. Le hall est désert. Un rayon de lune blafarde passe à travers la grande verrière.
En tenue de combat, le visage recouvert d'une peinture de camouflage, une dizaine de jeunes gens serrés derrière le docteur Zwift, elle-même en tenue camouflée, avancent lentement dans le hall comme une patrouille dans la jungle. Le fidèle Tombier suit avec son talkie-walkie. Tension. On sent l'angoisse sur les visages. Chacun est sur le qui-vive... Soudain, un bruit... Le docteur Zwift lève le bras. Tous s'arrêtent. Le cœur battant, on tend l'oreille. Fausse alerte. Le docteur Zwift lève le bras. On continue d'avancer. On se glisse le long de la réception.

DOCTEUR ZWIFT. Rien à signaler Tombier ?

TOMBIER. Rien à signaler docteur.

Soudain, venant de la salle à manger, un cri. Tout le monde se jette à plat ventre, derrière le comptoir de la réception.
De nouveau un cri puis une voix d'homme autoritaire.

VOIX *(off)*. Un Coca s'il vous plaît !

Le groupe de jeunes gens regardent, inquiets, le docteur Zwift.

DOCTEUR ZWIFT *(ordonne)*. Henri.

Le jeune homme désigné serre les mâchoires, se lève d'un bond et se précipite vers la salle à manger, en se plaquant deux ou trois fois contre les murs comme pour éviter de se faire tirer dessus.

Il jaillit dans la salle à manger, sort de sa ceinture une bouteille de Coca, la dégoupille avec les dents et, telle une grenade, la jette sur la table derrière laquelle se trouve un homme, le visage caché par la pénombre. Le Coca gicle partout. Le jeune homme fait un roulé-boulé et s'immobilise derrière une chaise.
Le docteur Zwift entre dans la salle à manger et se dirige vers la table. On découvre que le client est un mannequin.

Trop nerveux, mon petit gars. Si tu avais travaillé à client réel, tu étais mort. Regarde-moi ça, tu l'as inondé ! Une tache sur un client et c'est fini pour toi...

HENRI. Je sais m'dame !

DOCTEUR ZWIFT *(elle fait ce qu'elle dit).* Je vous l'ai dit mille fois. On bondit à la commande. On attaque en salle. On dégoupille... Et là, ON-SE-MAÎTRISE. Ce sont les abdominaux qui travaillent... On reste tendu. On pose. On essaie de sourire et on repart vers l'arrière mission accomplie. Compris ?

TOUS. Oui, chef !

DOCTEUR ZWIFT. En colonne par deux. Tombier, fermez la marche !

TOMBIER. Bien, chef...

Sur le qui-vive, la patrouille repart lentement, emmenée par le docteur Zwift.

La cuisine, la nuit.

Dans la semi-pénombre de la cuisine, on découvre deux jeunes "soldats" debout derrière les fourneaux. Immobiles, ils attendent, anxieux.

BOB *(déglutissant avec peine sa salive).* Ça va ?

TOM. Ça va...

BOB. T'as les jetons ?

TOM. Et toi ?

BOB *(sursaute).* Tiens ! Ça y est !

Ils se précipitent sur une casserole et s'arrêtent... Le silence.

TOM. Putain ! Calme-toi. On va se faire avoir...

Tout à coup, la double porte de la cuisine explose littéralement. Le docteur Zwift bondit dans la cuisine et hurle.

DOCTEUR ZWIFT. Un château ! Une meunière ! Un dauphinois et deux veaux-morilles !

Les deux types plongent littéralement sur les casseroles, les saucières, les cuillères, etc. La moitié dégringole. Ils mettent ce qu'ils peuvent sur les fourneaux et commencent à remuer chaque ustensile dans tous les sens. Le docteur Zwift, un chronomètre à la main, les exhorte de la voix.

HOP ! HOP ! HOP ! HOP !

Soudain, les deux gars lèvent le bras pour indiquer qu'ils ont terminé. Le docteur Zwift arrête son chronomètre.

2,8. C'est pas mal les gars mais quand vous serez au feu, faudra faire plus court... Surtout pour la meunière sinon vous êtes foutus... Une sole qui tarde trop, l'ennemi vous la renvoie dans la gueule, et croyez-moi, ça fait pas du bien... *(Elle décroche un poulet et prend un couteau.)* Et pour la volaille, souvenez-vous *(Elle le plaque contre elle.)*... toujours à l'arme blanche *(Elle lui coupe le cou avec son couteau.)*... un coup sec pour pas qu'il crie... *(Elle décroche un lapin.)* Le garenne, au contraire, on le termine au karaté. Tac ! *(Elle lui assène un coup sur la nuque. Tombier entre, l'air affolé, son talkie-walkie sur l'oreille)*. Oui, Tombier ?

TOMBIER. Docteur ! Un appel en urgence du room service !

DOCTEUR ZWIFT. Passez-les-moi. *(Tombier donne son talkie-walkie au docteur Zwift qui l'utilise immédiatement.)* ... Ici petit renard vert... Ici petit renard vert. J'appelle room service... Un problème ? Répondez... ! Bien reçu, terminez ! *(Elle s'adresse à ses hommes.)* Ils ont un problème de ravitaillement en thé citron... C'est grave... Ça peut arriver n'importe quand. Vous avez deux minutes pour les sortir de là, sinon ils risquent de trinquer... *Go !*

Toute la troupe sort de la cuisine en courant.

Le hall, la nuit.

Dans le grand hall, la patrouille grimpe grâce à des cordages et des filets de débarquement à la première galerie, sachets de thé dans les dents, théière à la main, citron coincé par un élastique autour du casque, tasses et soucoupes sur des plateaux recouverts de tenues de camouflage.
En bas, à la réception, le docteur Zwift regarde ses troupes monter à l'assaut. Elle ne peut pas s'empêcher de murmurer pour elle.

DOCTEUR ZWIFT. ... Braves petits gars...

Le couloir, la nuit.

Les premiers arrivés à l'étage rampent dans le couloir, vers leurs camarades du room service qui les attendent à l'autre bout... Trop pressé d'aboutir, emporté par l'élan de la victoire, un des porteurs de théière se met à courir. Une porte du couloir s'ouvre, le percute. Il s'écroule. Tombier se précipite vers lui. Il actionne son talkie.

TOMBIER. Chef ! On a un blessé... dans une porte... Bien reçu. *(Il lâche son talkie et s'approche de Paul qui se tord de douleur.)* Bouge pas... Il faut que je te retire ta théière... Ça va aller... Serre les dents...

Le docteur Zwift arrive dans le couloir et se penche aussitôt sur Paul.

PAUL *(grimaçant de douleur).* C'est ma faute, m'dame... J'ai cru que c'était gagné.

Musique émouvante.

DOCTEUR ZWIFT. Parle pas, mon petit gars... parle pas... Tu vas t'en tirer. Je te le promets...

PAUL *(tirant une photo de sa vareuse, la tend au docteur).* C'est ma mère, m'dame... Si... si...*(Il se tord de douleur et devient pâle.)* Si elle vous le demande, vous pourrez lui dire que j'y suis arrivé à porter le thé citron...

DOCTEUR ZWIFT *(très émue).* Bien sûr je lui dirai... Tu as fait un magnifique service, mon petit...

PAUL *(très affaibli).* M'dame ! Est-ce que vous croyez... ?

DOCTEUR ZWIFT *(le prenant dans ses bras).* Oui ?

PAUL. Est-ce que vous croyez que j'aurais pu être maître d'hôtel ?

Avant que le docteur Zwift ait pu répondre, la tête de Paul est tombée en arrière. Il ne respire plus.
Le docteur Zwift relève la tête. Elle a des larmes plein les yeux. Elle murmure.

DOCTEUR ZWIFT. Quelle connerie, l'école hôtelière !

JEAN-MICHEL RIBES

Miroirs

Le hall du Palace, le jour.

Mme de Blantillet, une femme charmante mais plus toute jeune, sort de l'ascenseur très gaie. Elle croise le directeur.

MADAME DE BLANTILLET. Ah, cher directeur ! Bonjour, bonjour !...

LE DIRECTEUR. Mes hommages, madame de Blantillet. Vous êtes radieuse...

MADAME DE BLANTILLET. C'est vrai. J'ai du bonheur sous les pieds ce matin. Je me sens pétiller... J'ai envie de rire, de danser.

Elle fait quelques pas, joyeuse.

LE DIRECTEUR. Votre mari est décédé ?

MADAME DE BLANTILLET. Mieux que ça, monsieur le directeur ! *(Elle le prend par le bras.)* Vous n'allez pas me croire mais ce matin, dans ma salle de bains, en me regardant dans mon miroir, j'ai eu l'impression d'avoir vingt ans !

LE DIRECTEUR. Mais je vous crois tout à fait !

MADAME DE BLANTILLET. Non mais *vraiment* vingt ans ! C'est miraculeux, non ?

LE DIRECTEUR. Miraculeux ? C'est surtout des années de recherches, chère madame.

MADAME DE BLANTILLET. ... De recherches ? Je ne vous comprends pas.

LE DIRECTEUR. Suivez-moi !

Ils sortent.

Le labo du Palace, le jour.

Le docteur Zwift est assise devant une coiffeuse. Le miroir ovale, face à elle, est évidé. Y apparaît le ravissant visage d'une toute jeune femme. A côté du docteur qui teste la capacité de la jeune femme à imiter ses mouvements de tête, son fidèle assistant Tombier qui consulte un listing.

DOCTEUR ZWIFT. Suivez bien le regard, mademoiselle... suivez... Le sourire plus souple... La duchesse a la lèvre molle et puis, elle fait souvent ça. *(Elle se pince le nez très fort. La fille fait de même.)* Voilà ! très bien... Suivante...

La jeune fille quitte le miroir. Une autre ravissante créature vient s'asseoir à sa place.

TOMBIER. Chambre 128, Mme Flangier-Lacoste, soixante-dix-neuf ans...

DOCTEUR ZWIFT. Bien... suivez le regard... suivez... oui... Ah, Mme Flangier-Lacoste a l'œil droit qui trépigne un peu. *(Elle fait tressauter son œil.)* Il clignote. *(La fille l'imite.)* Non justement, vous, vous ne le faites pas. Vous gardez l'œil parfaitement calme. Voilà...

TOMBIER. Ah bon ?

DOCTEUR ZWIFT. Oui. On enlève les rides, tant qu'on y est, enlevons les tics... Merci... Suivante... *(Une fille apparaît dans le miroir, le visage à moitié recouvert d'un pansement sous lequel on devine un hématome violacé et des points de suture. Le docteur Zwift est surprise.)* Qu'est-ce que... ?

TOMBIER. Marquise Fonvier-Laforge, quatre-vingt-deux ans.

DOCTEUR ZWIFT. Ah oui ! La porte à tambour dans le mauvais sens, hier soir, c'est elle ?

TOMBIER. Oui...

DOCTEUR ZWIFT. Elle était torchée comme un petit Lu probablement ?

TOMBIER. Sans doute, oui...

DOCTEUR ZWIFT *(à la jeune fille)*. Alors, impassibilité totale du visage, mademoiselle. Rien ne bouge... Toute votre gueule est en bois... entièrement en bois... C'est ça... très bien...

TOMBIER. C'est tout pour les nouveaux arrivages en coiffeuses.

DOCTEUR ZWIFT *(se levant)*. Parfait ! Passons au miroir sur pied...

Le docteur Zwift et son assistant se dirigent vers l'autre bout du laboratoire. Ils passent maintenant en revue une série de grands miroirs sur pied, cadres dorés, évidés, derrière lesquels se trouvent des personnages que l'on découvrira au fur et à mesure de l'inspection. Le docteur Zwift remue les bras et le corps pour vérifier si le personnage la suit bien, réalisant ainsi un bon effet de miroir.
Derrière le premier miroir sur pied se tient une jeune femme torse nu. Jolie et bien faite. Elle suit parfaitement les mouvements du docteur.

TOMBIER. Chambre 322, Mme Krugervall...

DOCTEUR ZWIFT. Krugervall ? C'est la chieuse du troisième qui a giflé la petite soubrette, non ?

TOMBIER. Oui, docteur.

DOCTEUR ZWIFT. Mettez-lui Germaine. Ça lui apprendra à cette garce ! Non mais, pour qui elle se prend...

TOMBIER *(appelle)*. Germaine !

Une grosse fille disgracieuse prend la place de la jolie fille.

DOCTEUR ZWIFT. Tombez bien les épaules et laissez pendre le menton... Voilà ! Ça lui fera les pieds...

Elle passe au miroir suivant. Une jeune femme jolie, seins nus, suit les mouvements du docteur.

TOMBIER. Chambre 28, Mme Fouchedier, cinquante-quatre ans.

DOCTEUR ZWIFT. Où elle en est de son régime ?

TOMBIER *(gêné)*. Elle ne perd pas un gramme...

DOCTEUR ZWIFT. Il faut l'aider ! Mettez-lui Lucienne...

TOMBIER *(appelle)*. Lucienne !

Une fille maigre comme un clou prend la place de la première.

DOCTEUR ZWIFT *(après un rapide coup d'œil)*. Non ! Là c'est trop. Elle va se bourrer de chocolats... Remettez Catherine...

Très napoléonienne, elle continue son inspection mais, soudain, marque un temps d'arrêt. Derrière le cadre suivant se tient un Apollon d'un mètre quatre-vingt-dix tout en muscles rebondis. Huilé comme une olive, style M. Univers.

TOMBIER. Chambre 128, le duc de Bourdon-Cadet.

DOCTEUR ZWIFT *(pensive)*. Le duc de Bourdon-Cadet ?

TOMBIER. Oui, docteur.

DOCTEUR ZWIFT. Tombier, vous êtes au courant qu'il mesure un mètre cinquante-sept, qu'il est chauve et qu'en maillot de bain, à la piscine, il ressemble à une antenne de télévision ?

TOMBIER. Je sais, docteur, mais il vient de commencer un cours de gymnastique...

DOCTEUR ZWIFT. Il progresse vite...

TOMBIER. J'ai pensé que ça lui ferait plaisir...

DOCTEUR ZWIFT. Ça lui fera sûrement plaisir. *(Au culturiste.)* Le slip au-dessus du nombril, mon petit. *(Le culturiste s'exécute.)* Chez les Bourdon-Cadet, on porte le caleçon haut. *(Soudain rêveuse.)* J'ai très bien connu le petit Lionel Bourdon-Cadet, il était délicieux...

Ils passent devant un homme en peignoir avec une perruque bouclée qui lui retombe sur les épaules.

TOMBIER. Chambre 175, M. Rabourdin.

DOCTEUR ZWIFT. Il se prend toujours pour Louis XIV ?

TOMBIER. Oui, surtout le matin... Et, enfin, le duc et la duchesse de La Rochefoucauld.

On découvre, derrière le dernier cadre, en slip, un grand Noir et une grosse Noire...

DOCTEUR ZWIFT. Ça, je ne comprends pas !... Et ils sont contents ?

TOMBIER. ... Très ! Demandez-leur.

LE NOIR *(avec accent)*. Ils sont wavis, wavis ! Ils se wega'dent tout le temps tout nus devant la glace et le duc il dit à la duchesse : "T'as vu quel bel étalon je suis..."

LA NOIRE *(riant)*. ... Et la duchesse elle est bien contente...

DOCTEUR ZWIFT *(s'éloignant)*. ... Des aristocrates de cette classe, c'est un mystère... un mystère... !

TOMBIER. C'est tout pour aujourd'hui, docteur...

DOCTEUR ZWIFT. Quelle journée ! Je suis épuisée. Je dois avoir une tête ! Mon Dieu, je dois avoir cent ans...

TOMBIER. Mais pas du tout...

DOCTEUR ZWIFT. Vraiment, vous croyez ? J'ai l'impression d'être ma grand-mère...

TOMBIER. Mais qu'est-ce que vous racontez ! Regardez vous-même ! *(Il l'assoit devant la coiffeuse et appelle.)* Catherine !

La plus jolie de toutes les filles vient s'asseoir derrière la coiffeuse et place son visage dans le miroir ovale.

DOCTEUR ZWIFT *(s'arrangeant les cheveux)*. C'est vrai ! Ça va à peu près... Je crois que je suis encore présentable...

Dans un coin, près de la porte, on découvre le directeur et Mme de Blantillet.

MADAME DE BLANTILLET *(fascinée, murmure)*. C'est merveilleux, la science...

JEAN-MICHEL RIBES/ROLAND TOPOR

Panaris

Le hall du Palace, le jour.

Un client descend le grand escalier avec un oreiller. Il croise le directeur.

LE CLIENT. Ah ! Monsieur le directeur, je vous cherchais...

LE DIRECTEUR. Monsieur Troums, un problème ?

LE CLIENT. Non, rien de grave, mon oreiller manque un peu de moelleux à gauche...

LE DIRECTEUR *(le touchant).* Ah oui, exact. Il est mal réglé.

LE CLIENT. Je voulais juste le porter au laboratoire du Palace pour que le docteur Zwift y jette un œil.

LE DIRECTEUR. Holà, pas à cette heure... Elle déjeune avec l'homme aux clefs d'or... C'est sacré... On ne peut pas la déranger.

LE CLIENT. Ça ne fait rien, je vais essayer de le bricoler pour ma sieste.

Le labo du Palace, le jour.

Au centre du laboratoire une table où déjeunent Luciane Zwift et Hugues-Jean, l'homme aux clefs d'or.

DOCTEUR ZWIFT. Hugues-Jean...

L'HOMME AUX CLEFS D'OR. Oui, ma chère...

DOCTEUR ZWIFT. Hugues-Jean, quand vous me dites que ce pauvre Constant a un panaris mal placé, j'ai du mal à comprendre.

L'HOMME AUX CLEFS D'OR. Qu'y a-t-il à comprendre, Luciane ? Il a un panaris mal placé. Un point c'est tout.

Un temps.

DOCTEUR ZWIFT. Mais comment peut-on avoir un panaris mal placé, Hugues-Jean ?

L'HOMME AUX CLEFS D'OR. Je l'ignore, Luciane, probablement comme on peut avoir une oreille mal placée ou une narine mal placée...

DOCTEUR ZWIFT. Non...

L'HOMME AUX CLEFS D'OR *(légèrement agacé).* Bon ! Alors comme une voiture mal placée ! Ça vous va ?

DOCTEUR ZWIFT. Hugues-Jean, je comprends parfaitement qu'une voiture puisse être mal placée, par exemple, devant une porte cochère, mais un panaris, c'est impossible...

L'HOMME AUX CLEFS D'OR. Ah bon !! C'est nouveau ça ?

DOCTEUR ZWIFT. Mais non, c'est très vieux. Ça date de l'apparition du panaris...

L'HOMME AUX CLEFS D'OR. Vous voulez me faire avaler que le panaris est né bien placé ?!!!

DOCTEUR ZWIFT. D'une certaine façon, oui...

L'HOMME AUX CLEFS D'OR *(explosant)*. Ça, c'est la meilleure !

DOCTEUR ZWIFT. Hugues-Jean, je vous en supplie, contrôlez-vous !

L'HOMME AUX CLEFS D'OR. Luciane, vous me jetez, tout de go, entre l'asperge et la poire, une histoire de panaris à dormir debout et vous voudriez que je reste morne ? C'est mal me connaître !

DOCTEUR ZWIFT *(s'énervant)*. Hugues-Jean, le panaris est-il, oui ou non, toujours placé sur le doigt, près de l'ongle ? Oui ou non ?

L'HOMME AUX CLEFS D'OR. Ça m'est égal.

DOCTEUR ZWIFT. Par moments, je me demande si je rêve ! Mon propre époux refuse de sauter l'obstacle de l'évidence !... Et où voulez-vous qu'il soit le panaris ? Où ? Sur le mollet ? Dans les cheveux ? Sous la langue ?

L'HOMME AUX CLEFS D'OR. Luciane, si vous continuez à m'emmerder avec votre panaris, je vous préviens, je vous plante là et je vais prendre une cuite avec Viredieu-Mondricourt !...

DOCTEUR ZWIFT. ... Qui vous racontera, pour la millième fois, comment il a perdu un testicule en Indochine... Ça, vous ne vous en lassez pas !

L'HOMME AUX CLEFS D'OR. Non, parce que son testicule, lui, était mal placé et c'est quand même plus humain que votre panaris qui ne l'est soi-disant jamais !

DOCTEUR ZWIFT. Ah, tiens ! Le testicule du capitaine Viredieu-Mondricourt était mal placé ?! C'est nouveau ça... ?

L'HOMME AUX CLEFS D'OR. Non, Luciane ! Ce n'est pas nouveau, ça date de la naissance de Viredieu-Mondricourt.

DOCTEUR ZWIFT. Et je peux savoir où était ce fameux testicule mal placé ?

L'HOMME AUX CLEFS D'OR *(pointant son index)*. Là !

DOCTEUR ZWIFT *(intriguée, regarde dans la direction de l'index)*. Où là ?

L'HOMME AUX CLEFS D'OR. Là, au bout de l'index.

DOCTEUR ZWIFT. Vous plaisantez ?

L'HOMME AUX CLEFS D'OR. Non, Luciane. Un homme ne plaisante jamais avec ces choses-là... Il paraît qu'il était magnifique. Quand il saluait ses hommes *(Il fait le geste.)* la vue de la virilité de leur chef cognant sur son képi leur donnait force et courage... Ils se croyaient invincibles...

DOCTEUR ZWIFT. C'était un panaris.

L'HOMME AUX CLEFS D'OR *(terriblement offusqué)*. Ah, non ! Là, je ne vous permets pas !

DOCTEUR ZWIFT. Au bout du doigt, ce n'était pas un testicule. C'était un panaris !

L'HOMME AUX CLEFS D'OR. Luciane, vous insultez l'armée française !

Le docteur Zwift aperçoit Tombier qui vient d'arriver près de la table attendant visiblement un trou de conversation pour parler.

DOCTEUR ZWIFT. Qu'est-ce que c'est Tombier ?

TOMBIER *(gêné)*. Pardonnez-moi de vous déranger mais...

DOCTEUR ZWIFT. Mais quoi ?

TOMBIER. Mais il y a beaucoup d'appels de téléspectateurs...

L'HOMME AUX CLEFS D'OR. Qu'est-ce qu'ils veulent ?

TOMBIER. Ils disent qu'ils vous trouvent très ennuyeux...

DOCTEUR ZWIFT. Tombier, j'aime à croire que vous avez bu !...

TOMBIER. Certains emploient même le mot "chiants"... Beaucoup sont paraît-il, déjà partis sur une autre chaîne...

DOCTEUR ZWIFT. Hugues-Jean vous avez l'audimat sur vous ?...

L'HOMME AUX CLEFS D'OR *(le sortant de la boîte)*. Bien sûr... Ah c'est exact nous sommes chiants... l'émission a perdu dix points d'audience.

DOCTEUR ZWIFT. Je n'aurais jamais dû déjeuner avec vous, jamais ! Moi qui suis d'habitude étourdissante... Moi qui vide les autres chaînes.

L'HOMME AUX CLEFS D'OR. Ce n'est quand même pas moi qui bassine la France entière depuis vingt minutes avec un panaris...

DOCTEUR ZWIFT. Faites quelque chose ! Sortez-nous de là au lieu de nous parler de vos testicules à l'index...

L'HOMME AUX CLEFS D'OR. Tombier, faites entrer les deux audimat-girls de sécurité.

TOMBIER. Bien monsieur.

Il va ouvrir la porte, deux magnifiques filles nues s'approchent de la table.

L'HOMME AUX CLEFS D'OR. Avec vous j'avais pris mes précautions ! *(Aux filles.)* Asseyez-vous là. *(Les deux filles s'assoient de part et d'autre de la table. L'homme aux clefs d'or regarde son audimat.)* Voilà... ça remonte... ils reviennent...

DOCTEUR ZWIFT *(prenant le doigt d'une des filles)*. Tenez Hugues-Jean... voilà, cette jeune femme a un panaris, c'est évident... vous n'allez tout de même pas me dire... *(Tête excédée de l'homme aux clefs d'or.)* Quoi qu'est-ce qu'il y a ? Je vous fais revenir les téléspectateurs et vous n'êtes pas content !

JEAN-MICHEL RIBES

LA SERVITEUSE PORTEUSE DE COLLIER

Dessin Gébé

8 – SERVICE PALACE

Saynètes qui se déroulent dans un couloir du Palace qui distribue les chambres.

Service "Bouc émissaire"

Un garçon d'étage frappe à une porte.

VOIX D'HOMME *(off)*. Entrez !

Le garçon ouvre la porte.

LE GARÇON. C'est vous qui avez demandé le service "Bouc émissaire" ?

VOIX D'HOMME *(off)*. Oui !

Le garçon entre et referme la porte.
Aussitôt, il traverse la porte et va s'écraser dans le couloir, la figure en sang.

LE GARÇON. Ça ira ?

VOIX D'HOMME *(off)*. Oui. Je vous remercie.

Monsieur a bien raison

Un garçon d'étage frappe à une porte.

VOIX D'HOMME *(off)*. Oui, entrez !

Le garçon ouvre la porte.

LE GARÇON. C'est vous qui avez demandé le service "Monsieur a bien raison" ?

VOIX D'HOMME *(off)*. Non.

LE GARÇON. Monsieur a bien raison.

Il referme la porte.

Comparaison

Un garçon d'étage, vêtu d'un grand imperméable, frappe à une porte.
VOIX D'HOMME *(off)*. Entrez !
Le garçon ouvre la porte.
LE GARÇON. C'est vous qui avez demandé le service "Comparaison" ?
VOIX D'HOMME *(off)*. Oui.
Le garçon reste sur le pas de la porte et ouvre son imperméable.
VOIX DE FEMME *(off)*. Tu vois, Georges, que j'avais raison !
VOIX D'HOMME *(off)*. Je suis désolé, Irène.

Arrêt du hoquet

Un garçon d'étage s'approche d'une porte, sort un fusil-mitrailleur de sa veste et, dans un tonnerre de feu terrifiant, réduit la porte en charpie.
LE GARÇON. C'est vous qui aviez demandé le service "Arrêt du hoquet" ?
VOIX *(off)*. Oui...
LE GARÇON. Ça ira ?
VOIX *(off)*. Parfait ! Merci.

Suppositoire

Un garçon d'étage frappe à une porte.
VOIX D'HOMME *(off)*. Entrez !
LE GARÇON *(en remuant l'index)*. C'est vous qui avez demandé le service "Suppositoire" ?
VOIX D'HOMME *(off)*. Non ! J'ai demandé le service "Changement de chaîne"...
LE GARÇON. C'est la même chose.
Il entre.

Contrôle de l'haleine

Un garçon d'étage frappe à la porte d'une chambre.
VOIX D'HOMME *(off).* Entrez !
Le garçon ouvre la porte.
LE GARÇON. C'est vous qui avez demandé le service "Contrôle de l'haleine" ?
VOIX D'HOMME *(off).* Le service contrôle de quoi ?
LE GARÇON *(grimace à l'odeur qui arrive).* Oui, c'est bien vous.
Il entre.

Rythme au réveil

Un garçon d'étage frappe à une porte.
VOIX D'HOMME *(off).* Entrez !
LE GARÇON. Bonjour. C'est vous qui avez demandé le service : "Est-ce que j'ai du rythme au réveil ?"
HOMME *(fatigué).* Oh oui...
LE GARÇON. Ta ta ga da ta...
HOMME *(hésitant).* ... Tsoin... tsoin...
LE GARÇON. Dormez peut-être une heure de plus... !
Il referme la porte.

Mais qu'est-ce que ça veut dire ?

Un garçon d'étage frappe à une porte.
VOIX D'HOMME *(off).* Oui.
Le garçon ouvre la porte.
LE GARÇON. Bonjour, monsieur. C'est vous qui avez demandé le service : "Mais qu'est-ce que ça veut dire ?"

VOIX D'HOMME *(off)*. Oui, parfaitement.

LE GARÇON. Je suis désolé, monsieur, mais ce service n'existe plus !

VOIX D'HOMME *(off)*. Mais qu'est-ce que ça veut dire ?

LE GARÇON. Je suis désolé, monsieur, mais il a été supprimé.

VOIX D'HOMME *(off)*. C'est insensé ! Je ne comprends pas.

LE GARÇON. Vous ne comprenez pas ?

VOIX D'HOMME *(off)*. Ah non alors, je ne comprends pas !

LE GARÇON. Bien. Dans ce cas, je vous envoie le service "Point sur les *i*". Bonsoir, monsieur.

Au temps pour moi

Le garçon d'étage frappe à une porte.

LE CLIENT *(off)*. Entrez !

Le garçon ouvre.

LE GARÇON D'ÉTAGE. Bonjour monsieur, c'est vous qui avez demandé le service "Au temps pour moi" ?

LE CLIENT *(off)*. Ah non, pas du tout, vous devez faire erreur.

LE GARÇON D'ÉTAGE *(troublé)*. Ah ?... Au temps pour moi !...

Il referme la porte et s'éloigne.

Histoires avant de s'endormir

Une grosse soubrette, habillée en Petit Chaperon Rouge, pousse une civière sur laquelle est allongée une vieille grand-mère et traîne derrière elle, avec une laisse, un loup.

Elle frappe à une porte.

VOIX *(off)*. Entrez !

LA GROSSE SOUBRETTE. C'est vous qui avez demandé le service "Histoires avant de s'endormir" ?

VOIX *(off)*. Non, j'ai demandé le service "Sexe et érotisme".

Tout le monde entre dans la chambre.

LA GROSSE SOUBRETTE. C'est la même chose, monsieur !

Plus petit que soi

Le garçon d'étage frappe à une porte. Il est accompagné d'un nain.

VOIX D'HOMME *(off)*. Entrez !

Il ouvre.

LE GARÇON D'ÉTAGE. C'est vous qui avez demandé le service "On trouve toujours plus petit que soi" ?

VOIX D'HOMME *(off)*. Oui...

LE GARÇON D'ÉTAGE *(au nain)*. Vas-y... *(Au client.)* Ça va ?

VOIX D'HOMME *(off)*. Oui, s'il enlève ses chaussures.

Péter au lit

Le garçon d'étage frappe à une porte. Il porte une grosse caisse sur le ventre (l'instrument de musique).

VOIX D'HOMME *(off)*. Entrez !

Il ouvre.

LE GARÇON D'ÉTAGE. C'est vous qui avez demandé le service "Je peux péter au lit sans gêner ma partenaire" ?

VOIX D'HOMME *(off)*. Oui...

LE GARÇON D'ÉTAGE. Vous pouvez y aller, monsieur.

Et il se met à taper sur sa grosse caisse, sort une trompette de sa poche et, tout en jouant de la grosse caisse, souffle dedans. Il fait un vacarme assourdissant. Le voisin de la chambre du péteur sort dans le couloir.

LE VOISIN. C'est pas bientôt fini ce chambard ? Non mais, vous avez vu l'heure ?

Le garçon d'étage arrête de jouer pour entendre le voisin.
Le bruit ayant cessé, on entend le client péter évidemment.

LE CLIENT *(off)*. PROUT, PROUT, PROUT...

LE GARÇON D'ÉTAGE *(au voisin)*. Ah c'est malin.

Voyeur

Le garçon d'étage frappe à une porte.

VOIX D'HOMME *(off)*. Entrez !

Il ouvre la porte.

LE GARÇON D'ÉTAGE. C'est vous qui avez demandé le service "Voyeur" ?

VOIX D'HOMME *(off)*. Oui...

Alors le garçon d'étage sort de sa poche une paire de jumelles et les portes à ses yeux. Bruit dans le couloir. Le garçon d'étage se retourne. Tous les clients de l'étage sont massés derrière lui. Tous ont une paire de jumelles. (On ne les avait pas vus venir.)

LE GARÇON D'ÉTAGE *(aux spectateurs)*. Des fois, je me demande vraiment à quoi je sers !!!...

307ᵉ position

Le garçon d'étage frappe à une porte.

LE CLIENT *(off)*. Entrez !

LE GARÇON D'ÉTAGE. Bonjour madame, bonjour monsieur, c'est bien vous qui avez demandé le service "307ᵉ position" ?

LE CLIENT ET LA CLIENTE *(off ensemble)*. Oui, oui !

LE GARÇON D'ÉTAGE *(rapide)*. Bon alors, j'explique. Madame : un pied sur l'armoire, un sur le balcon et la tête sous le lit.
Monsieur : le grand écart dans la cheminée au-dessus des bûches, j'arrive !

Et le garçon sort une grosse boîte d'allumettes et en allume une avec une certaine gourmandise en entrant dans la chambre.

Sado-Maso

Le garçon frappe à une porte.

VOIX D'HOMME *(off)*. Entrez !

Le garçon ouvre.

LE GARÇON. C'est vous qui avez demandé le service "Sado-Maso" ?

VOIX D'HOMME *(off)*. Oui, c'est moi.

LE GARÇON. Je suis désolé. Je n'ai que Sado, Maso est absent.

VOIX D'HOMME *(off)*. C'est insensé !

LE GARÇON. Je peux vous proposer Sado et Marcel.

VOIX D'HOMME *(off)*. Sûrement pas. Vous vous foutez du monde !

Le garçon referme la porte.

LE GARÇON. C'est drôle ! J'arrive jamais à le caser Marcel. Pourtant il est plus douillet que Maso !...

Poésie

Un employé frappe à la porte d'une chambre. On lui ouvre.

L'EMPLOYÉ. Bonjour, madame. Vous avez demandé le service "Poésie" ? C'est pour l'inspiration ou la rime ?

LA DAME. La rime. C'est pour "firmament".

L'EMPLOYÉ. Ligament, tempérament et testament.

LA DAME. Merci. Et pour "printanier" ?

L'EMPLOYÉ. Aumônier, bananier, cuisinier, maroquinier et pigeonnier.

LA DAME. Merci. Parfait. On peut faire appel à vous à toute heure ?

L'EMPLOYÉ. Ecouteur, distributeur et tuteur.

Miracle de Lourdes

Un garçon pousse un chariot (très bas) où se tient une Sainte Vierge vivante. Il frappe à une porte. Rien. Il frappe à nouveau. Rien. Un temps. Le garçon ouvre.

GARÇON. C'est vous qui avez demandé le service "Miracle de Lourdes" ?

VOIX D'HOMME *(off)*. Comment ?

GARÇON *(plus fort)*. C'est vous qui avez demandé le service "Miracle de Lourdes" ?

VOIX D'HOMME *(off)*. Comment ?

GARÇON *(crie)*. Je vous demande si c'est vous qui avez demandé le service "Miracle de Lourdes" !

VOIX D'HOMME *(off)*. Quoi ?

LA SAINTE VIERGE. Laisse tomber ! On lui enverra un cornet...

GARÇON. Tu crois ?

LA SAINTE VIERGE. Mais oui, quand on est sourd, on est sourd, y a pas de miracle !

VOIX D'HOMME *(off)*. Comment ?!

S.O.S. argot

Un garçon d'étage frappe à la porte d'une chambre.

VOIX D'HOMME *(off)*. Entrez !

LE GARÇON. Bonjour ! C'est vous qui avez demandé le service "S.O.S. argot" ?

VOIX D'HOMME *(off)*. Oui. Quel est le féminin de "connard" ?

LE GARÇON. "Connasse", monsieur.

VOIX D'HOMME *(off)*. Je vous remercie. *(A sa compagne.)* Connasse ! Tu n'es qu'une pauvre connasse !

Bruit de coups.

VOIX DE FEMME *(off)*. Taré ! Fils de pute ! Tête de bœuf...

LE GARÇON *(avant de refermer la porte)*. ... De nœud, madame... tête de nœud.

Chef de gare

Le garçon d'étage frappe à une porte.

VOIX D'HOMME *(off)*. Entrez !

Il ouvre.

LE GARÇON D'ÉTAGE. C'est vous qui avez demandé le service "Chef de gare" ?

VOIX D'HOMME *(off)*. Oui.

LE GARÇON D'ÉTAGE *(il met sa casquette)*. Eh ben alors, restez pas comme ça sur le quai. Remuez-vous ! Votre train part dans une minute à peine, quai 9 !... Non, Non ! *(Il montre du doigt.)* Ne traversez pas les voies. Prenez le passage souterrain ! *(Il regarde sa montre, sort un sifflet de sa poche.)* ATTENTION... Le train en partance pour Marseille, chambre 27 quai 9, départ immédiat.

On entend alors le bruit d'un train qui démarre. Le garçon d'étage fait "au revoir" de la main.
Dans le couloir, un homme en peignoir de bain sort de la chambre voisine, la 28.

LE VOISIN. Ecoutez ! Ça suffit ! Vous ne pourriez pas faire passer votre train ailleurs que dans ma salle de bains !

LE GARÇON D'ÉTAGE *(il ouvre un horaire)*. Soyez tranquille, monsieur, les autres passent sous votre lit...

Peine d'amour

Le garçon d'étage frappe à une porte.

LE CLIENT *(off)*. Entrez !

LE GARÇON D'ÉTAGE. Bonjour, monsieur, c'est vous qui avez demandé le service "Peine d'amour" ?

CLIENT *(off)*. Oui, c'est ici.

LE GARÇON D'ÉTAGE. Ecoutez, monsieur, excusez-moi de vous dire que vous n'avez pas à vous mettre dans des états pareils pour une vulgaire pétasse sans intérêt qui n'en voulait certainement qu'à votre argent et qui est partie se chauffer la truffe ailleurs dès que vous avez eu le dos tourné !...

CLIENT *(off)*. Ah mais non, c'est pas pour moi : c'est pour ma femme !

SA FEMME *(off)*. Oui, oui, c'est pour moi !

A sa réaction, on se rend compte que le garçon d'étage, gêné, ne l'avait pas aperçue auparavant.

LE GARÇON D'ÉTAGE. Ah pardon... Je... Excusez-moi, je reviens tout de suite, il faut que je me recharge.

Il referme la porte et s'éloigne.

Souvenirs du régiment

Le garçon d'étage frappe à une porte.

VOIX D'HOMME *(off)*. Entrez !

Il ouvre la porte.

LE GARÇON. Monsieur, c'est bien vous qui avez demandé le service "Souvenirs du régiment" ?

VOIX D'HOMME *(off)*. Oui.

LE GARÇON. Nom de Dieu ! Dubillot ! Tu me reconnais ? Blanchard ! Mais si Blanchard, 4e régiment d'infanterie ! Si je m'attendais !

VOIX D'HOMME *(off)*. Tu te souviens quand on a passé les couilles du capo au cirage.

LE GARÇON. Je ne me souviens pas.

VOIX D'HOMME *(off)*. Comment ?!

LE GARÇON. Ah si les couilles du capo.

JEAN-MICHEL RIBES/ROLAND TOPOR/JEAN-MARIE GOURIO/
JEAN-LUC TROTIGNON/FRANÇOIS ROLLIN

Dessin Gébé

9 – L'HOMME AUX CLEFS D'OR VOUS MET EN GARDE

Message

L'HOMME AUX CLEFS D'OR. Alors ça y est, vous venez encore une fois de laisser ici au desk un message pour un ami.
Vous adorez laisser des messages.
Vous trouvez cela chic, rapide, désinvolte.
Mais avez-vous bien pesé tous les risques ?
Vous savez pourtant que rien n'est plus chiant qu'un message.
Regardez Brecht, il en a mis plein son théâtre !
Vous croyez peut-être qu'à l'issue d'une représentation de *Mère Courage*, il s'est fait un seul ami, Brecht ?
Que quelqu'un a répondu à ses messages ?
Tout le monde s'est barré oui ! Vite fait, bien fait !
Même son teckel a quitté le parti communiste quand il lui a lu *Le Cercle de craie caucasien*.
Si vous ne voulez pas avoir le sort de Brecht, et finir seul, méconnu, abandonné de tous, croyez-moi, ne laissez plus de messages au desk, déposez plutôt une bonne pièce de boulevard. Vous serez un homme aimé.
A bon entendeur, salut !

JEAN-MICHEL RIBES

Bruit

L'HOMME AUX CLEFS D'OR. Une fois n'est pas coutume, j'aimerais que vous oubliiez l'uniforme que je porte pour écouter l'ami.
Ce soir, je le sais, vous avez décidé de réaliser le rêve de votre vie : faire du bruit après 22 heures.
C'est dans ce but précis que vous êtes venu au Palace avec votre batterie de casseroles, un nécessaire à bricolage et votre sono toute neuve.
Je ne vous approuve pas mais je vous comprends.
Au Palace, le client a tous les droits.

Vous pouvez faire chier le monde autant que vous le désirez toute la nuit, je ne discute pas.
Mais avez-vous bien pesé tous les risques ?
L'élite qui séjourne au Palace dîne tard. On ne brise jamais la queue du homard avant minuit, ce qui nous met le sorbet aux mangues vers 0 h 30 ; une chartreuse, une verveine, il est 1 heure du matin. Un petit tour au night-club pour se dénouer les guiboles, c'est vers 6 heures que notre belle clientèle regagne sa chambre.
On baise environ trois quarts d'heure, ce qui produit, surtout si la comtesse Tigallini est là, une quantité de décibels bien supérieure à la vôtre. Un verre de lait et tout le monde s'endort. Il est 8 heures du matin. Mais vous ? De quoi avez-vous l'air après dix heures de bruit dans votre chambre, dix heures de bruit exécuté à la force du poignet dans une solitude effrayante.
Qui vous aura entendu ? Personne !
Exténué, assourdi, abruti, ruisselant de transpiration, vous passerez tout simplement pour un pauvre, un vieux sale pauvre qui fait des bruits de pauvre en plus.
Et ici, nous supportons tout sauf les pauvres. Il ne faut quand même pas exagérer.
Vous serez jeté dehors et vous ne trouverez pas un groom pour vous porter vos valises. Nous n'aimons pas les pue-la-sueur.
A bon entendeur, salut !

ROLAND TOPOR/JEAN-MICHEL RIBES

Amour

L'HOMME AUX CLEFS D'OR. Entre nous, de vous à moi, comment trouvez-vous la petite soubrette qui vous apporte votre thé le matin ? Vous avez remarqué sa poitrine ? Elle vous obsède, avouez-le ! D'ailleurs votre décision est prise, vous allez la sonner ; et dès qu'elle apparaîtra dans votre chambre, vous plongerez la main dans l'échancrure de son uniforme et vous la prendrez sauvagement, passionnément, malgré ses supplications et ses larmes.
On ne peut pas dire que ce soit très élégant mais c'est votre droit. Au Palace le client a tous les droits. Je ne discute pas mais avez-vous pensé aux risques ? Je ne fais pas allusion aux maladies, nos filles sont saines. Je peux les garantir. Non je parle d'un risque vraiment grave, fatal : l'amour.
Vous ricanez, vous vous dites : "Ça n'arrive qu'aux autres !"
Pas avec Sabine, elle fait mouche dès qu'on la touche, mon petit

monsieur. Une fois rhabillé, quand elle va quitter votre chambre pour reprendre son service, vous allez soudain ressentir une douleur insupportable ici. *(Il se frappe la poitrine.)* Incapable de vous contrôler, vous la suivrez dans le couloir en hurlant :"Ne me quitte pas, je t'inventerai etc." Vous abandonnerez aussitôt femme, enfants, parents et vos leçons de squash…

Errant jour et nuit dans les couloirs du Palace pour l'apercevoir, vous cachant dans des sacs de linge sale avec le fol espoir de vous retrouver sur son chariot, vous finirez, n'en pouvant plus de ne pas être à côté d'elle à la cantine, par vous faire engager comme vulgaire bagagiste au Palace ! Qui reconnaîtra, sous votre uniforme étriqué de larbin de luxe, le puissant Paul Vermontel, empereur du yaourt basses calories ! Personne ! Voilà ce qu'elle aura fait de vous votre bonniche aux gros seins…

Croyez-moi je parle en connaisseur : avant de rencontrer Sabine, la moitié des mines de cuivre du Katanga m'appartenaient… Voyez le résultat. A bon entendeur, salut !

ROLAND TOPOR/JEAN-MICHEL RIBES

Venise

L'HOMME AUX CLEFS D'OR. Vous avez toujours rêvé de ne pas fermer les robinets quand la baignoire est pleine ; de laisser déborder franchement, généreusement, sans mesquinerie.

Vous avez donc réservé une suite au Palace et vous venez d'ouvrir en grand tous les robinets de la salle de bains. Bravo !

Au Palace, le client a tous les droits. Il peut faire ce qui lui plaît en se foutant du reste. Je ne discute pas. Vous êtes dans votre droit, c'est d'accord.

Mais avez-vous bien pesé tous les risques ?

M. Fitzbon-Garnette, qui occupe la chambre 307, juste au-dessous de la vôtre, est un homme charmant qui a su rester simple malgré sa médaille d'or d'haltérophilie.

Au fait, savez-vous qu'il est veuf ?

Oui, il a perdu sa femme qu'il adorait à Venise, juste après les Jeux olympiques. Tombée dans le Grand Canal. Noyée. C'est bête, hein ?

M. Fitzbon-Garnette ne s'en remet pas. Chaque fois qu'il voit de l'eau, la moindre goutte, il pense à sa femme. Et quand la première tache d'humidité apparaîtra sur son plafond, que pensez-vous qu'il fera ?

Vous ne le savez pas ? Eh bien, je vais vous le dire.

Fitzbon-Garnette va enfoncer votre porte, vous étendre sur le lit et

vous faire du bouche à bouche pendant douze heures d'affilée en vous susurrant à l'oreille : "Mon amour, ouvre les yeux, je suis là avec ma gondole, tu es sauvée."
A ce moment précis, deux solutions s'offrent à vous :
Ou lui dire que vous n'êtes pas sa femme et de douleur il vous noiera probablement dans votre baignoire ou chanter *O sole mio* jusqu'à ce qu'il s'endorme sur votre épaule... *(Il chante.) O sole miooo...* De toute façon, vous êtes mal barré !
A bon entendeur, salut !

ROLAND TOPOR/JEAN-MICHEL RIBES

Bain Parmentier

L'HOMME AUX CLEFS D'OR. Les bains moussants, les sels parfumés et le lait d'ânesse, vous en avez soupé ! Ce que vous souhaitez aujourd'hui, c'est vous prélasser dans une baignoire remplie à ras bord de purée de pommes de terre.
Comme je vous comprends.
Un bon bain de pommes mousseline bien onctueux sans grumeaux avec une noix de beurre sous chaque orteil ! Un délice avant d'aller se coucher !
Et s'il y a un lieu, un endroit où vous pouvez réaliser cette envie, c'est au Palace.
Remplacer l'eau chaude par de la purée de pommes de terre c'est vraiment la moindre des choses quand on connaît le prix de votre suite ! Et pour une fois, je suis heureux de vous dire que vous ne courez aucun risque, à part peut-être, si vous avez des varices, la sensation que les jambes sentent le boudin... Dans ce cas, remplacez la purée par des frites, elles auront aussitôt la bonne odeur des francforts, et si c'est trop chaud et que vous êtes rouge comme un petit salé, une bonne douche aux lentilles arrangera tout.
A bon entendeur, salut !

JEAN-MARIE GOURIO/JEAN-MICHEL RIBES

Opéra

L'HOMME AUX CLEFS D'OR. Vous venez de flinguer la cantatrice qui faisait tous les soirs des vocalises dans la chambre contiguë à la vôtre : parfait ; au Palace la moindre des choses est que le client soit content et vous l'êtes enfin. Mais avez-vous bien pesé tous les risques ? D'ici une heure son mari, le baryton basse Octavio Barundi va rappliquer et quand il va découvrir le cadavre de son épouse il ne pourra pas s'empêcher d'en pousser une, du genre *Requiem* de Fauré... Vous voyez la nuit que vous allez passer ! Bien sûr vous pouvez le descendre puisqu'il vous reste deux cartouches ; mais je vous préviens vous ne couperez pas aux chœurs de l'Opéra de Milan que dirige sa sœur, ils sauteront sur l'occasion pour venir brailler jusqu'à l'aube un *Te Deum* pour le repos des deux âmes... Mais le vôtre de repos tintin ! Il faudra que vous alliez en pleine nuit acheter une mitrailleuse, il fera froid, c'est lourd, les taxis qui prennent les mitrailleuses sont rares... La merde quoi ! Sans compter que perdu dans la ville à 5 heures du matin avec votre Kalachnikoff sous le bras vous pouvez être saisi d'une angoisse sur le sens véritable de votre vie. Tout ça pour une cantatrice ! C'est vraiment du gâchis.
A bon entendeur, salut !

JEAN-MARIE GOURIO/JEAN-MICHEL RIBES

L'Adoption

L'HOMME AUX CLEFS D'OR. Je vous en prie ne prenez pas cet air niais.
Je sais parfaitement ce que vous venez me demander.
Ce n'est ni votre clef ni votre courrier.
Vous voulez que j'adopte le rejeton de Maryse, la soubrette du cinquième que vous avez engrossée dans l'ascenseur, il y a neuf mois.
Au Palace, vous payez assez cher, vous avez tous les droits, même celui de venir m'emmerder avec vos problèmes de fesses.
Mais avez-vous bien pesé tous les risques ?
Votre lardon, je vous préviens, je vais l'appeler André.
Vous détestez ce prénom ?... Je suis désolé moi je l'adore !
J'aurais rêvé de m'appeler André... Hé oui, c'est comme ça !
Et le petit, croyez-moi, je ne vais pas me gêner pour l'appeler André !
Et André, ça devient vite Dédé.

"Salut Dédé !" "Tiens, voilà Dédé !" "Vas-y Dédé, pédale, plus qu'un tour !" Vous avez honte, hein ? Que ce jeune homme au profil d'aristocrate autrichien se nomme Dédé !
Il fallait y penser avant, monsieur VON SCHALTENBOURG !
La prochaine fois que vous prendrez l'ascenseur, vous choisirez le liftier comme tout le monde, il sera ravi et aucun risque de Dédé avec lui.
A bon entendeur, salut !

JEAN-MICHEL RIBES/ROLAND TOPOR

Scoop

L'HOMME AUX CLEFS D'OR. Alors ce soir, vous allez recommencer ?
En clair, vous avez l'intention, comme tous les autres soirs de la semaine à 19 h 12, d'exposer votre postérieur nu à la fenêtre de votre chambre.
Inutile de nier, je vous ai repéré.
Au Palace, le client a tous les droits. Continuez si ça vous amuse, vous payez suffisamment cher pour qu'on ne vienne pas vous chercher des poux dans la tête.
Mais avez-vous bien pesé tous les risques ?
De gros ennuis vous guettent, j'ai le devoir de vous prévenir.
Une nuée de photographes surveillent en permanence le Palace, à l'affût des visages célèbres, des scandales mondains, des scoops concernant la jet society.
Ce n'est pas à vous que j'apprendrai que votre cul est le sosie de beaucoup de monde, et du beau monde qui plus est !
Surtout quand le soir tombe, c'est fou ce qu'il ressemble à Margaret Thatcher, de trois quarts c'est Michel Droit tout craché et en contre-plongée, on jurerait Kurt Waldheim.
Quand les photographes vont apercevoir tout ce beau monde penché à une fenêtre du Palace, ils vont mitrailler.
Votre beau derrière va s'étaler à la une de tous les journaux.
Les invitations vont pleuvoir et vous serez obligé de faire trois cocktails et deux dîners par jour, le pantalon baissé !
Hé oui qu'est-ce que vous croyez ?
C'est Margaret Thatcher et Kurt Waldheim qu'ils ont invités, pas vous !
A bon entendeur, salut !

ROLAND TOPOR/JEAN-MICHEL RIBES

Canular

L'HOMME AUX CLEFS D'OR. Votre petit air de sainte nitouche ne trompe personne, surtout pas moi. Vous avez décidé de faire ce soir un canular téléphonique.
Vous allez décrocher le téléphone, appeler M. Grimaud et lui dire :
"Monsieur Grimaud, poil au dos, il y a des voyous, poil au cou, qui ont pissé, poil au nez, dans votre tarte aux pommes, poil au..." Poil à quoi ?
Poil à rien ! Hé oui, réfléchissez... poil à rien ! Un peu plus et vous alliez passer pour un fieffé crétin...
Au Palace, vous avez le droit à tous les canulars du monde mais n'oubliez jamais que l'humour c'est très difficile...
A bon entendeur, salut ! Poil au cul... J'ai pas pu m'en empêcher.

JEAN-MICHEL RIBES/FRANÇOIS ROLLIN

Dessin Wolinski

10 – CONVERSATIONS SUR LA TERRASSE

Anorexie

Eva, Max et Edouard.

ÉDOUARD. Ce matin, je ne sais ce qui m'a pris ! Figurez-vous que je suis venu sur la terrasse de très bonne heure. Il faisait encore nuit…

ÉVA *(effrayée)*. Ne me dites pas que vous avez vu le soleil se lever ?

ÉDOUARD. Si ! D'abord, j'ai vu poindre l'aube…

MAX *(effrayé)*. Livide, j'imagine ?

ÉDOUARD. Oui, mais c'est assez vite fait. Le plus dur, c'est après… l'aurore !… Ça dure !… Et plus ça va, plus ça resplendit !

ÉVA. Arrêtez ! Edouard, vous me rendez malade !

MAX. Quand je pense qu'étant enfant, c'est la nuit qui m'angoissait.

Ils rient tous les trois.

ÉVA. Et vous êtes resté jusqu'au bout ? Je veux dire jusqu'au grand jour ?

ÉDOUARD. Le grand jour, figurez-vous, ce n'est pas le plus terrible. On s'en accommode. Ce qui est plus difficilement supportable, c'est la joie que vous colle le réveil de la nature.

MAX. Ne me parlez pas de ça !

ÉDOUARD. Cette luxuriance de la lumière ! Ce foisonnement d'odeurs ! Plus subtiles et plus fraîches les unes que les autres ! Ce ravissement dans lequel tout cela vous plonge !…

ÉVA. Edouard ! Vous vous faites du mal.

MAX. Avalez un bon coup de nuit, mon vieux ! Bien noire, avec une pincée d'étoiles givrées ! Ça va vous remettre.

ÉDOUARD. Comprenez bien ! Ce n'est pas la magnificence du lever de soleil qui est affligeante. C'est la pauvreté de ce qui suit. Cet enthousiasme et puis rien. Ces espoirs fous et puis rien. Cet élan de tout l'être et puis on ne décolle pas !

MAX. Allons ! On sait tout ça ! Si nous avons choisi la nuit, c'est justement pour ne pas avoir à connaître les espoirs, toujours déçus, de ceux qui se lèvent tôt.

ÉVA. Si nous avons renoncé à l'ivresse des abeilles dans la rosée, c'est pour ne pas être bernés chaque matin.

MAX. La nuit est notre ermitage. Regardez-moi, en ermite de la nuit !

ÉVA. Et moi, en nonne des ténèbres. *(A Edouard.)* Et vous, en oiseau nocturne. *(Petit rire.)* Hibou lubrique !

ÉDOUARD *(morne).* Guère lubrique, ce soir, chère Eva. Cette épreuve m'a positivement rendu anorexique… Sexuellement anorexique.

MAX *(à Eva).* Cela veut dire que lorsqu'une femme lui crie : "A table !", il répond : "Je n'ai pas faim."

ÉVA *(elle se lève).* C'est normal ! On ne présente pas les choses comme ça à un homme qui a vu le soleil. Il faut le rééduquer patiemment. Lui rendre peu à peu l'appétit. *(Elle va se placer de dos, devant Edouard debout sur la terrasse. La lune la silhouette à contre-jour, dans sa robe légère et transparente.)* Il faut lui dire : "Cher Edouard ! Que diriez-vous d'une légère collation ?"

Noir.

Seul au monde

Eva, Max et Edouard.
Eva est alanguie dans son fauteuil d'osier à haut dossier. Max, près de la table où sont disposées les boissons, se sert à boire.
Edouard, contre la balustrade, scrute l'horizon obscur.

ÉDOUARD. J'ai beau m'user les yeux, je n'aperçois nulle part le moindre signe de vie. Nos pires conjectures semblent se confirmer. *(Il vient vers Max et Eva.)* Mes chers amis, il faut nous rendre à l'évidence : nous sommes les derniers survivants de cette planète.

ÉVA. Alors, il va falloir songer à nous organiser.

MAX. Première chose, à mon avis : décider si nous avons l'intention de repeupler la Terre ou bien, au contraire, si nous laissons s'éteindre l'espèce.

ÉDOUARD. En tout cas, si nous penchons pour le repeuplement, nous disposons des moyens nécessaires. Eva est toute désignée pour faire la première femme. Quant au premier homme, je propose de le jouer à pile ou face.

ÉVA. Si l'humanité 2 doit finir de la même manière que l'humanité 1, je me demande s'il est bien utile de tout recommencer.

ÉDOUARD. Les conditions de départ sont différentes. Nous héritons de tous les biens des disparus. Nos enfants naîtront fabuleusement riches. L'or, le pétrole, tout leur appartiendra.

MAX. Le manganèse !

ÉDOUARD. Ce sera un autre départ dans la vie que celui de ces pauvres Caïn et Abel !

ÉVA. Caïn et Abel ! On ne pourrait pas trouver d'autres prénoms ?

MAX. Allons ! Pas de zizanie avant les noces !

ÉVA. Je me pose une question. La femme qui a pour mission de repeupler la Terre, cette femme peut-elle avoir des orgasmes pendant l'accouplement ? Est-ce que c'est convenable ?

ÉDOUARD. Ah ! Autrement dit, la mère des futures nations peut-elle, durant le coït, pousser des cris comme "Ah ! Oui ! Encore ! Plus vite ! Là ! Oui ! Oui !" etc. ? *(Il réfléchit.)* Je me demande !

MAX. Le problème se pose aussi pour le père des futures nations. A-t-il le droit de hurler des obscénités, sachant qu'il est en train d'engendrer des hommes et des femmes célèbres ? Peut-on crier "Tiens ! Tiens ! Tu la sens ?" alors que l'on donne sa semence pour Abraham Lincoln, Mme Golda Meir ou Sigmund Freud ? Je cite des noms au hasard.

ÉVA *(tendant sa coupe à Edouard)*. Il reste un peu de champagne ?

ÉDOUARD *(tirant la bouteille de son seau à glace)*. Il reste huit millions de bouteilles.

MAX. Ma chère Eva, vous devriez vous modérer. Pensez au futur Mozart. Un enfant prodige idiot, on vous le reprocherait.

ÉDOUARD. Et si nous décidions d'ignorer ce qui s'est passé ? Si nous continuions de vivre légèrement, comme si de rien n'était ? Si nous adoptions une indifférence hautaine, un désespoir désinvolte, une sublime insouciance ? Si nous choisissions, pour nous seuls, la classe et le panache ?

MAX. Oui ! Refus de se soumettre aux instincts de l'espèce ! Dignité ! Un brin d'insolence ! Et le dernier verre !

ÉDOUARD. C'est cela ! Le défi silencieux aux dieux ! Buvons !

Edouard et Max trinquent.

ÉVA. Je pensais bien qu'au bout du compte, vous trouveriez un bon prétexte.

ÉDOUARD. Un prétexte ?

MAX. Quel prétexte ?

ÉVA. Un prétexte pour ne pas me faire d'enfant.

Noir.

Extra-Terrestres

Eva, Max et Edouard.
Max boit, à califourchon sur sa chaise.
De son grand fauteuil à haut dossier, Eva observe Edouard qui arpente la terrasse en regardant ses pieds. Il s'arrête, repart en changeant de direction, s'arrête à nouveau et tapote les dalles du bout de sa chaussure.

ÉVA. Alors ? Edouard ? Satisfait de l'état de la terrasse ?

ÉDOUARD. Pourquoi me demandez-vous cela ?

ÉVA. Parce qu'à vous voir, on vous croirait chargé de son inspection.

MAX *(expliquant à Eva)*. Comprenez bien, Eva ! Si une soucoupe volante devait se poser ici, il ne faudrait pas que la terrasse s'effondre !

ÉDOUARD. Vous me prenez pour un agent des extra-terrestres ?

ÉVA. Mon Dieu ! Il n'y aurait pas de mal à ça. Au contraire ! Ils viennent toujours proposer la paix.

MAX *(à Edouard, conciliant)*. Vous savez, si vous les attendez, vous pouvez leur faire signe de se poser. Ne craignez surtout pas de nous déranger.

ÉVA *(de même)*. Mais oui ! Appelez-les donc !

Edouard, qui est resté à quelque distance d'eux, met ses mains en porte-voix et s'adresse au ciel.

ÉDOUARD. Hé ! Vous autres ! Vous pouvez venir ! Mes amis sont d'accord.

Après un temps où il semble écouter, Edouard vient vers les deux autres.

Ils seront là d'une minute à l'autre.

MAX *(excité)*. Qu'est-ce qu'ils boivent, à votre avis ?

ÉVA *(même jeu)*. Ils sont vraiment verts ?

MAX. Il faudrait appeler la réception, qu'ils apportent le tapis rouge.

ÉVA. Et des fleurs ! Il faudra aussi un discours. Edouard ! Vous ferez le discours.

MAX. Non ! Non ! Pas Edouard ! Edouard est leur contact. Pour eux, c'est un subalterne. Une sorte d'espion bénévole. Non ! Le discours, je ne vois qu'Eva.

ÉVA. D'accord !

ÉDOUARD. Bon ! Mais je vous préviens, Eva, il faudra vous déshabiller. Pour eux, une femme habillée, c'est outrageant.

MAX *(à Eva)*. Et vous ne devriez pas attendre. Ils risquent de vous surprendre comme ça.

A ce moment, Eva se précipite mains tendues et dépasse Max et Edouard.

ÉVA *(à des personnages invisibles)*. Ah ! Vous voilà ! Bonjour ! *(Elle fait mine de serrer des mains.)* Bonjour ! Excusez-moi, je sais bien que je vous outrage, mais je ne vous attendais pas si tôt. Comment ?... Ah ! *(Eva revient vers Max et Edouard.)* Ils disent que c'est la vue des mâles terrestres habillés qui les outrage. Ils ont changé leur protocole juste avant d'atterrir.

ÉDOUARD. Comment se fait-il que nous ne les voyions pas ?

ÉVA. A cause de ça, justement ! Ils ne daignent pas se rendre visibles aux hommes qui cachent leur corps.

MAX. Ils sont vraiment verts ?

ÉVA. Ecoutez ! Si vous voulez le savoir, vous savez comment faire. Moi, il faut que j'y retourne pour le discours. *(Eva rompt le conciliabule pour retourner vers les "visiteurs". Aux visiteurs invisibles.)* Amis des galaxies lointaines, par ma bouche, toute l'espèce humaine vous salue. Et maintenant, parlez ! Par mes oreilles, toute l'espèce humaine vous écoute...

Un temps.

ÉDOUARD *(à Eva).* Qu'est-ce qu'ils disent ?

ÉVA *(se retournant vers eux).* Ils veulent m'emmener ! Franchement, ça ne me tente guère !

ÉDOUARD. Attendez ! *(Il rejoint Eva et lui met la main sur l'épaule. Puis, il fait mine de s'adresser aux visiteurs.)* Laissez cette femme. Laissez-nous ! Nous ne présentons qu'un maigre intérêt pour vous. Notre physiologie est sommaire et notre technologie balbutiante. Pour vous donner deux exemples : notre champagne fait de la mousse ; nos alcools nous enivrent. Et, pour finir, je ne suis pas certain que cette terrasse soit bien solide. Au revoir ! Revenez plus tard !

Après avoir salué le départ de la soucoupe volante : "Au revoir ! Au revoir", Edouard et Eva reviennent vers Max.

ÉVA. Il m'a sauvée de leurs griffes.

MAX. Buvons à cette fin heureuse.

ÉDOUARD *(à Eva).* Tout de même ! Hein ? Ils auraient bien voulu vous voir nue !

ÉVA. Mais non, voyons, c'est l'inverse !

ÉDOUARD. Oh ! Je les connais ! A peine décollé, ils auraient à nouveau changé de protocole.

MAX. Quels salauds, ces petits hommes verts !

Noir.

Parfum de lilas

Eva, Edouard et Max.
Max est assis à califourchon sur sa chaise. Eva rêve dans son fauteuil d'osier. Edouard, un peu à l'écart d'eux, renifle la nuit.

ÉDOUARD. Vous sentez ce parfum de lilas ? *(Il les regarde.)* Je suis persuadé que vous trouvez cela agréable. *(Ils ne répondent pas.)* Eh bien, moi, je trouve ce parfum tout à fait déplacé ! Sur la terrasse d'un palace, on ne devrait pas être incommodé par ces odeurs rustiques. Si l'on veut respirer les lilas, on va se promener le soir dans des rues bordées de pavillons, en tenant une fiancée par la main. La terrasse d'un palace, c'est fait pour *jouir* de sensations artificielles.

ÉVA *(rêveusement)*. *Jouir...* Anna est une femme qui *jouit* et qui va de l'avant. Un jour elle se refermera. Cela ne la rendra pas moins hautaine, croyez-moi !

Edouard et Max regardent Eva curieusement. Après un temps de silence, Max enchaîne.

MAX. Bon ! Croyez-moi ou ne me croyez pas, aujourd'hui j'ai mis Mozart en musique. Et Victor Hugo en vers. Et la *Joconde* en peinture. J'ai bien mérité un scotch.

Max se lève et va vers la table où sont les bouteilles. Ce faisant, il se rapproche d'Edouard.

ÉDOUARD *(à Max)*. Justement ! Vous qui l'avez mise en peinture, il ne vous est pas venu à l'idée de représenter Mona Lisa au milieu de bouquets de lilas ?

MAX. Non ! J'ai brossé derrière elle un petit paysage distingué, avec des bosquets, une rivière...

ÉDOUARD. Et vous avez bien fait ! On ne vous demandait pas une enseigne de *parfumeur* !

ÉVA. *Parfums...* Anna dit que le *parfum* des giroflées évoque pour elle la boutique d'un marchand de couleurs de son enfance.

Après un temps de réflexion, Edouard répond à Eva.

ÉDOUARD. Vous savez ! On arrive rarement sur la planète choisie. L'enfant s'élance en fusée vers l'âge adulte. Il vise la boutique du marchand de couleurs. Il s'y voit en magicien tout-puissant, régnant sur la passoire à thé et le piège à souris. Mais quand il arrive le magasin est devenu un restaurant chinois.

MAX. Enfant, je visais Martine Carol et la Simca Chambord deux tons. Quand je suis arrivé, les stars étaient en jean et les périphériques saturés.

ÉDOUARD. Par contre, si nous pouvions arriver à l'âge adulte avec notre taille d'enfant, voilà une chose qui nous permettrait de garder une belle part d'émerveillement. *(A Max.)* Vous ! Tenez ! Avec la moitié de votre taille, cette terrasse vous semblerait deux fois plus étendue. Et le monde en général, deux fois plus grand.

MAX. C'est vrai, ça ! *(Montrant sa bouteille de scotch.)* Et cette bouteille ferait *presque* deux litres !

ÉVA. *Presque...* Anna était *presque* décidée à prendre les deux frères jumeaux comme amants. Elle a eu peur qu'ils ne s'entendent pas avec ses plantes.

ÉDOUARD *(à Eva)*. Elle est intéressante cette Anna.

MAX *(à Edouard, lui désignant Eva)*. Vous allez voir, elle va repartir sur le mot "intéressant".

ÉDOUARD *(à Max)*. Sérieusement ! Vous pensez qu'elle fait de la régression mentale ?

Ils se rapprochent d'elle.

MAX. Plutôt de la... Comment appelle-t-on ça ? De l'autisme. *(Il lui passe la main devant les yeux, Eva ne cille pas.)* "Détachement de la réalité extérieure", c'est le symptôme majeur.

ÉDOUARD. Nous pourrions peut-être en profiter pour abuser d'elle ?

MAX *(sceptique)*. Hum ! Avec cette odeur de lilas ! Vous ne craignez pas que ça fasse un peu *zone* ?

ÉVA. *Zone...* Anna dit qu'elle ne croit pas aux *zones* érogènes localisées. Elle prétend que toutes les parties du corps se valent et qu'un baiser sur la main peut valoir une longue étreinte.

Max et Edouard prennent chacun une main d'Eva et y posent un baiser. Puis, ils la regardent, interrogatifs, pour connaître son impression.

ÉDOUARD ET MAX. Alors ?

ÉVA *(à moitié convaincue)*. Mmh ! Mmh ! *(Tournant ses mains, elle leur présente ses paumes.)* Essayez voir comme ça ?

Noir.

Filaments

Eva, Edouard, Max.

ÉVA. Moi, je trouve qu'entre le marivaudage et l'acte sexuel, il n'y a pas de transition délicate.

ÉDOUARD. Vous voulez dire entre la phase d'érotisation verbale et les ébats charnels proprement dits ?

ÉVA. Si vous voulez.

MAX. Il y a toute la gamme des baisers ! Du plus chaste au plus lascif.

ÉVA. Bon ! Mais entre le baiser et la suite, il faut dégrafer ceci, déboutonner cela... enlever le haut, enlever le bas...

MAX. On peut toujours déchirer les vêtements ! Arracher les boutons !...

ÉDOUARD. Non ! Elle a raison. Les chaussettes, par exemple, il faut les ôter l'une après l'autre. En sautant d'un pied sur l'autre.

ÉVA. Ça ne tient pas au seul fait que nous soyons des animaux habillés. Même nus, je trouve que ça manque de liant.

MAX *(agitant ses doigts)*. Il y a les petites caresses.

ÉVA. Oui, mais entre les regards qui se promettent tout et ces petites caresses, c'est là qu'il manque quelque chose ! Un moment subtil, je ne sais pas quoi. Peut-être... des ondes voluptueuses... des filaments de plaisir qui se tisseraient entre les corps...

ÉDOUARD. Je les sens !

ÉVA. Quoi donc ?

ÉDOUARD. Mes filaments qui ondulent vers les vôtres.

MAX. Moi aussi ! Hi ! Hi ! Ça chatouille !

ÉVA *(à Edouard)*. Edouard, vous dites ça pour me faire plaisir.

ÉDOUARD. Je vous jure que non ! D'ailleurs, vous devez les sentir. L'air est plein de nos filaments érectiles qui se cherchent, se touchent, se nouent, s'enroulent, se pâment...

MAX. Hi ! Hi ! Hi !

ÉVA. Ah ! Avec Max, on ne peut rien faire ! Il tourne tout à la blague !

MAX. Ce n'est pas ça ! C'est que... je sens les filaments d'Edouard !!

Noir.

Le Titanic

Edouard, Eva, Max et Butler.

Eva est dans son fauteuil en osier, regardant la nuit. Max est à califourchon sur sa chaise, verre de scotch à la main.
Edouard, qui méditait, penché au-dessus de la balustrade, vient se planter devant eux.

ÉDOUARD. A vous voir, là, si paisibles, je tremble en imaginant ce qui se passerait si un choc, même léger, ébranlait la terrasse.

Max et Eva regardent Edouard.

MAX. Quel choc ?

ÉDOUARD. Un choc sourd... suivi d'un long froissement.

ÉVA. Et alors ?

ÉDOUARD. Eh bien, cela pourrait signifier, entre autres choses, que nous venons de heurter un iceberg.

ÉVA. Le *Titanic* ! Ça recommence !

MAX. Zut ! Il va falloir essayer de nous rappeler cet hymne... Comment est-ce, déjà ? Vous savez bien, ce que nous aurons à chanter sur le pont, avec tout l'orchestre, avant de couler.

ÉVA. *Mon beau sapin* !

MAX. Mais non ! Attendez ! Ça va me revenir.

ÉVA. Ce que je n'arrive pas à comprendre, c'est comment nous avons pu heurter un iceberg au milieu d'un parc.

ÉDOUARD. Il pourrait s'agir d'un glacier de montagne, acheté par les Arabes et acheminé par la route. Dans leurs déserts, ils ne rêvent que d'eau glacée.

ÉVA. C'est sûrement ça ! Il y a justement une suite occupée par un prince arabe. Je l'ai croisé cet après-midi. Si j'avais su qu'à cause de lui...

ÉDOUARD. Allons ! *(Il lui prend la main.)* N'allez surtout pas vous tenir pour responsable du naufrage du *Titanic*.

ÉVA. Vous avez raison. *(Se tournant vers Max.)* Vous cherchez toujours ?

MAX. Oui. Oh ! C'est pourtant très connu. Il n'y a pas de naufrage du *Titanic* sans ça.

ÉVA. ... Et si, pour une fois, on changeait. Pourquoi ne pas entonner "De Nantes à Montaigu, la digue, la digue... !"

ÉDOUARD *(il la coupe).* J'admire votre insouciance devant le danger !

ÉVA. Dites donc ! Et si nous filions en douce dans une chaloupe avant que ce ne soit la pagaille !

MAX. Oui ! Comme des rats ! Comme des lâches ! Aux chaloupes ! Où sont les chaloupes ?

ÉDOUARD. Je vous en prie ! Gardons notre sang-froid ! Rappelez-vous qu'entre le moment où l'iceberg déchire la coque et le moment où le navire s'engloutit, il s'écoule deux heures et demie !

MAX. Ah, parfait ! *(Il va se servir à boire.)* Ça nous laisse le temps de nous retourner.

ÉVA *(elle se lève)*. En deux heures et demie, il peut se passer plein de choses. N'est-ce pas, mon cher ? *(Elle se jette au cou d'Edouard.)* De ces choses que l'on fait quand il n'y a plus d'espoir.

ÉDOUARD *(il lui prend la taille)*. Une sorte de défi à la mort ?

ÉVA. Oh oui ! Faites-moi "le défi à la mort" !

Edouard embrasse Eva.
Entre Butler, le maître d'hôtel attaché au service de la terrasse.

MAX. Ah ! Butler va nous dire ça.

BUTLER. Quoi donc monsieur ?

MAX. Ce que l'on chante quand le *Titanic* coule.

BUTLER. *Plus près de Toi, mon Dieu*, monsieur.

MAX. C'est ça ! *(Il chante.)* "Plus près de Toi, mon Dieu…"

Butler accompagne respectueusement Max.

BUTLER ET MAX.
"… Plus-u près de Toi.
C'est là mon humble vœu,
Plus-u près de Toi…"

Edouard et Eva sont toujours enlacés, mais Eva manifeste des signes d'agacement. Butler et Max attaquent la partie haute du chant.

"… Je voudrais chaque jour
Monter dans Ton amour…"

ÉVA *(elle tape du pied)*. Ah ! On croirait faire naufrage avec un troupeau de chèvres !

ÉDOUARD. Il est de fait qu'à vous entendre, on comprend mieux pourquoi cet incident maritime a produit une aussi pénible impression.

MAX. Vous tournez la vérité historique en dérision. Puisqu'il en est ainsi je vais aller finir de couler au bar. Venez Butler ! Laissons ces malheureux s'enrhumer sur le pont.

Max et Butler sortent. On les entend chanter "Plus près de Toi, mon Dieu".
Edouard et Eva les regardent jusqu'à ce que leurs voix s'éteignent.

ÉDOUARD. En fait, je crois qu'il n'y a aucun danger.

ÉVA. Alors, nous nous sommes affolés pour rien ?

ÉDOUARD. Pour rien.

On entend en sourdine la musique de la salle du casino, dont on a sans doute ouvert les portes et qui pourrait être de la musique de paquebot. Edouard enlace Eva et ils dansent.

Nous arriverons demain à New York, en ayant battu le record de traversée de l'Atlantique nord.

ÉVA. *Le Titanic* n'aura jamais coulé.

ÉDOUARD. Jamais… Qui se souvient d'ailleurs, aujourd'hui, de ce grand bateau sur lequel nous sommes ?

ÉVA. Nous deux.

ÉDOUARD. Seulement nous deux.

Noir.

Schéhérazade

Eva, Edouard, Max.

ÉDOUARD *(regardant le ciel)*. C'est une nuit magique. Une nuit d'Orient, digne des *Mille et Une Nuits*. Une de ces nuits durant lesquelles Schéhérazade captivait le sultan avec ses histoires à suivre.

MAX. En fin de compte, pour le sultan, c'était comme s'il avait retrouvé chaque soir le même livre sur sa table de nuit.

ÉVA. A cette nuance près que le sultan faisait l'amour à Schéhérazade. Ce qu'on ne fait pas avec un livre de chevet.

ÉDOUARD. Parce que vous pensez au livre tel qu'on le connaît ! Mais la forme actuelle du livre peut changer. Rien n'est immuable. Il n'est pas dit que dans l'avenir…

MAX. On déplore déjà que les gens lisent peu. Si le livre devient baisable, ils ne prendront même plus la peine de l'ouvrir.

ÉDOUARD. Pourquoi être aussi négatif ? Ce livre de demain, je ne sais pas trop quel aspect il aura. Ce qui est bien certain c'est qu'il faudra le concevoir de telle façon que le lecteur soit obligé de le lire *avant* toute chose.

ÉVA. Bravo !

ÉDOUARD. Ce n'est qu'après l'avoir lu, après l'avoir aimé ou détesté, que le lecteur décidera ou bien de le baiser, ou bien de lui couper la tête.

ÉVA. Le livre *Schéhérazade* baisable, ou décapitable. Ça va être une révolution dans l'édition !

MAX. Je vois déjà d'ici les bibliothèques publiques. Sang et stupre partout !

ÉDOUARD *(se penchant vers Eva)*. A propos chère amie, si vous nous racontiez une belle histoire, pour rendre cette nuit plus orientale encore.

MAX. Mais attention ! Si elle n'est pas à notre goût, on vous coupe la tête. Et si elle nous plaît…

ÉDOUARD *(sourire débonnaire)*. Moi, je suis certain qu'elle va nous plaire.

Noir.

Nouvel érotisme

Eva, Edouard et Max.

ÉVA. Autrefois, nous étions vos princesses lointaines. Vous bâtissiez des empires pour nous atteindre.

MAX. Exact.

ÉVA. Votre ambition, votre idéal, c'était baiser l'ourlet de nos robes, le brocart de nos sandales.

ÉDOUARD. C'est vrai. Les dangers, la gloire n'étaient qu'échelles de soie pour nous hisser jusqu'à vos balcons débordants de roses et de chèvrefeuille.

ÉVA. Vous avez vieilli ou quoi ?

ÉDOUARD. Au contraire ! Nous n'avons jamais été aussi jeunes. Le vélo, le tennis, les krachs boursiers nous maintiennent en adolescence prolongée. Mais il faut bien en convenir, le moteur de nos énergies n'est plus la femme.

ÉVA. Hélas ! Dans les chambres profondes où brûlent de lourds parfums, combien de lascives courtisanes refroidissent.

ÉDOUARD. Mais non ! Elles nous regardent à la télé. Les débats en direct les excitent. C'est le nouvel érotisme. L'érotisme médiatique. Chacun pour soi. Orgasmes en circuit fermé.

MAX *(qui, jusque-là, se contentait de siroter, intervient brusquement. C'est à la dame qu'il s'adresse).* Mais, pour être tout à fait franc, nous ne dédaignons pas, par-ci, par-là, un vrai petit pelotage comme au bon vieux temps. Pourvu que cela soit mené rondement !

ÉVA *(acide).* Dans l'ascenseur ! Dans les lavabos ! Entre deux portes !

ÉDOUARD. L'ascenseur ! Ça, c'est une bonne idée !

MAX *(il se lève, également tourné vers la dame).* A cette heure-ci, il n'y a personne !

ÉVA. Vous oubliez le groom de nuit.

MAX. On se charge du groom de nuit ! On entre dans l'ascenseur et on lui dit : "Ne te retourne pas !"

ÉDOUARD. On lui donne des billets de banque à regarder !

MAX. Il lit ça comme une bande dessinée !

ÉDOUARD. On lui dit : "Dernier étage." Au dernier étage, on lui dit : "Rez-de-chaussée !"

MAX. En bas, on lui dit : "En haut !"

ÉDOUARD. En haut, on lui dit : "En bas !"

MAX. "En haut !"

ÉDOUARD. "En bas !"

MAX. "En haut !"

ÉDOUARD. "En bas !"

ÉVA *(gémissements amoureux).* Ah !... Ah !... Ah !... Ah oui ! Ah ! Arrêtez ! Mmmh ! C'était très bon ! Exquis !... J'espère que vous ne m'avez pas fait d'enfant.

Noir.

La Nuit

Eva, Edouard et Max.

Eva est installée dans un grand fauteuil d'osier. Max est assis à califourchon sur une chaise. Edouard marche de long en large.

ÉDOUARD. N'avez-vous jamais songé à ceci, que la nuit est une récente conquête de l'homme ?

ÉVA. Quoi ?

ÉDOUARD. Mais oui ! La nuit, c'est tout nouveau ! Avant l'usage immodéré du café, du tabac et surtout des alcools forts, la nuit n'existait pas.

MAX. Vous plaisantez ? Les plus anciennes civilisations observaient les étoiles.

ÉDOUARD. Quelques insomniaques !

ÉVA. Enfin ! Edouard ! Il y a toujours eu le jour et la nuit.

ÉDOUARD. Bien sûr ! La nuit existait en elle-même. Mais durant cette sorte de nuit-là, les gens dormaient.

ÉVA. Ce n'est tout de même pas d'hier que datent les "folles nuits" !

MAX. Ni les fêtards rentrant à l'aube !

ÉDOUARD. Les "folles nuits" des gens fortunés, leurs soupers suivis de bals, tout cela s'achevait à 11 heures du soir. Et 11 heures du soir c'est le soir, ce n'est pas la nuit. Quant aux fêtards, noceurs, bambocheurs et autres farceurs, ils rentraient à l'aube, soit ! Mais après une nuit passée dans le caniveau, au poste de police, ou bien encore chez les gueuses.

MAX. Pourtant ils avaient déjà de quoi tenir le coup ! Cigares ! Champagne ! Spiritueux et vins fins !...

ÉDOUARD *(soudain buté)*. Le bon vin endort ! Une chanson le dit. Le serine, même.

ÉVA. Mais elle ajoute : "L'amour me réveille."

ÉDOUARD *(têtu)*. Mais on se rendort après.

MAX. Et parfois, pendant.

ÉVA *(prise par le sujet)*. N'oubliez pas cette autre chanson qui parle "de nuits d'amour à en mourir" !

ÉDOUARD. Une fable ! Dix ou douze heures d'amour ! Aucune bête au monde...

ÉVA. Détrompez-vous ! Il existe certains poulpes qui s'enlacent sans interruption pendant deux à trois semaines...

MAX *(accentuant la dérive de la conversation).* Oui, mais les hérissons, la judelle et le grizzly n'ont, pour ainsi dire, pas de vie érotique.

ÉVA. N'est-ce pas la judelle que l'on nomme aussi "foulque noire" ?

ÉDOUARD. Pardonnez-moi, mais nous nous égarons. Ce n'est plus le sujet. Le sujet est : lorsqu'il n'y avait pas de scotch pur malt, la nuit, les poètes enivrés au vin dormaient à poings fermés. Aujourd'hui que, grâce au scotch pur malt, nous avons toute la nuit devant nous, il n'y a plus de poètes.

MAX *(il se lève).* Je ne peux pas vous laisser dire ça ! Amateur de scotch, je suis ! Et poète aussi ! La preuve : "O nuit ! Tagadac ! Tagadac !" *(Il salue.)* Bonsoir !

Il sort par la droite. Edouard et Eva le suivent des yeux sans un mot.

ÉVA *(à Edouard, une fois seuls).* Vous l'avez piqué au vif.

ÉDOUARD. C'est plus grave que cela. Je constate qu'il devient tout bonnement impossible de parler poésie ! *(Il frissonne.)* Il fait un peu frais, vous ne trouvez pas ? *(Il tend la main à Eva.)* Si nous allions baiser ?

Elle prend sa main et tous deux se dirigent vers la gauche. Max revient, juste pour les voir sortir. Il s'arrête et les regarde.

MAX *(dans leur direction).* O nuit ! Tagadac ! Tagadac !...

Noir.

GÉBÉ

Dessin Wolinski

Dessin Willem

11 – PUB

Douche

La salle de bains, le jour.

Une femme grelotte sous la douche.

VOIX *(off)*. Douche froide !

Une autre douche, une autre femme se tient les bras autour du corps.

VOIX *(off)*. Douche humide !

La caméra entre dans une salle de bains luxueuse. On entend une femme siffler joyeusement.

VOIX *(off)*. Venez vous laver au Palace ! Chacune de nos douches est équipée d'un chasseur !

On découvre la femme sous la douche sifflant tranquillement sous le parapluie du chasseur.

VOIX *(off)*. Finies les douches qui mouillent ! Ça c'est Palace !

WILLEM

Cinq cents francs

Le salon, le jour.

Un homme est assis derrière un superbe bureau de PDG. Il se découpe sur un fond de plantes vertes. Il ouvre un tiroir, en sort des liasses de billets de deux cents francs.

L'HOMME. Quand vous allez à votre banque, vous retirez des billets de deux cents francs... C'est bien... *(Il se penche, ouvre un autre tiroir et en sort des liasses de billets de cinq cents francs.)* Mais pourquoi vous ne demandez pas des billets de cinq cents francs, c'est beaucoup mieux... ! *(Il pose sur le bureau un filet contenant des courses faites dans n'importe quelle grande surface : boîtes de conserve, nouilles, riz, viande sous cellophane, vin, huile, café, etc.)* Avec deux cents francs, vous achetez ça... *(Il pose sur le bureau un autre filet garni et une pendulette.)* Avec cinq cents francs vous achetez ça plus ça ! *(La pendulette sonne joliment.)* N'hésitez plus. Demandez des cinq cents francs ! *(La pendulette sonne encore. Il montre le billet.)* Cinq cents...

JEAN-MICHEL RIBES

Chute boursière

Lieu neutre, le jour.

Un tout petit monsieur en slip (plutôt ancien, style Petit Bateau) écoute la voix off l'air inquiet.

VOIX *(off)*. Petit porteur, on vous ment sur les bourses. Elles ne montent jamais, elles ne font que descendre !!

Le tout petit monsieur terrifié remonte son slip.

ROLAND TOPOR/JEAN-MICHEL RIBES

L'ascenseur

L'ascenseur, le jour (voir dessin ci-joint pour le décor).

HOMME N° 1 *(posant son verre)*. ... C'est pour ça, j'ai préféré arrêter le golf.

HOMME N° 2. Bien sûr. *(L'homme n° 1 se lève.)* Vous partez déjà ?

HOMME N° 1. Oui, je descends au sixième...

Le chiffre "6" s'immobilise sur le voyant placé au-dessus de la cheminée

HOMME N° 2. Moi, je reste un peu. Ma suite est au quatorzième.

HOMME N° 1. Alors peut-être à bientôt.

HOMME N° 2. Qui sait, nous serons peut-être un jour au même étage ?

Ils se serrent la main. Le liftier ouvre la porte de l'ascenseur. L'homme n° 1 sort. L'homme n° 2 se retourne vers la caméra.

Les palaces, je les aime aussi pour ça.

WILLEM

Dessin Willem

Dessin Gébé

12 – HISTOIRES COURTES

L'accordeur de violons

La salle à manger, le jour.

A une table de la salle à manger, un couple échange de vifs propos. Autrement dit, ils n'arrivent pas à accorder leurs violons.

L'HOMME. Si je ne me retenais pas, je vous dirais bien quelque chose, ma chère Elise !

LA FEMME. Eh bien moi, je vais vous le dire. Vous faites chier, mon pauvre Edmond ! Chier ! Chier ! Chier ! Voilà, c'est dit !

L'HOMME. Je vous reconnais bien là. Idiote et, de surcroît, vulgaire !

LA FEMME. Mais je vous emmerde, Edmond !

L'HOMME. J'ai le regret de vous dire ma chère Elise que quand vous parlez j'ai souvent l'impression d'entendre un pet, un vieux pet !

LA FEMME. C'est parce que vous avez une tête de cul Edmond !...

L'HOMME. A propos de tête de cul, fermez la bouche vous puez Elise !

Plus loin un serveur s'approche de Gontran, le maître d'hôtel.

LE SERVEUR. Ça ne va pas du tout à la table de M. et Mme Haffner...

GONTRAN. Qu'est-ce qu'il se passe ?

LE SERVEUR. Je ne sais pas, j'ai l'impression qu'ils n'arrivent pas à accorder leurs violons.

GONTRAN. Vous avez envoyé l'accordeur ?

LE SERVEUR. Non.

GONTRAN. A quoi pensez-vous ! Bon, allez, allez, je m'en occupe ! *(Il tape dans ses mains. Un homme s'approche en tenue de maître d'hôtel, une petite mallette à la main.)* Un petit réglage table 17 s'il vous plaît.

JOHN. Bien monsieur Gontran...

Gontran et John se dirigent vers la table des Haffner qui continuent de plus belle à s'insulter.

L'HOMME *(au comble de l'exaspération).* Qu'elle est con ! Saint Joseph ! Qu'elle est con !

LA FEMME. Tu sais ce qu'il te dit saint Joseph, tête de nœud...

GONTRAN. J'ai l'impression qu'il y a du travail John...

L'HOMME. Vous n'êtes vraiment qu'une truie Elise !

John, qui a posé sur la table sa petite mallette, en a tiré une clef et un petit marteau à bout rond. Il se place derrière madame et lui donne dans le dos de petits coups répétés, précis et délicats.

LA FEMME. Et vous mon pauvre Edmond vous êtes une crotte de nez. *(L'accordeur tapote.)* Mon cher Edmond vous êtes une botte d'œillets. *(L'accordeur tapote.)* Vous êtes un yacht doré. *(L'accordeur agacé tape un coup sec sur l'épaule droite.)* Vous êtes mon adoré...

Satisfait du réglage, l'accordeur fait rapidement le tour de la table et va se placer derrière monsieur.

L'HOMME. En fin de compte vous êtes juste une chieuse infâme. *(L'accordeur tapote.)* Vous êtes une pute. *(L'accordeur change d'instrument et tapote à nouveau.)* You are a bitch. *(L'accordeur agacé change encore d'instrument et tapote.)* Une trayeuse à rame. *(Il tapote.)* Une liseuse qui brame. *(Il tape un coup sec.)* Une délicieuse femme.

L'homme et la femme se prennent la main, tandis que l'accordeur range ses petits outils et s'en va, suivi de Gontran.

L'HOMME. Mon amour...

LA FEMME. Mon cœur...

JEAN-MARIE GOURIO/JEAN-MICHEL RIBES

Lapin-Chapeau

La salle à manger, la nuit.

La salle à manger, à l'heure du repas.
Un serveur pousse entre les tables un chariot sur lequel est posé un chapeau haut-de-forme, ouverture vers le haut, à côté d'un plat en

argent, d'une fourchette et d'un couteau à découper.
Il accoste une table occupée par un couple.
Le maître d'hôtel vient rejoindre le serveur.

LE SERVEUR *(annonçant).* Le lapin-chapeau.

LA DAME *(de belle humeur).* C'est pour moi.

Le maître d'hôtel fait signe d'approcher à quelqu'un que l'on ne voit pas. Un homme en habit à paillettes s'avance vers la table. Il tient à la main une baguette de prestidigitateur. Avec une solennité un peu affectée d'artiste de music-hall, il lève sa baguette et la tient au-dessus du bord du chapeau.
Le serveur, armé du couteau à découper et de la fourchette, exécute un discret roulement de tambour sur le plat d'argent.
Le prestidigitateur frappe le bord du chapeau. Il en sort un lapin rôti, entier, qui – après un gracieux voyage en l'air – va se poser sur le plat d'argent.
Le couple, charmé, applaudit après un "Oh !" d'étonnement.

LE MAÎTRE D'HÔTEL *(annonce).* Les petits légumes !

LA DAME. Volontiers.

Le prestidigitateur reprend la pose, baguette au-dessus du chapeau. Le serveur exécute un roulement. Coup de baguette. Instantanément, des petits légumes – petites pommes de terre rondes, petites carottes, petits navets, émincé de poireaux – jaillissent du chapeau. Ils se répandent sur le chariot et sur la table mais, prestement, le serveur les récupère et les dispose autour du lapin. Applaudissements du couple.

Très joli ! Artistique ! Formidable !

LE PRESTIDIGITATEUR. Je vous remercie madame.

LE MAÎTRE D'HÔTEL *(annonce).* La sauce moutarde !

LA DAME. Parfait. J'adore ça !

Le prestidigitateur tape sur le chapeau et, instantanément, jaillit un geyser de liquide épais, couleur moutarde. Le monsieur, constellé de taches de sauce, mais souriant, d'un doigt s'essuie une tache près de l'œil, avec distinction. La dame, dégoulinante de sauce, tamponne gracieusement son décolleté avec sa serviette. Ravie

C'est magique !

GÉBÉ

Fantômes

Dans le très luxueux couloir du troisième étage, un garçon porte très dignement une bouteille de champagne sur un plateau. Soudain une femme ébouriffée, l'œil exorbité, sort à toute allure, dans une chemise de nuit déchirée, de la chambre 336.

LA FEMME *(terrorisée).* C'est épouvantable, il y a un fantôme dans ma chambre, j'en suis certaine, je n'ai pas fermé l'œil de la nuit !

LE GARÇON. Un fantôme dans la chambre 336 ?! Vous m'étonnez madame.

LA FEMME. Mais enfin je n'ai pas rêvé ! Un petit barbu avec un pince-nez, haut comme trois pommes ! Il m'a obligée à danser le french-cancan toute la nuit !!

LE GARÇON. Vous devez confondre madame, M. Toulouse-Lautrec hante exclusivement la chambre 338 à cause de la vue...

LA FEMME. C'est insensé ! Vous ne me croyez pas ! Je vous dis qu'il m'a obligée à me mettre nue, à prendre des poses... Il m'a même dessinée sur un coin de drap... Tenez, regardez !

Le responsable de l'étage, pantalon rouge et queue-de-pie, arrive.

LE RESPONSABLE. Mes hommages madame, y a-t-il un problème que je puisse résoudre ?

L'EMPLOYÉ. Madame prétend que M. Toulouse-Lautrec hante la chambre 336... Et je disais que...

LE RESPONSABLE. Puis-je voir ce dessin ? *(L'employé lui tend le morceau de drap où l'on voit la cliente dansant le french-cancan avec Valentin le Désossé.)* Madame a tout à fait raison, M. Lautrec a fait une petite fugue cette nuit. Je suis désolé madame. Veuillez accepter les excuses du Palace pour ce regrettable incident.

LA FEMME. Je vous assure, c'était pas drôle... lever la jambe toute la nuit devant ce nain !

LE RESPONSABLE. Je vous garantis que cela ne se reproduira plus, je vais immédiatement vous transférer dans la chambre 347. Avec Beethoven vous n'aurez aucun ennui *(Pouffant.)*, il est sourd *(Eclatant de rire.)* comme un pot... il ne saura même pas que vous êtes là... Si vous voulez bien me suivre...

Tandis qu'ils s'éloignent, la porte 358 s'ouvre. Une femme souriante qui ressemble étonnamment à la Joconde sort et se dirige vers le garçon.

LA FEMME AU SOURIRE. Excusez-moi, cela va peut-être vous paraître stupide, mais durant toute la nuit j'ai eu l'impression qu'il y avait un fantôme dans ma chambre...

LE GARÇON *(la dévisage).* Un vieil homme barbu avec l'accent italien qui essayait de faire votre portrait, c'est bien ça ?

LA FEMME AU SOURIRE. Non pas du tout...

LE GARÇON *(interloqué).* Ah bon ?

LA FEMME AU SOURIRE. C'était une sorte de type avec une casquette genre gardien de musée qui n'arrêtait pas de répéter : "On ne touche pas s'il vous plaît, on regarde sans toucher…"

LE GARÇON *(dans un soupir).* Le petit personnel du Louvre qui hante le Palace ; vraiment tout fout le camp !!!

ROLAND TOPOR

Le Marseillais

La réception du Palace, le jour.

Un homme, d'âge moyen, en tenue de vacancier moyen, arrive à la réception de l'hôtel. Il s'adresse au réceptionniste avec un accent marseillais à couper au couteau (les passages en capitales sont en marseillais).

LE MARSEILLAIS. BONJOUR. EXCUSEZ-MOI DE VOUS DÉRANGER. JE CHERCHE A ACHETER UNE BICOQUE DANS LE COIN, ET JE ME DISAIS QUE PEUT-ÊTRE...

LE RÉCEPTIONNISTE *(l'interrompant).* Ah ! attendez, vous ne parlez pas français ? *(Devant l'air d'incompréhension de l'homme et en faisant un effort terrible.)* VOUS NE PARLEZ PAS FRANÇAIS ?...

LE MARSEILLAIS. Comment ? Qui ?

LE RÉCEPTIONNISTE. Un moment... *(Au téléphone.)* Pouvez-vous m'envoyer l'interprète... *(A l'homme, avec un effort pour se faire comprendre.)* UN MOMENT...

L'interprète arrive immédiatement et s'adresse au Marseillais.

L'INTERPRÈTE. MONSIEUR, VOUS DÉSIREZ ?

LE MARSEILLAIS. JE CHERCHE A ACHETER UNE BICOQUE DANS LE COIN ET JE ME DISAIS...

L'INTERPRÈTE *(au réceptionniste, ton toujours très neutre et chic)*. Il cherche à acheter une bicoque dans le coin, et il se disait...

LE RÉCEPTIONNISTE. Oui, mais attendez, on n'est pas agence immobilière ici...

L'INTERPRÈTE *(au Marseillais)*. IL DIT QUE CE N'EST PAS UNE AGENCE IMMOBILIERE ICI...

LE MARSEILLAIS. PUTAIN, JE LE SAIS BIEN, JE SUIS PAS FADA MAIS JE PENSAIS QUE VOUS AVIEZ PEUT-ETRE UNE IDÉE, UNE PISTE...

L'INTERPRÈTE. Putain, il le sait bien, il n'est pas... *(Après consultation d'un dictionnaire.)* Il n'est pas fou / déraisonnable / gâteux / dérangé, mais il se demandait si vous n'aviez pas une piste...

LE RÉCEPTIONNISTE. Ah non ! Vraiment pas...

L'INTERPRÈTE. AH NON, NIBE DE NIBE...

LE MARSEILLAIS *(en s'en allant)*. BON, TANT PIS. C'EST PAS GRAVE. MERCI QUAND MEME.

Quand le Marseillais est parti.

LE RÉCEPTIONNISTE *(à l'interprète)*. C'est difficile, le marseillais ?

L'INTERPRÈTE. En principe non, pas tellement, mais celui-là j'ai eu du mal. Il a un drôle d'accent. Il doit pas être de Marseille-Centre. Il doit être de la périphérie...

LE RÉCEPTIONNISTE *(sans conviction)*. AH...

L'INTERPRÈTE *(surpris et sur un ton de reproche paternel)*. Mais vous m'aviez caché ça... Vous avez de petites notions, quand même...

LE RÉCEPTIONNISTE *(modeste et fier à la fois)*. PETITES, PETITES...

FRANÇOIS ROLLIN

W. C. publics

Le hall, le jour.

Un homme visiblement pressé traverse le hall du Palace. Il se dirige vers le premier employé qu'il rencontre.

L'HOMME PRESSÉ. Dites-moi mon vieux, pourriez-vous m'indiquer les toilettes ?

L'EMPLOYÉ. Privées ou publiques monsieur ?

L'HOMME PRESSÉ *(grand seigneur)*. Publiques... Publiques...

L'EMPLOYÉ. Troisième porte à droite après l'escalier monsieur.

L'HOMME PRESSÉ. Merci.

Il court, ouvre la porte, la referme, commence à se déshabiller. Au moment où il va s'asseoir sur la lunette, le fond des toilettes, qui est fait d'un rideau de velours rouge, se lève soudain, et découvre une salle de théâtre bondée de gens qui, dès qu'ils aperçoivent l'homme, se mettent à applaudir frénétiquement. L'homme pousse un hurlement de terreur, dans une panique totale remonte son slip, le public rit aux éclats en le voyant se rhabiller à toute allure et sortir en manquant de tomber en ouvrant la porte. Fou de rage, l'homme se jette sur l'employé qui l'avait renseigné.

Dites-moi qu'est-ce que cette plaisanterie !!!

L'EMPLOYÉ. Monsieur vous m'avez demandé les toilettes publiques, je vous ai indiqué les toilettes publiques...

L'HOMME *(hors de lui)*. Non mais enfin c'est complètement grotesque.

L'EMPLOYÉ. Question de goût monsieur, une grande partie de notre clientèle les apprécie beaucoup... Tenez regardez.

Il désigne du menton un homme qui sort d'une des toilettes publiques sous une salve d'applaudissements, il tient un bouquet de fleurs à la main, radieux il salue, les applaudissements redoublent, il hésite, puis devant le succès rentre à nouveau dans les toilettes. On entend une foule qui hurle : "Bravo ! Bravo ! Bravo !..." L'homme sort à nouveau, on lui jette des fleurs, il salue une dernière fois, referme la porte. Il passe devant l'employé et en lui glissant un billet dans la main lui dit.

L'HOMME AUX FLEURS. On a beau dire ils sont quand même meilleurs en soirée qu'en matinée...

Il s'éloigne sous le regard sidéré de l'homme pressé.

Le lendemain.

La porte tournante tourbillonne, apparaît le même homme pressé, vêtu en Hamlet, un crâne sous le bras. D'un pas décidé il traverse le hall. On reconnaît l'homme qui au début de l'émission s'était laissé surprendre dans les toilettes "publiques". Remontant sa cape noire d'un geste fier, il s'adresse à l'employé qui l'avait déjà renseigné.

L'HOMME. Elles sont toujours là les toilettes publiques ?

L'EMPLOYÉ. Oui monsieur, portes 4, 5 et 6...

L'HOMME *(s'y dirigeant)*. Eh bien on va voir ce qu'on va voir !

Il pénètre dans les toilettes n° 5 en claquant la porte derrière lui. On entend off le bruit de quelqu'un qui tombe. La porte s'ouvre, l'homme rectifiant son costume, remontant son pantalon, sort furieux.

Qu'est-ce qui se passe, pourquoi la lumière ne marche pas ?

L'EMPLOYÉ *(gêné)*. Oh je vous prie de m'excuser monsieur, j'avais complètement oublié qu'on était lundi.

L'HOMME. Et alors, elles ne marchent pas les toilettes publiques le lundi !!

L'EMPLOYÉ *(confus)*. Non monsieur, c'est relâche...

Fou de rage l'homme traverse en sens inverse le hall et sort.

JEAN-MICHEL RIBES

Un autre jour.

Un homme sort des toilettes furieux. Il s'approche du réceptionniste.

L'HOMME. Monsieur, c'est un scandale. Nous sommes dans les toilettes depuis vingt minutes et rien ne se passe. Je veux bien comprendre qu'une grande vedette comme la Monte Calgari se fasse attendre un peu mais vingt minutes, c'est plus que de l'impolitesse, c'est de la goujaterie !

LE RÉCEPTIONNISTE. Mais je vous comprends fort bien, monsieur et je me renseigne sur-le-champ...

Il décroche son téléphone.

Une chambre, le jour.

Un homme, l'impresario italien de la Monte Calgari, parle au téléphone. La femme est plus loin, allongée sur un divan.

L'IMPRESARIO *(avec un fort accent)*. Que elle né pou pas faire lé caca... si... impossible même el tout péti caca gros comme oun grain de cavia... *(Un silence. Il parle à la Monte Calgari.)* Le publiqué s'impatienté !

LA MONTE CALGARI. Si je ne peux pas faire caca, je ne peux pas faire caca, c'est tout de même simple à comprendre, non ? Je ne suis pas un tuyau !

L'IMPRESARIO *(au téléphone).* Impossibilé ! *(Un silence. L'impresario écoute.)* Boune idée, jé m'en occoupe ! *(Il raccroche et va se mettre à genoux près de la diva.)* Ma perle, moun amour, mon oiseau miracoulo, un tout péti pipi, ô moun cigale, un tout péti pipi de rien du tout ! Par pitié ! Pour lou poublic ! Pour l'Art !

Le hall de l'hôtel, le jour.

La Monte Calgari se dirige vers les toilettes sous les applaudissements des gens de la réception, de l'homme qui était venu se plaindre, de l'impresario, de la dame constipée, et de quelques clients venus l'acclamer sur son passage vers les cabinets.

Les toilettes, le jour.

La Monte Calgari entre dans les cabinets et commence à s'installer sur la lunette des W.C. Le fond des toilettes, qui est en fait un rideau rouge, s'ouvre. On découvre une salle de théâtre bondée. Le public applaudit à tout rompre. Puis, la cantatrice, après un silence, commence à chanter un opéra de Verdi en faisant pipi.

UN HOMME *(dans le public).* Quel ravissant pipi !!!

SON VOISIN. ... Et en plus elle chante Verdi, ce qui ne gâche rien...

JEAN-MARIE GOURIO

La Fuite

Le hall, le jour.

Hall du Palace, le matin vers dix heures.
Un client en tenue sport, d'une élégance discrète, traverse tranquillement le hall.
Soudain, il s'arrête et regarde curieusement à ses pieds. Puis, il regarde en l'air puis, de nouveau, à ses pieds.
Il attire l'attention d'une dame qui passe nonchalamment près de lui.

LE CLIENT *(il désigne le sol devant ses pieds).* Vous avez vu ?

LA PASSANTE *(elle regarde le sol).* Ça goutte ! *(Elle regarde en l'air.)* Ça vient du plafond.

Il y a maintenant un petit rassemblement autour du point d'impact des gouttes.

QUELQU'UN. C'est une fuite ! C'est pas autre chose.

UN AUTRE. C'est quand même curieux !

UN AUTRE. Ben non ! Si c'est une fuite, ça s'explique.

Un employé s'insinue parmi les badauds et place un saladier en argent sous la fuite. Cela fait naître le bruit des gouttes, d'abord sur le métal puis dans le liquide recueilli.
Toutes les personnes présentes regardent au plafond. Les réflexions fusent :

— J'ai l'impression que la tache s'agrandit à vue d'œil.

— Ça doit être une fameuse fuite !

— C'est assez joli. Ça fait comme des dessins.

— *(geste circulaire avec le bras tendu).* Là, tout autour, on dirait des nuages.

— En fait ça évoque un peu tout ce qu'on veut.

— *(montrant du doigt).* Moi, là, je vois une femme habillée à l'antique. *(A son voisin.)* Vous n'avez pas cette impression-là ?

— Où ça ? Là ? Ah, oui. Je la vois. Une femme en tunique qui joue de la harpe.

— *(ravi).* Oui ! Oui ! C'est tout à fait ça ! Et autour d'elle il y a comme des anges qui volent.

— *(il se frotte les yeux).* C'est une impression ou quoi ? Il me semble voir apparaître des couleurs.

— Non ! Ce n'est pas une illusion. Moi aussi. Au milieu, je vois du bleu, transparent comme le ciel. Et sur les bords, ça prend des teintes de coucher de soleil, pourpre et or. C'est splendide !

— Et tous ces gens en robe, agenouillés sur les nuages, au bord du vide. Ils ont l'air en adoration, comme s'ils voyaient une apparition. C'est rigolo, non ?

— La voilà l'apparition ! Regardez ! Juste au centre. Ça se dessine tout doucement. Les pieds, la robe, la main qui bénit avec le trou rouge au milieu. Ma tête à couper que c'est le Christ qui s'envole au paradis !

— C'est lui ! C'est bien lui ! *(Trépignant.)* Vous avez raison ! La tête ! L'auréole ! C'est lui !

— C'est Jésus-Christ qui monte au ciel !

TOUS. ALLÉLUIA.

A ce moment, le directeur fait irruption.

LE DIRECTEUR. Mesdames et messieurs, ce n'est rien du tout. Je suis en mesure de vous rassurer. *(Toutes les têtes se tournent vers lui. Le charme est rompu.)* C'est un petit malheur que le personnel s'emploie à réparer. Tout ça va disparaître. Il n'en restera aucune trace. *(Au client du début qui se trouve à côté de lui.)* Pour tout vous avouer, c'est M. Michel-Ange qui a laissé déborder sa baignoire.

LE CLIENT *(jetant un dernier regard au plafond).* Quel dommage !

LE DIRECTEUR *(se méprenant).* Oh ! Vous savez ! Ça peut arriver à tout le monde.

GÉBÉ

Les Anciens Amants de Lulu

Au-dessus de la grande entrée du salon bleu une banderole : SÉMINAIRE DES A. A. LULU. Une hôtesse assise à une petite table distribue des badges et des dossiers à des messieurs, successivement un général, un Noir en boubou, un préposé aux PTT, un motard, un chef de gare. Dans le hall, deux vieilles dames prennent le thé.

PREMIÈRE VIEILLE DAME *(ajustant son face-à-main).* Qu'est-ce que c'est ce séminaire "A. A. Lulu" ?

DEUXIÈME VIEILLE DAME. Je ne sais pas. "A. A. Lulu" ? Jeune homme !

Elle appelle le vieux groom.

LE VIEUX GROOM. Madame ?

DEUXIÈME VIEILLE DAME. Qu'est-ce que ça veut dire "A. A. Lulu" ?

LE VIEUX GROOM. Ah, madame veut parler du séminaire des anciens amants de Lulu. Ils se réunissent ici tous les ans depuis sa mort, il y a douze ans.

Un Chinois, deux prêtres entrent dans la salle du séminaire observés par les vieilles dames.

PREMIÈRE VIEILLE DAME. Et combien sont-ils ces... anciens amants de Lulu ?

LE VIEUX GROOM. Oh deux cent cinquante environ.

Les vieilles dames restent songeuses. Soudain un type arrive en hurlant et veut rentrer dans la salle, il hurle, il pleure.

LE TYPE. Lulu, Lulu, mon amour, je t'aime. Tu n'as jamais aimé que moi ma Lulu. Lulu mon amour.

Sans ménagement, il est jeté dehors par le service d'ordre du séminaire.

PREMIÈRE VIEILLE DAME. A-t-on idée de se mettre dans des états pareils ! Quel manque de tenue.

DEUXIÈME VIEILLE DAME. C'est honteux, cette femme était une grue. Encore un de ses amants je suppose ?

LE VIEUX GROOM. Non, madame, lui c'était le mari de Lulu.

GEORGES WOLINSKI

L'Etalon

La chambre 2, le jour.

M. Clope, un tout petit monsieur, attend, dans sa grande et luxueuse chambre d'hôtel, que le tailleur, qui vient d'arriver, prenne ses mesures.

LE TAILLEUR. Ce ne serait pas pour vous monsieur Clope, franchement, j'aurais refusé. J'ai six costumes à finir pour samedi.

MONSIEUR CLOPE. Il me faut ce costume pour vendredi. Je suis parti en coup de vent, et j'ai oublié mes malles. Je n'avais rien à me mettre pour dîner chez la baronne von Katz. Heureusement que le concierge m'a parlé de vous !

LE TAILLEUR. Vous portez à droite ou à gauche ?

MONSIEUR CLOPE. Au milieu, une couille de chaque côté, ça m'équilibre.

LE TAILLEUR *(approuvant)*. Ça rendra les choses plus faciles. Ah si tout le monde était aussi symétrique que vous. *(Il sort un double décimètre pour prendre les mesures.)* Vous n'imaginez pas les problèmes que me pose ce maudit paquet à gauche ou à droite ! Je préfère encore un holster contenant un calibre 45 sous l'aisselle qu'une paire de couilles dans la culotte.

MONSIEUR CLOPE. Mais vous prenez mes mesures avec un double décimètre ?

LE TAILLEUR. Quel double décimètre monsieur Clope ! C'est un mètre !

MONSIEUR CLOPE. Il n'est pas un peu petit ?

LE TAILLEUR. Non, c'est le mètre que j'ai choisi pour vous. Celui qui vous ira le mieux. Un mètre sur mesure. Comment voulez-vous faire un smoking sur mesure si le mètre ne l'est pas ? Je sais bien que c'est ce qu'ils font maintenant, mais Dieu merci, pas moi !

MONSIEUR CLOPE. Un petit mètre, c'est quand même un peu vexant...

LE TAILLEUR. Ne vous occupez pas de ça. Vous voulez votre smoking pour vendredi ?

MONSIEUR CLOPE. C'est vital.

LE TAILLEUR. Vous voulez qu'il tombe bien ? Qu'il soit parfait ?

MONSIEUR CLOPE. J'ai toujours attaché une immense importance à mon élégance.

LE TAILLEUR. Alors laissez-moi faire. Nous disons donc jambe intérieure, 2, 20 mètres, jambe extérieure, 3, 50 mètres, tour de taille, 4, 10 mètres...

MONSIEUR CLOPE. Effectivement, avec votre système je me sens bien mieux monté qu'avant. *(Rêveur.)* Un vrai étalon...

ROLAND TOPOR

Le Client de la chambre 17

Le hall, le jour.

Les portes de l'ascenseur s'ouvrent. Une soubrette échevelée, dont les vêtements lacérés découvrent une grande partie de l'anatomie, sort, hagarde et titubante.
Le directeur qui passe par là l'aperçoit. Horrifié, il se précipite sur elle.

LE DIRECTEUR. Louise ! Qu'est-ce que c'est que cette tenue ?

LOUISE. C'est le client du 17, monsieur le directeur...

LE DIRECTEUR. Vous voulez dire qu'il vous a...

LOUISE. Plus que ça, monsieur le directeur. Il m'a houla ! Pfou ! il m'a... et puis très longtemps... et... Houla... partout...

LE DIRECTEUR. Un obsédé sexuel !... Ça, je vais lui dire deux mots ! C'est un palace, ici... Il y a des hôtels pour faire ces choses-là ! Couvrez-vous, Louise... Il va m'entendre le client du 17...

Il monte dans l'ascenseur, fou de rage, les portes se referment derrière lui tandis que la soubrette retourne vers le service en remontant ses bas et en cachant ses seins avec un lambeau de son corsage.

Ici s'intercale une séquence brève. Exemple : les deux ivrognes du bar passent en murmurant leurs habituelles inepties.

Le hall, le jour.

Quelques instants plus tard... Les portes de l'ascenseur s'ouvrent. Apparaît le directeur à moitié nu, ses vêtements déchirés, sa chemise sur le bras. L'air absent mais heureux. Ravi même. Il sort de l'ascenseur, titubant légèrement. La petite soubrette, qui s'est rhabillée, l'aperçoit...

LA SOUBRETTE. Ah, monsieur le directeur ! Vous avez vu ! Il est terrible...

LE DIRECTEUR. Le client du 17 ? C'est un homme charmant... vraiment charmant...

Il s'éloigne avec un sourire rêveur.

GEORGES WOLINSKI

Le Bar

Le bar, le jour.

Henri, derrière son bar, range ses verres. Deux hommes, en tenue de jogging, pénètrent dans le bar et se laissent choir dans deux gros fauteuils. Ils sont visiblement épuisés.

HENRI. Agréable jogging ce matin, messieurs ?

HOMME N° 1. ... Epuisant, mon pauvre Henri. Je n'en peux plus.

HOMME N° 2. On a trop forcé.

HENRI. Alors, comme d'habitude, je suppose ?... Avec peut-être une goutte de cassis en plus pour le tonus...

HOMME N° 1. Comme vous voulez, Henri, mais bien servi et avec beaucoup de glace...

HENRI. Parfait, monsieur.

Henri verse, derrière son bar, différents alcools dans son shaker, le remue, etc. Pendant qu'il prépare son cocktail les deux hommes parlent en délaçant leurs chaussures qu'ils enlèvent.

HOMME N° 2. Quand on a tourné derrière le golf et qu'on a pris la petite côte, j'ai cru que j'allais crever...

HOMME N° 1. Moi, c'est le dernier kilomètre... J'avais l'impression de traverser le Sahara... Ça ne finissait plus...

HOMME N° 2. Demain on fait juste le petit parcours.

HOMME N° 1. ... Si mes mollets veulent bien parce que pour l'instant... Aïe... ils sont en bois... Henri !

Henri, qui a terminé son cocktail, sort de derrière son bar, avec une grosse bassine pleine.

HENRI. Alors, un double "punch Coco Lagoon".

Il la pose entre les deux fauteuils. Les deux hommes plongent aussitôt, avec ravissement, leurs pieds dans la bassine.

HOMME N° 1. Ah ! Que ça fait du bien !...

HOMME N° 2. C'est fort mais c'est bon...

HENRI. Le cassis ?

HOMME N° 1. Parfait, Henri...

HOMME N° 2. Moi, je ne serais pas contre une goutte de rhum en plus...

HOMME N° 1. Oui, mais alors une goutte parce que hier Henri vous avez abusé et ce matin j'avais les pieds de bois.

HENRI *(versant une lichette de rhum)*. Juste une goutte de rhum...

HOMME N° 2. Ah, que c'est bon ! Ça fait un peu tourner les chevilles mais Dieu que ça détend...

Les deux hommes sont en extase sur leurs fauteuils.
A ce moment, une femme en tenue de cavalière, toute rouge, en sueur, décoiffée, entre dans le bar se tenant le postérieur.

LA FEMME. Henri, ma nouvelle jument a trop de sang. Je ne sens plus mes fesses. Vite, vite ! Une grande vodka-citron, s'il vous plaît.

HENRI. ... Dans un bidet ou dans une baignoire ?

LA FEMME. Dans un bidet mais surtout sans sel.

JEAN-MICHEL RIBES/ROLAND TOPOR

Dessin Wolinski

13 – AUDIMAT

Audimat-Girls

Le hall du Palace, la nuit.

Deux hommes, style agents du FBI, pénètrent dans le Palace. Ils se dirigent vers la réception.

LE CONCIERGE. Messieurs ?

PREMIER HOMME *(montrant une carte officielle)*. Je peux voir votre audimat s'il vous plaît ?

LE CONCIERGE. Mais bien sûr.

Il ouvre le placard, sort son baromètre et le pose sur le comptoir. Le liquide rouge est monté très haut.

PREMIER HOMME *(sifflant d'admiration)*. 65 % ! T'as vu ça, Dan ! Quel score !

DEUXIÈME HOMME. Ça pour un score, c'est un score !

LE CONCIERGE. Je vous remercie.

PREMIER HOMME. Ça fait combien de téléspectateurs ça ?

DEUXIÈME HOMME. Ça fait trente millions...

PREMIER HOMME. Trente millions de téléspectateurs ! C'est exceptionnel, non ?

LE CONCIERGE. Nous plaisons beaucoup, c'est vrai...

DEUXIÈME HOMME. "Nous" ? C'est qui "nous" ?...

LE CONCIERGE *(troublé)*. Eh bien... le directeur... les clients... le personnel...

PREMIER HOMME. ... Le concierge...

LE CONCIERGE. Oh moi... !

DEUXIÈME HOMME. Si, "le concierge"... En ce moment, qu'est-ce qu'ils regardent, les gens ?

PREMIER HOMME. Le concierge.

LE CONCIERGE. Si vous le dites...

DEUXIÈME HOMME *(prenant le baromètre)*. C'est lui qui le dit...

LE CONCIERGE. Ça me fait plaisir...

PREMIER HOMME *(s'énervant)*. Les deux tiers de la France plantés sur la première chaîne pour regarder un concierge de palace ? Tu nous prends pour un con ou quoi ?

DEUXIÈME HOMME. T'as vu ta tronche ?

PREMIER HOMME. Tu ferais zapper un macaque...

LE CONCIERGE. Mais, messieurs, je vous assure...

DEUXIÈME HOMME. Alors, tu nous expliques ?

LE CONCIERGE. Mais vous expliquer quoi ? Est-ce ma faute si je plais, si les gens m'aiment, si je séduis ?...

PREMIER HOMME. Où sont-elles ?

LE CONCIERGE. Qui ?

DEUXIÈME HOMME. Les filles nues. *(Explosant.)* LES FILLES A POIL !

PREMIER HOMME. Y a pas un audimat qui peut dépasser 30 % sans filles à poil.

DEUXIÈME HOMME. ... Et là, vous êtes à 62 %.

PREMIER HOMME. Il doit y en avoir partout !

DEUXIÈME HOMME. Vous avez dépassé le quota autorisé.

PREMIER HOMME. Ça va vous coûter cher !

LE CONCIERGE. On a été contrôlés six fois. On n'a jamais fraudé sur la fille nue...

DEUXIÈME HOMME. Tu ne veux pas nous dire où tu les planques ?

LE CONCIERGE. Mais nous sommes dans un palace, messieurs, pas un bordel. Chez nous, il n'y a pas de femmes dénudées pour attirer la clientèle !

PREMIER HOMME. Comme tu voudras !

DEUXIÈME HOMME *(il prend le baromètre)*. On va aller faire un tour...

LE CONCIERGE. Attendez...

Il sort de la réception et court derrière les deux hommes qui se dirigent vers la salle à manger.

La salle à manger du Palace, la nuit.

Ils entrent dans la salle à manger où quelques clients dînent. Ils passent entre les tables, suivis du concierge, jettent des regards inquisiteurs, soulèvent les nappes de certaines tables et ne s'aperçoivent pas des deux filles nues qui font lampadaires et des deux autres qui font desserts.

PREMIER HOMME. ... Ça monte encore... On est à 70 %...

Le deuxième homme jette un œil terrible au concierge qui sourit...

DEUXIÈME HOMME. T'inquiète pas. On va trouver... La cuisine c'est par là ?

LE CONCIERGE. Oui, oui !

La cuisine, la nuit.

Ils traversent la cuisine où règne une activité réduite. Le concierge les suit. Ils inspectent d'un œil scrutateur fours, casseroles, placards, etc. mais ne voient pas les trois filles nues pendues par les bras à côté des jambons.

PREMIER HOMME. Dans la cuisine, ça m'aurait étonné qu'on trouve quelque chose.

DEUXIÈME HOMME *(ahuri, regarde le baromètre).* Ça monte toujours... !

PREMIER HOMME *(regardant le concierge).* T'es fort, mais on sera plus forts...

Le bar, le jour.

Le premier et le deuxième homme arrivent dans le bar.

DEUXIÈME HOMME. On a fait les chambres, les ascenseurs, les lingeries, les salons et pas l'ombre d'une fille à poil !

PREMIER HOMME. ... Et on est à 82 % ! Je ne comprends pas...

Ils s'approchent du comptoir où se trouvent le concierge et Henri. Ils ne s'aperçoivent pas que les étagères où sont alignées les bouteilles sont tenues par des filles nues en cariatides.

LE CONCIERGE. Alors ? Bredouilles ?

PREMIER HOMME. Nom de Dieu ! On atteint presque 100 % !!

LE CONCIERGE. Je vous offre un verre... ?

DEUXIÈME HOMME. Non, jamais pendant le service...

PREMIER HOMME. Tenez, on vous le rend...

LE CONCIERGE. Merci...

PREMIER HOMME. Ça va pour cette fois...

LE CONCIERGE. Merci...

DEUXIÈME HOMME. Mais... on reviendra ! *(Ils tournent les talons et s'éloignent vers le hall. Bas.)* C'est lui... Il plaît... Je te jure que c'est lui...

PREMIER HOMME. J'arrive pas à y croire.

DEUXIÈME HOMME. Je te le dis. A chaque fois qu'on s'approchait de lui, le baromètre montait...

PREMIER HOMME. Un concierge plus fort qu'une fille à poil !... J'y comprends plus rien à l'audimat, moi !!

JEAN-MICHEL RIBES

A TABLE.
ON NE DONNE PAS UNE CARTE DE MENU.
LE MENU EST DÉCLAMÉ PAR UN GRAND ACTEUR DRAMATIQUE. SOUVENT LES CLIENTS ÉCLATENT EN LARMES AVANT QU'IL DÉCLAME LE FROMAGE ET DESSERT.

Dessin Willem

14 – LE PROFESSEUR ROLLIN
A ENCORE QUELQUE CHOSE A DIRE

Quels que soient l'heure, le lieu ou le sujet de la conversation le professeur Rollin a toujours quelque chose à dire.
C'est une sorte d'universitaire légèrement "décalé" dans son langage comme dans sa tenue vestimentaire, qui parle bien, se mêle de tout et a toujours raison. Un professeur Rollin, d'on-ne-sait-pas-bien-quoi, auquel on pardonnerait volontiers d'être un incontournable donneur de leçons s'il n'était de surcroît passablement radoteur et surtout effroyablement barbant.
Dès qu'il commence à parler, les pigeons tombent des arbres en murmurant : "Mon Dieu qu'il est chiant."

Lever une gonzesse

PROFESSEUR ROLLIN. Vous l'avez entendu comme moi, le maître d'hôtel a employé il y a un instant l'expression "lever une gonzesse"...
Dans certaines régions, cette expression ne signifie pas "séduire une femme" mais "soulever une gonzesse à l'aide d'un treuil ou de tout autre appareillage coûteux". De même, à titre de comparaison, "pigeon" ne désigne pas toujours l'oiseau, mais parfois "une personne qui s'est laissé abuser par une autre". En grammaire, on dit alors que *pigeon* est un *faux-ami*, et on refuse de lui prêter des bouquins car il va certainement vous les rapporter tout salopés. On dit aussi que la personne qui a abusé le pigeon est un *faux-ami*, et quand elle téléphone pour demander qu'on lui prête un bouquin de grammaire, on lui répond : "Tu peux toujours te gratter." C'est dans ces moments-là qu'il faut faire attention à ne pas se méprendre sur le vrai sens, variable selon les régions, de "se gratter".

Bouvreuil

PROFESSEUR ROLLIN. Vous l'avez entendu comme moi, il a été fait allusion il y a quelques minutes à un "petit oiseau", sans plus de précisions.
Il s'agit probablement du bouvreuil, qu'il ne faut pas confondre avec le lagopède des Alpes, car autant le bouvreuil est très présent sur les foires et marchés, autant le lagopède pas tellement.
Dès lors qu'on s'est bien mis ça dans la tête, il faut savoir que le fonctionnement du bouvreuil est très simple : deux tiges métalliques couplées tournent autour d'un axe horizontal et supportent deux plateaux en cuivre sur lesquels on pose des marchandises. Lorsque les deux plateaux sont à la même hauteur, on dit qu'on a atteint la "position d'équilibre". Voilà. Il n'y a rien à ajouter à cela. On a peine à imaginer quelque chose de plus simple. *(Après un bref silence introspectif.)* A la réflexion, je me demande si je ne viens pas de donner le principe de fonctionnement de la balance de Roberval... C'est assez contrariant, a priori... mais gageons que le principe du bouvreuil ne doit pas être franchement différent, ni tellement tellement plus compliqué.

Colibri

PROFESSEUR ROLLIN. Vous l'avez entendu comme moi, on a parlé, quelques répliques plus haut, de "colibri".
Le mot "colibri" pourrait bien venir du mot latin *Bacchus* qui a donné en français "baquet", puis par déformation "basket", "barquette", "limonade" et enfin "colibri".
Certains auteurs ont cependant une interprétation diamétralement opposée. Ils pensent que "si une femme n'est pas capable de fleurir et d'égayer la maison pour le retour du mari, alors elle doit être appelée FEIGNASSE, F. E. I. G. N. A. S. S. E."
La controverse entre les deux écoles est pourtant toujours restée très courtoise, les uns et les autres ayant même le sentiment de "ne pas parler de la même chose".
En toute sincérité, c'est plausible.

Bagarre générale

PROFESSEUR ROLLIN. Là, je l'avoue, j'ai vraiment eu la trouille : quand j'ai vu, là, à l'instant, ces personnages, dont la conversation commençait à s'envenimer, j'ai bien cru que ça allait être la bagarre générale et j'ai eu la trouille.
Pensez, une bagarre générale, ce sont des blessures atroces, des mâchoires brisées, des crânes éclatés et des éclaboussures de cerveau en bouillie sur les murs, des membres arrachés et des moignons qui pissent le sang, des enfants, les tripes à l'air, qui agonisent en hurlant comme des loups...
Et est-ce qu'on a seulement pensé à moi, qui ai un tel dégoût de la violence ? Est-ce qu'on a seulement fait l'effort de se souvenir que, à l'âge de onze ans, j'étais en cinquième, et qu'au lycée de Versailles, Gérard Lefort, qui mesurait quinze centimètres de plus que moi, m'a foutu son poing dans la gueule sans aucune raison ? Est-ce qu'on s'est seulement demandé si je n'allais pas être complètement bouleversé par cette bagarre générale, si je n'allais pas dégueuler par terre, cracher du sang mélangé à de la bile, revivre ce cauchemar toutes les nuits jusqu'à m'en flanquer une longue grippe carabinée ?
Je suis désolé de vous dire que personne n'y a pensé.
A *votre* place, je ne m'en vanterais pas.
Bonsoir.

Vingt-Sept

PROFESSEUR ROLLIN. Vous l'avez vu comme moi, une des chambres du Palace porte le numéro 27.
Attention ! Le nombre 27 n'est pas un nombre tout à fait comme les autres. Il est certes supérieur à tous les nombres de 1 à 26, mais, car il y a un mais, il est inférieur à tous les autres. Pourtant ce qu'on a appelé "la malédiction du 27" peut aisément être conjurée.
Il suffit de multiplier 27 par 116, qui est le point d'ébullition de la naphtaline, et d'élever ce premier résultat à la puissance 17, qui est le prix en dinars d'un lot de onze jolies boules de naphtaline. On obtient alors le nombre inscrit sur ce carton : *(Exhibant un carton.)* 16 893 275 442 182 699 012 223, qui laisse loin derrière lui un joli paquet de nombres nettement inférieurs.
Pour peu que personne ne vous ait vu faire les opérations susmentionnées

– un rideau de douche autour de votre table de travail, par exemple, fera très bien l'affaire –, tout le monde croira que la performance de ce nombre *(Désignant le carton.)* est celle du 27... et la malédiction n'a plus qu'à se retirer sous les huées d'un peuple en furie, rassemblé à la hâte sur la grand-place de Strasbourg, mêlé en une foule compacte et bigarrée, au sein de laquelle quelques opportunistes, profitant de l'aubaine, tirent les poils des fesses des femmes mariées.

Hypocondriaque

PROFESSEUR ROLLIN. Vous l'avez entendu comme moi, le mot "hypocondriaque" a été prononcé quatre fois au cours de l'émission tout à l'heure.
Ce mot pose à intervalles répétés des problèmes épineux aux spécialistes. Certains pensent qu'il désigne "un homme hanté par la peur de la maladie", d'autres "un château hanté par la sœur de Milady". C'est cette seconde version qui est la plus vraisemblable. On a en effet retrouvé l'an dernier dans la petite ville d'Ipocondriak, sur les bords du Nil, les ruines d'un château assez ancien et des morceaux de drap anglais.
Mais alors dites donc, qu'est-ce qu'il a fallu gratter la terre, qu'est-ce qu'il a fallu se casser les ongles et se faire des tours de reins, pour retrouver ce bazar sous quarante mètres de sable !
Ça a rendu tout le monde un petit peu malade, et même les archéologues qui n'étaient pas vraiment malades avaient la trouille de le devenir à leur tour.
Avec quelques amis, on est allés sur place et on s'est copieusement moqués d'eux.

FRANÇOIS ROLLIN

Dessin Willem

Dessin Gébé

15 – ALFRED LE GROOM

Alfred le groom est un mythomane léger, mais permanent. Il passe, il est pressé, on l'appelle. On lui présente n'importe quel délire, il saute et le traverse comme s'il s'agissait d'un cerceau de papier. C'est la distraction choisie des habitués du Palace. Cela dure le temps d'une réplique, car déjà on appelle Alfred ailleurs.

Tour du monde

Le Palace, le jour.

UN CLIENT. Alfred !

ALFRED *(apparaissant)*. Monsieur ?

LE CLIENT. Alors, Alfred, encore là ? Je croyais que vous deviez partir autour du monde en solitaire ?

ALFRED. Ah ! monsieur. Au moment de partir, il y a toujours quelqu'un qui m'appelle.

VOIX *(off)*. Alfred !

ALFRED. Voilà ! Voilà !

GÉBÉ

Reine Victoria

Le Palace, le jour.

UNE HABITUÉE. Alfred !

ALFRED *(apparaissant)*. Madame ?

L'HABITUÉE. Est-ce vrai ce qu'on m'a dit, Alfred, que vous auriez connu la reine Victoria ?

ALFRED. Parfaitement, madame ! Et aussi son fils, le prince de Galles. Malheureusement, tous ces gens-là sont morts à la guerre.

VOIX *(off)*. Alfred !

ALFRED. Voilà ! Voilà !

GÉBÉ

Iceberg

Le hall du Palace, le jour.

UN CLIENT. Alfred !

ALFRED *(apparaissant)*. Monsieur ?

LE CLIENT. Vous savez que les pôles sont en train de fondre ? Le pôle Nord et le pôle Sud ! Qu'est-ce que vous avez l'intention de faire ?

ALFRED. Pour l'instant rien monsieur. Je suis très occupé. Mais je vais quand même leur envoyer un télégramme : "TENEZ BON !"

VOIX *(off)*. Alfred !

ALFRED. Voilà ! Voilà !

GÉBÉ

Météo

Le Palace, le jour.

UNE HABITUÉE. Alfred !

ALFRED *(apparaissant)*. Madame ?

L'HABITUÉE. Vous avez vu le temps qu'il fait, Alfred ? Vous ne pouvez pas nous arranger cela ?

ALFRED. Pour la météo il faut me prévenir la veille, madame. Là, toutes mes manettes sont bloquées pour la journée.

VOIX *(off)*. Alfred !

ALFRED. Voilà ! Voilà !

GÉBÉ

Conversation

Le hall du Palace, le jour.

UN CLIENT. Alfred !

ALFRED *(apparaissant)*. Monsieur ?

LE CLIENT. Alfred ! Cachottier ! Hier, j'ouvre un magazine, je vois une photo prise sur le yacht de lord Sunday. Et qui je découvre parmi les invités ? Alfred ! En conversation mondaine. Au fond, de dos, un peu flou, mais je vous ai bien reconnu.

ALFRED. Comme vous le décrivez, monsieur, en effet ça ne peut être que moi. J'ai horreur de me mettre en avant.

VOIX *(off)*. Alfred !

ALFRED. Voilà ! Voilà !

GÉBÉ

Roi d'Espagne

Le hall, le jour.

LE DIRECTEUR. Alfred !

ALFRED *(surgissant)*. Monsieur le directeur ?

LE DIRECTEUR. Alfred ! Si ce qu'on dit est vrai, cette fois ça dépasse les bornes. Cette histoire du roi d'Espagne qui vous aurait nommé vice-roi du Palace !...

ALFRED. Monsieur le directeur, je peux vous rassurer tout de suite. Jamais je ne porterai la couronne pendant le service.

VOIX *(off)*. Alfred !

ALFRED. Je crois qu'on m'appelle, monsieur le directeur.

LE DIRECTEUR *(abattu, il le chasse d'un geste de la main)*. Allez ! Allez !

GÉBÉ

Le Lustre

Le hall, le jour.

LE DIRECTEUR. Alfred !

ALFRED *(surgissant)*. Monsieur le directeur ?

LE DIRECTEUR. Qu'est-ce que c'est que cette nouvelle idiotie ? Il paraîtrait qu'on vous a demandé de faire le lustre pour la réception de ce soir ?

ALFRED. "Lustre" c'est un peu exagéré, monsieur le directeur. Je dois seulement coudre des pendeloques de cristal à mes manches et tenir une bougie dans chaque main.

VOIX *(off)*. Alfred !

ALFRED. Je crois qu'on m'appelle, monsieur le directeur.

LE DIRECTEUR *(résigné, il le chasse d'un geste de la main)*. Allez ! Allez !

GÉBÉ

Alfred et l'Atlantique

UNE CLIENTE. Alfred, vous n'avez peur de rien. On m'a dit que vous aviez le projet de vider l'océan Atlantique avec une petite cuillère...

ALFRED *(piqué au vif)*. Madame me prend sans doute pour un amateur : je ne vois pas pourquoi j'utiliserais une petite cuillère alors qu'avec une cuillère à soupe, je mettrai deux fois moins de temps !

LA CLIENTE. Excusez-moi...

ALFRED. C'est déjà oublié...

QUELQU'UN. Alfred ! Alfred !

ALFRED. Voilà ! Voilà !

FRANÇOIS MOREL

Trop, c'est trop

LA CLIENTE. Qu'est-ce que j'apprends, Alfred ? Vous auriez découvert l'Amérique, marché sur la Lune, inventé la vapeur, fait du pédalo sur la mer de Glace, engrossé la reine de Suède ?

ALFRED *(dépassé)*. Euh... oui, pas la reine de Suède, celle du Danemark.

QUELQU'UN. Alfred !

ALFRED. Voilà ! Voilà !

FRANÇOIS MOREL

Alfred et Mars

UN CLIENT. Qu'est-ce que j'ai appris Alfred ? Vous allez être le premier homme à mettre le pied sur la planète Mars ?

ALFRED. Il est vrai que l'on m'a fait une proposition de ce genre. Seulement quand j'ai demandé la possibilité de faire un petit détour par Jupiter où il me reste encore un peu de famille, j'avais l'air de demander la lune. Total, ils partiront sans moi...

UNE VOIX. Alfred ! Alfred !

ALFRED. Voilà ! Voilà !

FRANÇOIS MOREL

Alfred enceint

LA CLIENTE. Alfred, je n'ose y croire, on m'a dit que d'ici à quelques mois, vous allez être le premier homme sur la Terre à mettre un enfant au monde...

ALFRED. Hélas, madame, la jeune fille (dont vous me permettrez de taire le nom) qui m'a mis dans cette situation difficile, un beau matin a pris la fuite alors que j'étais déjà à huit semaines...

LA CLIENTE. Pas possible !

ALFRED. Dans ces conditions, vous comprendrez qu'il m'était très difficile de garder l'enfant...

LA CLIENTE. Evidemment.

UNE VOIX. Alfred ! Alfred !

ALFRED. Voilà ! Voilà !

FRANÇOIS MOREL

Alfred, le survivant

LE DIRECTEUR. Alfred !

ALFRED. Monsieur le directeur ?

LE DIRECTEUR. Alfred, qu'est-ce qu'on me raconte ? Vous seriez le dernier survivant du *Titanic* ?

ALFRED. Je demanderai à monsieur le directeur de ne pas aborder ce sujet. Il est des souvenirs pénibles sur lesquels on préfère poser le voile de l'oubli.

LE DIRECTEUR. Je vous prie de m'excuser, Alfred.

ALFRED. Vous ne pouviez pas savoir, monsieur le directeur...

UN CLIENT. Alfred !

LE DIRECTEUR. Je crains qu'on ne vous appelle, Alfred...

ALFRED. J'y vais, monsieur le directeur, tel est mon devoir.

FRANÇOIS MOREL

Alfred a fait la guerre

UN CLIENT. Dites-moi Alfred, si vous me parliez de votre guerre ?...

ALFRED. Laquelle monsieur ? Celle de 40 ? Celle de 14 ? La guerre de Cent Ans ? La guerre de Prusse ?...

UN CLIENT. Mais celle que vous voulez, mon bon Alfred...

ALFRED *(tout d'un coup dans un style très militaire, bigeardesque).* Les Boches étaient devant nous... A côté de moi mon vieux camarade le commandant Duroc me gueule : "Nom de Dieu Alfred, c'est la Berezina !" J'avais plus ma tête, je sors de la tranchée, la mitraillette au poing. Face à moi, l'état-major prussien et tout d'un coup, ni une ni deux nom de Dieu...

QUELQU'UN. Alfred ! Alfred !

ALFRED. Excusez-moi monsieur... Voilà ! Voilà !

FRANÇOIS MOREL

Le Vol d'Alfred

UN CLIENT. Alfred, j'ai entendu dire qu'à la nuit tombée, vous vous amusiez à déployer vos ailes de géant pour survoler les lambris dorés de notre palace ?

ALFRED. Bien qu'il ne soit pas dans mes habitudes de contredire nos clients, je dois vous opposer le démenti le plus formel : je ne vole jamais qu'au petit matin, juste avant de commencer mon service. Le vol de nuit m'enrhume.

QUELQU'UN. Alfred !

ALFRED. Voilà ! Voilà !

FRANÇOIS MOREL

Dessin Wolinski

16 – SOYEZ PALACE CHEZ VOUS

Ils ont un cœur gros comme ça John et Thalie ; ils pensent à tous ceux qui rêvent de vivre comme les grands de ce monde mais qui n'en ont pas les moyens parce qu'ils sont pauvres, bêtes et moches. Pour leur venir en aide, ils leur proposent des trucs peu onéreux qui leur permettront de ressentir le merveilleux frisson du luxe tout en restant dans leur taudis.

Jardin à la française

THALIE. Bonsoir, John.

JOHN *(lui baisant la main)*. Bonsoir, Thalie.

THALIE ET JOHN *(à la caméra)*. Bonsoir, les pauvres.

JOHN. Bienvenue à :

THALIE. "SOYEZ PALACE CHEZ VOUS."

JOHN. Ah ! Le jardin à la française !

THALIE. Vous en rêvez depuis toujours d'un jardin à la française !

JOHN. … La nature maîtrisée, taillée, redessinée au goût de Louis XIV…

THALIE. … Le gazon en arabesques… le géranium dansant avec la rose le menuet des parfums délicats, tandis que le buis et l'aubépine s'épousent, en damier, à l'ombre majestueuse d'un chêne centenaire…

JOHN. Ah, le jardin à la française ! Que ne donneriez-vous pas pour avoir un jardin à la française !

THALIE. Mais voilà, vous n'avez rien.

JOHN. … Et comme vous êtes paresseux, radin et peut-être aussi pas très malin, ça ne risque pas de s'arranger…

THALIE. Est-ce une raison pour faire une croix sur le jardin à la française dont vous rêvez ?

JOHN. Non, bien sûr !

THALIE. Grâce à John…

JOHN. ... Et à Thalie...

JOHN ET THALIE. On peut toujours être PALACE chez soi !

THALIE. Vous prenez la boîte de potage aux herbes avec laquelle vous faites votre soupe du soir...

Elle la prend.

JOHN *(idem)*. ... De la sauce aux épinards, du concentré de tomates, du dentifrice à la chlorophylle, des suppositoires à l'eucalyptus...

THALIE. ... Ou encore la pâtée du chat aux carottes...

JOHN. Vous dégagez bien proprement un coin de votre moquette...

Il le fait.

THALIE ... De préférence celui situé le plus au sud de votre deux-pièces...

JOHN. Ou, si on vous a enlevé le sud parce que vous n'avez pas payé votre loyer, dans ce cas, mettez-vous du côté où le lavabo du voisin fuit. Voilà.

THALIE. C'est le moment de planter "à la française".

JOHN. Rien de plus facile. Vous mettez un disque de musique classique, Lulli – de préférence. Voilà ... *(On entend de la musique.)* et vous dansez – sur place – le menuet avec votre femme *(Il invite Thalie et danse.)*, votre mère ou votre chat. Ça n'a pas d'importance... Ce qui importe...

THALIE *(dansant)*. ... C'est de bien appuyer, en rythme, sur les tubes et de tenir à bout de bras les sachets de potage...

Sauces, potages déshydratés, dentifrice, suppositoires, etc. dégringolent autour des danseurs.

JOHN. Il faut compter environ trente secondes de danse par mètre carré de jardin...

THALIE. Ici, nous avons donc besoin de quatre-vingt-dix secondes de danse... Stop, on arrête le disque, et voilà !

On découvre à leurs pieds un ravissant petit jardin à la française sur deux mètres carrés de moquette, fait de potages, de sauces, de suppositoires parfaitement alignés, selon un dessin à la Le Nôtre.

JOHN. Vous l'avez votre jardin à la française !

JEAN-MICHEL RIBES

Les Chaussettes

Le salon, la nuit.

John et Thalie, charmant et ravissante, smoking et robe du soir.

THALIE. Bonsoir, gentil John.

JOHN *(baisemain)*. Bonsoir, charmante Thalie.

JOHN ET THALIE. Bonsoir, les pauvres.

THALIE. Bienvenue à…

JOHN. … "SOYEZ PALACE…

THALIE ET JOHN. … CHEZ VOUS !"

JOHN. Je sais, je sais. Tous les jours dans le métro, à l'usine, au bistrot, vous vous dites…

THALIE. … "Qu'est-ce que ça me botterait de côtoyer un grand de ce monde."

JOHN. Seulement, vous le comprenez bien, les grands de ce monde ont quand même autre chose à faire que d'aller vous tenir la jambe à Juvisy-sur-Bièvre, au bistrot "Chez Roger" où vous passez le plus clair de votre temps…

THALIE. C'est vrai ! Il faut les comprendre les grands de ce monde, surtout que vous n'êtes ni séduisants ni cultivés, ni bien malins.

JOHN. … Et je passe sur votre haleine…

THALIE. Mais, pour autant, faut-il désespérer ?

JOHN. Bien sûr que non !

THALIE. Un grand de ce monde ne viendra-t-il jamais chez vous ?

JOHN. Bien sûr que si ! Grâce à une paire de chaussettes, une simple paire de chaussettes ordinaires que je vous demande de prendre en main, charmante Thalie.

THALIE *(pose les chaussettes sur sa main, bien à plat)*. Comme cela ?

JOHN. Très bien. Maintenant, Thalie, dites-nous comment sont ces chaussettes ?

THALIE *(les palpe)*. Eh bien … elles sont sèches. Archisèches même !

JOHN. Alors pas de doute. Ce sont les chaussettes de l'archiduchesse. Posez-les sur le canapé ou sur la cheminée...

THALIE. ... L'archiduchesse est dans la maison puisque ses chaussettes y sont...

JOHN ET THALIE. Ça, c'est Palace !

JOHN. Attention, si vous ne possédez que des chaussettes humides...

THALIE. ... C'est l'archiduchide qui sera chez vous... Elle est moins noble mais elle est gentille quand même.

JOHN ET THALIE. A bientôt les fauchés !

GÉBÉ

Table de riches

Derrière eux, on distingue deux tables dressées côte à côte. L'une est richement apprêtée : nappe blanche, assiettes de fine porcelaine, verres de cristal, couverts d'argent ciselé, sans oublier une vénérable bouteille couchée dans son panier.
L'autre est une simple table de cuisine pauvrement pourvue : une assiette en faïence ébréchée, un verre à moutarde, couteau, fourchette ordinaires, une bouteille affligée d'une étiquette criarde.

THALIE. Bonsoir, John.

JOHN. Bonsoir, Thalie !

THALIE *(aux spectateurs)*. Bienvenue à...

JOHN. "SOYEZ PALACE...

THALIE ET JOHN. ... CHEZ VOUS !"

JOHN *(désignant les tables derrière lui)*. Ma chère Thalie, je vous propose de passer à table.

THALIE. Excellente idée, John !

Ils contournent les tables, Thalie, la table luxueusement dressée, John, la table de cuisine.
Thalie s'assoit cérémonieusement sur la chaise dorée de la table riche, John se laisse lourdement tomber sur le tabouret de la table de cuisine.
Thalie prend une pose distinguée, John met les coudes sur la table.
Aux spectateurs.

Vous avez toujours rêvé de vous asseoir à la table d'un grand restaurant. *(Elle désigne ce qu'elle a devant elle sur la table.)* C'est là, en effet, que se trouve rassemblé ce que l'art de la table a produit de plus précieux et de plus raffiné.

JOHN *(assez vulgaire).* Bien dit ! *(Aux spectateurs.)* Mais vous qui croupissez dans la médiocrité…

THALIE *(snob).* … Et qui, surtout, n'êtes pas sélects…

JOHN. Et qui êtes très cons, par-dessus le marché, vous vous dites : "Ça sera jamais pour ma gueule." *(Changeant de ton.)* Eh bien, vous avez tort. Avec trois fois rien, vous pouvez donner à cette misère l'apparence d'une table opulente.

THALIE. Oh, John ! Est-ce que vous n'êtes pas en train de donner de faux espoirs aux pauvres, en leur faisant miroiter des choses impossibles ? Ce serait très mal !

JOHN. Non, Thalie ! Je ne bluffe pas. Regardez plutôt. *(Il sort des couverts de cuisine de sa poche, semblables à ceux qui sont déjà sur la table.)* Trois couteaux sur la table riche ? *(Il rajoute deux couteaux.)* Trois couteaux sur la table pauvre ! Trois fourchettes sur la table riche ? *(Il rajoute deux fourchettes.)* Trois fourchettes sur la table pauvre ! Trois verres sur la table riche ? *(Il rajoute deux verres à moutarde qu'il tire des poches de son pantalon.)* Trois verres sur la table pauvre !

THALIE. Oh, John ! C'est fantastique ! On ne fait déjà presque plus la différence.

JOHN. En effet, Thalie. Cependant, comme vous le faites si justement remarquer, il manque un petit quelque chose à cette table-ci pour égaler l'autre. Je vais y remédier. Mais, pour cela, je vous demanderai de ne pas regarder.

THALIE *(elle met une main devant ses yeux).* Comme cela, John ?

Pendant la manipulation, on reste sur Thalie.

JOHN *(off).* Parfait ! On-ne-re-gar-de-pas… encore une petite seconde… Voilà ! *(John apparaît à côté de Thalie.)* Gardez la main sur les yeux et laissez-vous guider. *(Il l'emmène devant les deux tables.)* N'ayez pas peur.

THALIE. Oh ! J'ai confiance en vous, John !

JOHN. Maintenant, vous pouvez regarder. Et dites-moi sincèrement "quelle est la table pauvre, quelle est la table riche".

THALIE. Oh, John ! C'est trop facile. Vous avez habilement opéré mais il y a ce détail rajouté qui rend impossible la confusion.

JOHN. De quel détail voulez-vous nous parler, Thalie ?

THALIE. Mais le panier à vin, voyons ! *(Elle va vers la table pauvre et montre l'accessoire rajouté par John. Il s'agit d'une pantoufle à carreaux dans laquelle il a couché la bouteille de vin.)* L'élégance de la ligne ! La richesse de la matière ! La délicatesse du dessin ! *(Elle montre le panier à vin de la table riche.)* A côté de cette camelote ! *(Elle prend la pantoufle à deux mains comme un objet précieux.)* Cela désigne sans erreur possible la table riche.

JOHN. Désolé, ma chère Thalie ! Vous vous êtes trompée !

Il retire la bouteille.

THALIE *(restant avec la pantoufle dans les mains).* Ah ! Une pantoufle ! *(John met la bouteille dans la pantoufle.)* Ah ! Un panier à vin ! John ! C'est positivement magique !

JOHN *(aux spectateurs).* Vous avez tous une pantoufle à la maison ?

THALIE *(aux spectateurs et montrant la bouteille dans la pantoufle).* Sur la table, c'est le comble de la distinction.

THALIE ET JOHN. ÇA, C'EST PALACE !

GÉBÉ

Les Patins rouges

Le salon du Palace, le jour.

On découvre John et Thalie main dans la main sur un tapis rouge qui s'arrête à quelques mètres devant eux.

THALIE. Bonsoir, John !

JOHN. Bonsoir, Thalie !

THALIE *(aux spectateurs).* Bienvenue à…

JOHN. … "SOYEZ PALACE…

THALIE ET JOHN. … CHEZ VOUS !"

JOHN. Dites-moi, ma chère Thalie, sur quoi marchons-nous ?

THALIE. Sur un tapis rouge, John.

JOHN. Et où sommes-nous ici, ma chère Thalie ?

THALIE. Dans un palace, cher John.

JOHN. Qu'est-ce qui fait le palace, ma chère Thalie ?

THALIE. Le tapis rouge, mon cher John !

JOHN *(désignant la limite du tapis).* Indiscutablement ! Mais voyez-vous ? Là s'arrêtent le luxe et la richesse. *(Désignant le sol au-delà du tapis, en se penchant légèrement en avant.)* Et là commence la pauvreté.

THALIE *(mettant son bras devant lui).* Attention, John ! Ne vous penchez pas trop.

JOHN *(aux spectateurs).* Parfois, vous vous dites que c'est injuste et que le tapis rouge pourrait bien aller plus loin. Chassez ces idées-là ! Ne soyez pas envieux ni amers...

THALIE. ... En plus d'être pauvres et cons.

JOHN. Réagissez ! Dites-vous que le luxe peut tout de même entrer chez vous... *(Il sort de l'intérieur de sa veste une paire de patins rouges.)* Une paire de patins, taillés et cousus à la main. Du tissu rouge ? Même vous, vous en avez ! *(Il en jette devant lui.)* Une petite parcelle de luxe ! *(Il jette l'autre patin.)* Deux petites parcelles de luxe ! *(Il met le pied sur un patin.)* Ce n'est pas Byzance... *(Il met l'autre pied sur l'autre patin.)* Ce n'est pas l'Eldorado... *(Il fait quelques pas glissés et se retourne vers Thalie en prenant une pose avantageuse.)* Mais c'est tout de même une certaine idée de l'opulence.

THALIE. Mon Dieu ! John ! Quelle allure ! Moi, sur mon tapis rouge, je vous envie presque.

John sort de son veston une autre paire de patins rouges. Il les jette l'un après l'autre devant Thalie.

JOHN. Ma chère Thalie, je vous invite à prendre pied sur ces îles fortunées.

THALIE *(les pieds au ras du tapis, elle regarde les patins).* Oh ! C'est très impressionnant !

Elle avance un pied avec précaution, comme s'il s'agissait de traverser un ruisseau à gué.

JOHN. Le pied bien au milieu ! N'ayez pas peur !

Une fois les deux pieds posés, elle patine vers John qui lui tend la main.

THALIE. Quelle délicieuse sensation ! *(Elle lui prend la main.)* Hou !...

Quand ils sont réunis, ils font des petits pas de danse glissés comme un couple de danseurs de comédie musicale. Lorsqu'ils se retrouvent de face ils parlent à la caméra.

JOHN. Le chic, le luxe sont sous vos pieds...

THALIE. Il suffit d'avoir des idées !

Grand pas glissé terminé par un genou à terre. Pendant le mouvement, John a tiré un cinquième patin de sa veste. Il le brandit, bras levé.

JOHN. Le patin rouge...

THALIE ET JOHN. ÇA, C'EST PALACE !

GÉBÉ

Bal

Le salon, la nuit.

THALIE. Bonsoir gentil John !

JOHN. Bonsoir charmante Thalie !

THALIE ET JOHN. Bonsoir les pauvres !

THALIE. Bienvenue à...

JOHN. ... "SOYEZ PALACE...

THALIE ET JOHN. ... CHEZ VOUS !"

THALIE. Robert, votre mari, boit l'argent du ménage.

JOHN. Lucien, votre fils, a encore violé la mère de sa fiancée.

THALIE. Jojo, le petit dernier, a attrapé l'eczéma du chat en le décapitant.

JOHN. Vous, Liliane, vous devenez chaque jour un peu plus chauve.

THALIE. Mais tout ça vous est bien égal car, autour de vous, vous n'entendez que valse et polka.

JOHN. Vous ne voyez que lustres, robes chatoyantes et uniformes chamarrés...

THALIE. Vous êtes toute à votre rêve le plus cher.

JOHN. Offrir à votre fille, pour ses dix-huit ans, un grand bal avec le Tout-Paris.

THALIE. Ce qui vous bloque ? Trois problèmes ! Un, vous habitez une caravane sous le périphérique à Juvisy-sur-Bièvre…

JOHN. Ce qui fait une très petite salle de bal.

THALIE. Deux, votre habitation roulante sent très fort la soupe aux choux…

JOHN. … Et le Tout-Paris a horreur de tout ce qui n'est pas nouvelle cuisine.

THALIE. Et trois, votre fille n'a pas dix-huit ans.

JOHN. … Mais quarante-six. Bon, enfin, ça…

THALIE. Devez-vous pour autant renoncer à ce bal ?

JOHN. Bien sûr que non !

THALIE. John et Thalie vont vous permettre de réaliser votre rêve.

JOHN. Toute la réussite de l'entreprise réside dans le carton d'invitation.

THALIE. Le carton, ce n'est pas ce qui manque ! Emballage des bières de votre mari, carton à vin de votre mari, la caisse de calva.

JOHN. Vous découpez douze à treize mille rectangles de 21 centimètres sur 14… comme ceci.

Il le montre.

THALIE. … Que vous recouvrez bien proprement d'un papier blanc des deux côtés, comme ceci, afin d'obtenir ce qu'on appelle un bristol.

JOHN. Puis, vous confectionnez à l'aide de vieux mouchoirs en papier, buvard ou toute autre cellophane usagée, quinze à vingt mille enveloppes. Il y a de la perte…

THALIE. Une fois cette opération terminée, il ne vous reste plus qu'à rédiger le texte de l'invitation avec un beau stylo à encre et à inscrire sur chaque enveloppe l'adresse du Tout-Paris qui s'inscrit en ce moment au bas de l'écran.

Au bas de l'écran s'inscrit en lettres synthétiques : Tout-Paris – 7, rue de Paris – Paris 75.

JOHN. Eh bien, croyez-moi, quand vous aurez fini la dernière enveloppe, il y aura longtemps que votre fils sera sorti de prison.

THALIE. ... Que l'eczéma du petit sera guéri...

JOHN. ... Et que votre mari sera clamsé d'une cirrhose bourgeonnante.

THALIE. Alors, le bal de Juliette, votre fille, tchao bonsoir !

JOHN. Vous courrez rejoindre votre amant, le coiffeur polonais qui aime tant votre calvitie.

THALIE. ... Et croyez-moi, un coiffeur polonais ça vous fait tourner la tête bien plus qu'une valse de Vienne...

JOHN. ... Surtout s'il vous met sur son fauteuil.

Geste du fauteuil qui tourne.

THALIE. Ça, c'est Palace !

JOHN ET THALIE. A bientôt, les fauchés !

JEAN-MICHEL RIBES

Le Groom

Le salon, le jour.

THALIE. Bonjour gentil John !

JOHN. Bonjour charmante Thalie !

THALIE. Hello, les pauvres !

JOHN. Hello, les imbéciles qui n'arrivent pas à être riches !

THALIE. Bienvenue à...

JOHN. ... "SOYEZ PALACE...

THALIE ET JOHN. ... CHEZ VOUS !"

JOHN *(imitant un client opulent qui appelle).* Groom, mes bagages ! Groom, mon cigare ! Groom, mon chapeau !

THALIE. Groom ! Groom ! Groom ! Le mot magique qui vous fait rêver depuis toujours !

JOHN. Déjà tout petit, alors que vos camarades jouaient au foot sur la décharge municipale derrière votre bidonville, vous, vous restiez assis près de la caisse de bières où dormait votre père en vous disant : "Quand je serai grand, j'aurai un groom..."

THALIE. Eh bien, ça y est ! C'est arrivé. Vous êtes grand.

JOHN. Mais vous êtes con aussi.

THALIE. Oh, John !

JOHN. Mais si, il est con, puisqu'il est grand et qu'il ne l'a pas son groom !

THALIE. C'est vrai. Vous n'êtes pas très futé. Ce n'est quand même pas le bout du monde, arrivé à votre âge, d'avoir un groom.

JOHN. Enfin, bon ! Il ne l'a pas, il ne l'a pas !

THALIE. Mais ne vous inquiétez pas ! John et Thalie vont vous sortir de ce mauvais pas grâce à "Soyez Palace chez vous".

JOHN *(excédé, à Thalie)*. Ce n'est déjà pas drôle d'aider les pauvres, mais en plus quand ils sont cons !

THALIE. Je vous comprends, John, mais il est rare que les pauvres soient intelligents... Nous le savions quand nous avons décidé de créer "Soyez Palace chez vous"...

JOHN. Je sais mais parfois, c'est dur... *(Se reprenant.)*. Excusez-moi, je suis désolé !

THALIE. Mais non, c'est très humain ce qui vous arrive, John... même mère Thérésa craque...

JOHN. Oh, elle ! Je ne sais pas comment elle fait parce que les siens, ils sont pauvres, cons, et en plus hindous... Je ne sais pas comment elle fait pour leur apprendre à avoir des grooms.

THALIE. C'est une femme admirable...

JOHN. En plus, avec les vaches sacrées qui font chier tout le monde dans les rues... Quel courage il doit lui falloir... Je la plains...

THALIE. C'est vrai ! Elle doit avoir une grande force de caractère...

JOHN. Sans compter les mouches, toutes les mouches qu'il y a là-bas... Je suis sûr qu'elle n'a même pas un groom pour l'éventer...

THALIE. Elle devait en avoir un mais elle l'a sûrement donné à un pauvre.

JOHN. Vous croyez ?

THALIE. Oh, sûrement !

JOHN *(un temps)*. Là, elle est quand même un peu con, non ?

THALIE. C'est difficile de juger !

JOHN. Si, si ! Quand même, donner son groom avec le nombre de mouches qu'il y a là-bas... faut être... *(Geste : bord de chapeau.)* Oh ça me déçoit... réaliser que même elle, elle est... ça me fout le cafard...

THALIE. C'est vrai, c'est pas drôle de réaliser tout d'un coup que même ceux qu'on croit immenses...

JOHN *(il se prend la tête dans les mains).* Oh, je suis écœuré... J'en peux plus.

THALIE. Vous voulez que je vous raccompagne ?

JOHN. Non, non ! Je vais prendre un taxi...

THALIE *(appelle).* Groom !

Un groom arrive comme une flèche.

THALIE. Vous pouvez appeler un taxi.

LE GROOM *(hurle).* Bien sûr, madame ! Taxi !

THALIE. Merci. Venez John, je vous raccompagne.

JOHN *(s'en allant avec Thalie).* Oh, je suis déçu mais alors déçu...

Ils sortent.

LE GROOM. Je sens que vous me regardez. Alors, mettons tout de suite les choses au point, c'est 2 000 balles par jour plus les frais. Alors avec ce que vous donne le chômage c'est pas la peine d'y compter.

Salut les fauchés !

JEAN-MICHEL RIBES

Dessin Gébé

Dessin Willem

17 – HISTOIRES LONGUES

Le Client roi

La chambre du Palace, le jour.

Une soubrette entre dans une chambre, dépose son plateau sur la table et tire les rideaux.

LA SOUBRETTE. Bonjour monsieur, bonjour madame... Votre petit déjeuner... Deux thés complets.

Elle s'apprête à sortir. Le couple qui se trouve dans le lit s'assoit.

LA FEMME. Pas si vite, ma petite... Apportez le plateau... Deux thés, c'est vite dit... *(La soubrette apporte le plateau qu'elle dépose sur les genoux de la femme. Celle-ci flaire la théière tandis que son mari sourit misérablement à la soubrette.)* Eh bien voilà ! J'en étais sûre. J'avais demandé de l'Earl Grey. On nous refile du Lapsong Souchong... *(A son mari.)* Je le retiens, ton palace ! *(A la soubrette.)* Otez-moi cette saloperie !

LE MARI. Ecoute, Arlette... calme-toi... Cette fille n'y est pour rien. *(A la fille.)* Appelez-moi le directeur !

LA SOUBRETTE. Tout de suite, monsieur.

LA FEMME. J'espère que, pour une fois, tu auras le courage de lui dire ce que je pense !

LE MARI. Ne crains rien, Arlette. Il va m'entendre... *(On frappe.)* Entrez !

LE DIRECTEUR. Monsieur, madame... je vous prie de m'excuser...

LA FEMME. C'est ça... il n'y a plus d'Earl Grey... ça ne fait pas un pli !

LE DIRECTEUR. Il y a eu un léger malentendu sur le thé mais j'espère que vous voudrez bien nous pardonner.

Il tape dans ses mains, une nuée de soubrettes fait irruption dans la pièce avec des théières pleines. Elles annoncent à tour de rôle.

— Grand Olong Fancy.
— Thé vert.

— Orange Pekoe.
— Ceylan royal.
— Goût russe aux noisettes.
— Darjeeling aux framboises.
Etc.

LE MARI *(estomaqué)*. Ça, on peut dire, il y a le choix !

Il regarde les filles autant que les théières.

LE DIRECTEUR. Monsieur, au Palace, le client est roi.

LA FEMME *(têtue)*. Moi, je veux de l'Earl Grey.

LE MARI *(regardant une jolie porteuse de théière)*. Je me laisserais quand même tenter par le Chine fumé.

LE DIRECTEUR. Monsieur, je vous le répète, ici vous êtes le roi *(Sur le ton de la confidence.)* et il ne vous reste plus beaucoup de temps avant la cérémonie. Vous devriez vous lever.

LE MARI. Quelle cérémonie ?

LE DIRECTEUR. Le couronnement ! Dans la salle à manger.

LA FEMME. Qu'est-ce que vous êtes en train de raconter tous les deux ?

LE MARI. Il me parle du couronnement.

LE DIRECTEUR. ... De *votre* couronnement, monsieur. Vous allez être sacré roi. Seulement... *(Chuchotant.)* Il faudra vous séparer de madame... elle n'a pas la classe.

LA FEMME. Qu'est-ce qu'il dit ?

LE MARI. ... Que tu es vulgaire. Il faut que tu t'en ailles !

LA FEMME *(ahurie)*. Comment ? Tu veux que je te quitte ?

LE MARI. Mais non. C'est lui. Tu sais, on est dans un palace. On ne fait pas ce qu'on veut.

LA FEMME. Comment, on ne fait pas ce qu'on veut dans un palace. C'est quand même toi qui paies !

L'HOMME. Oui, mais c'est lui qui veut me hisser sur le trône ! Arlette, je vais quand même pas perdre une place de roi parce que tu es vulgaire ?

LA FEMME *(folle de rage)*. Tu veux te débarrasser de moi ? Oh mais, ça ne se passera pas comme ça. Je te le garantis... Je reste.

Le mari parle à l'oreille du directeur.

LE DIRECTEUR *(navré)*. Malheureusement, c'est impossible, madame. Le roi vient de vous répudier. *(Il tape dans ses mains, des garçons d'étage viennent sortir la femme de son lit tandis qu'elle hurle et se débat. Très humble, au mari.)* Si Sa Majesté veut bien me suivre dans le couloir, le Grand chambellan lui expliquera le protocole prévu pour la journée.

LE MARI *(l'accompagnant docilement)*. Ah oui, le protocole... Je comprends, mais comment je m'habille ?

La sortie de service du Palace, le jour.

Deux malabars encadrent Arlette et la font sortir de l'hôtel. On lui jette sa valise sans ménagement.

ARLETTE *(pleurant)*. Albert ! Albert ! Tu ne peux pas me faire ça, Albert. Salaud !

L'un des malabars qui rentraient fait demi-tour et lui donne une grande baffe.

MALABAR. Tiens ! Ça t'apprendra à traiter Albert XXXVIII de salaud !

Le bar, le jour.

Le directeur entre dans le bar en compagnie d'Albert qui a une couronne sur la tête. Ils sont suivis d'une petite cour.

LE DIRECTEUR. Vous avez été parfait, Majesté.

ALBERT *(heureux)*. Oui. Ça s'est bien passé. J'avoue que j'avais un peu le trac. Mais non, une fois au pied du mur, aucun problème. Et puis, la cérémonie a été étonnamment courte...

LE BARMAN. Vous savez, on est obligés avec le débit qu'on a... parce que du client roi, ça défile ici... On peut pas s'étendre comme à Reims...

ALBERT *(au directeur)*. Il est un peu familier, non ?

LE DIRECTEUR. C'est le problème avec les échansons mais Henri est très fidèle à la couronne.

ALBERT. Ah ! Tant mieux !

LE DIRECTEUR. Si Sa Majesté veut prendre une coupe de champagne...

ALBERT. Ma foi... pourquoi pas !

Le barman lui tend une coupe. Il boit.

TOUT LE MONDE. Le roi ! Le roi boit !

ALBERT. Mes chers amis, je ne sais comment vous remercier...

LE DIRECTEUR. Ne remerciez personne en particulier, Sire, vous risqueriez de créer des jalousies dans la cour… Mais puis-je vous présenter le duc et la duchesse de Monbique ! *(Les couples s'avancent et font la révérence, salués d'un geste de la main par le roi.)* Le comte de Bondy-Luc, la comtesse de Vaux-Cerfeuil, la marquise de Monpalour. *(Au Roi, à l'oreille.)* S'il y en a une qui vous convient, Sire, n'hésitez pas à la retenir.

ALBERT. Celle-là, la Monpalour, elle n'est pas mal.

LE DIRECTEUR. Vous avez du goût, Sire. Je vais tout de suite faire préparer la suite royale et la favorite.

LA COMTESSE DE VAUX-CERFEUIL *(à la duchesse de Monbique)*. La Monpalour triomphe encore mais, foi de Vaux-Cerfeuil, j'aurai le roi dans mon lit avant demain soir !

Le hall, le jour.

UN CLIENT. Je suis Stanislas Simson.

LE DIRECTEUR. Oui, c'est pour quoi ?

LE CLIENT. Comment, c'est pour quoi ! C'est pour ma réservation.

LE DIRECTEUR *(sec)*. Je regrette. C'est complet.

LE CLIENT. Mais enfin, vous devez avoir une chambre à mon nom. Je suis Stanislas Simson.

LE DIRECTEUR. N'insistez pas. Il n'y a plus rien de libre.

LE CLIENT *(pincé)*. … Et moi qui croyais que, chez vous, le client était roi !

LE DIRECTEUR. C'est exact mais on en a déjà un !

Le client tourne les talons, furieux. Un autre homme s'avance au desk.

L'HOMME. Je voudrais obtenir une audience du roi.

LE DIRECTEUR. Vous êtes ambassadeur ? Alors dans le grand hall à 16 heures précises pour présenter vos lettres de créance. Actuellement, Sa Majesté est en Conseil des ministres.

L'HOMME. Non. Police… Je voudrais prévenir le roi…

LE DIRECTEUR. Un complot ? *(L'homme fait "oui" de la tête.)* Je m'en charge. J'ai l'habitude.

L'homme salue le directeur d'un doigt sur le chapeau et s'en va.

La salle à manger, le jour.

ALBERT *(dans la salle à manger avec la Monpalour).* Madame, comment pouvez-vous manger de la viande ? D'aussi jolies dents grignotant du cadavre, pouah ! *(A haute voix.)* Je ne veux plus voir de viande dans cet hôtel !

LE DIRECTEUR *(inquiet).* Plus de viande... mais Majesté...

ALBERT. Plus de viande ! J'ai dit.

LE DIRECTEUR *(résigné).* Bien sûr. Rien que du poisson ! Le client est toujours roi...

ALBERT. Qu'est-ce que c'est le poisson ? De la viande sous-marine ? Pas de poisson, pas de viande. Sinon, à la Bastille !

LE DIRECTEUR *(effrayé).* Non, Sire ! Pas l'opéra ! Pas l'opéra !

LA MONPALOUR. Mais qu'est-ce que je vais manger alors, moi, mon chouchou ?

UN GARÇON. Une cliente m'a prié de vous remettre ce panier de fruits, madame.

LA MONPALOUR. Oh, il tombe à pic. *(Lisant une carte.)* De la part de la comtesse de Vaux-Cerfeuil... comme c'est gentil !

Elle choisit un fruit, y mord et tombe morte.

ALBERT. On l'a assassinée... A la garde ! A la garde !

LE DIRECTEUR. Sa Majesté devrait se mettre à l'abri.

ALBERT. A la garde !

Des garçons se ruent autour du roi.

LE DIRECTEUR. Escortez-le jusqu'à la rue. Ici, le danger est trop grand.

ALBERT *(comprenant).* Mais, alors... vous me chassez de l'hôtel ?

LE DIRECTEUR. Non, Sire, mais la situation n'est pas sûre pour votre Majesté. Il s'agit d'un exil qui, je l'espère, sera bref. Adieu, Sire... Ah ! J'oubliais... si vous pouviez me rendre votre couronne *(Il la prend.)* et payer votre note...

ALBERT. Tas de salauds ! Fumiers ! Vendus !

On l'entraîne.

LE DIRECTEUR *(désolé)*. La politesse n'est pas l'exactitude des rois ! Et puis ils sont chiants, les rois. Je me demande si je ne vais pas faire une petite révolution dans les habitudes de la maison.

UN GARÇON. Monsieur Loxe ? Qu'est-ce que vous voulez dire ?

LE DIRECTEUR. Désormais, ici, le client ne sera plus roi. Il sera président de la République.

La rue, le jour.

Dans la rue, Albert marche misérablement. Il va tourner le coin. L'homme de tout à l'heure, celui au complot, lui court après.

L'HOMME. Attention, Majesté, attention !

ALBERT *(se retourne sans comprendre)*. Qu'est-ce...

ARLETTE *(sa femme, lui plante un couteau dans le dos)*. Fils de pute ! Tu m'as bousillé mes vacances. Crève !

Elle s'enfuit.

ALBERT *(dans les bras de l'homme)*. Je me meurs... même pas guillotiné...

L'HOMME *(le laissant retomber)*. Oh, après tout, moi j'ai fait ce que j'ai pu pour éviter le pire et avec succès puisque je ne suis pas mort !

ROLAND TOPOR/JEAN-MICHEL RIBES

Détournement

Le hall du Palace, le jour.

Belle matinée. Le hall du Palace vit son animation habituelle. Chasseurs, clients, grooms virevoltent et se croisent dans un ballet courtois. Le directeur veille avec tact à la bonne marche de son palace.
Parmi les allées et venues, personne ne remarque les trois clients vêtus de longs manteaux en poil de chameau, portant des lunettes noires et une valise oblongue, qui viennent de pénétrer, par l'une des portes tournantes, dans le hall.
Les trois hommes avancent vers la réception. Lorsqu'ils atteignent le centre du hall, ils ouvrent soudain leurs valises et, en un éclair,

sortent des mitraillettes, jettent leurs manteaux. Ils apparaissent en tenue de combat. Le plus grand des trois, qui semble être le chef, tire trois coups en l'air et hurle.

LE CHEF. Que personne ne bouge ! C'est un détournement !

Le hall, dans une stupeur pétrificatrice, s'immobilise. Tandis que le chef menace tout le monde de son arme, ses deux acolytes – à toute vitesse – sortent un bric-à-brac des valises. Le premier prend des canotiers et des bouteilles de vin rouge qu'il distribue à un groupe de clients très élégants sous la menace de son arme.

LE TERRORISTE N° 2. Allez, mettez ça ! Magnez-vous !

Les clients obtempèrent, se mettent les canotiers sur la tête en tremblant et prennent les bouteilles tandis que le troisième terroriste cloue – au-dessus de la réception – une grande pancarte : "Chez Marcel et Jeanine – Moules à toute heure" et place des nappes en papier vichy sur les tables du salon et du bar.

LE DIRECTEUR. Mais, qu'est-ce que vous faites… ?

LE CHEF. T'es sourd ? Tête de rave. Je t'ai dit que c'était un détournement…

LE DIRECTEUR *(ne comprenant rien).* Un détournement !!?

LE CHEF *(lui pointant son canon sous le menton).* Oui, mon pote. On détourne ton palace en guinguette de la Marne…

LE DIRECTEUR *(de plus en plus ahuri).* … De la Marne ?

LE CHEF. Tu connais pas ça, hein ? Cul doré ! Bah, va falloir t'y faire !

Il fait un signe au terroriste n° 2 qui tient en respect le groupe de clients aux canotiers et aux bouteilles de vin rouge.

LE TERRORISTE N° 2 *(l'arme menaçante).* Allez, avec moi ! *(Il chante de façon graveleuse en se balançant.)* "Il est des nôôôtres…" Allez.

LES CLIENTS *(terrorisés).* "… Il a bu son verre comme les nôôôtres…"

LE DIRECTEUR *(effaré, murmure).* Mon Dieu, quelle horreur…

Le chef se rue sur le directeur.

LE CHEF. Prends ton téléphone, cul doré… *(Il le pousse avec le canon de sa mitraillette jusqu'au desk.)* et t'appelles "Tourisme international"…

Le directeur tape le numéro en tremblant.

LE DIRECTEUR. Allô ! "Tourisme international" ?... C'est M. Loxe du Palace... Ça va, ça va et vous ? *(Au chef.)* Qu'est-ce que je dis ?

LE CHEF. Tu leur racontes tes problèmes !

LE DIRECTEUR. On vient d'être détournés... Non ! "Détournés"... Oui, en guinguette de la Marne... *(Au chef.)* Il ne me croit pas...

Le chef arrache le téléphone des mains du directeur et le dirige vers les clients qui chantent. Il fait signe au terroriste n° 2 de les faire chanter plus fort.
Les clients, blêmes de peur, chantent plus fort sous la menace et la direction du terroriste n°2 qui chante avec eux.

LES CLIENTS *(horriblement gênés).*
"Lève ton coude, Ginette
Bois ton verre, Gaston
C'est pas de la binette
C'est du rouge et du bon."

Le bureau de "Tourisme international", le jour.

"M. Soupse, directeur du bureau de Tourisme international", effaré par ce qu'il entend à l'autre bout du fil, laisse échapper.

MONSIEUR SOUPSE. Nom de Dieu...

VOIX DU CHEF *(off).* Ça te suffit ?

MONSIEUR SOUPSE *(affolé).* Oui, oui... Je vous en supplie. Arrêtez de faire souffrir ces pauvres gens... Qu'est-ce que vous voulez ?

Le hall du Palace, le jour.

LE CHEF *(au téléphone).* La libération immédiate de la chambre 124 au Carlton à Cannes.

MONSIEUR SOUPSE *(off).* La chambre 124, vous dites ?

LE CHEF *(très tendu).* Ça va ! Fais pas le naïf... La plus grande, la plus belle, celle avec terrasse, le petit jardin et la grande salle de bains... Tu vois ? Celle qu'on peut jamais avoir parce qu'elle est occupée par des Américains...

LE DIRECTEUR *(montrant ses clients).* Ces innocents n'y sont pour rien...

LE CHEF. Ta gueule ! *(A Soupse.)* Alors, écoute-moi bien. Dans une heure, Mme Zoutine... Tu notes : *Zoutine*, ma femme et ma belle-sœur Mme Truffard arriveront avec leurs enfants et leurs bagages au Carlton. Elles demanderont la chambre 124 à la réception. *(Il regarde sa montre.)* ... A midi seize exactement. Si elle n'est pas libérée, nous faisons manger des frites grasses à tout le monde ici et nous jouons de l'accordéon jusqu'à plus soif !

Le bureau de "Tourisme international", le jour.

MONSIEUR SOUPSE *(affolé).* Non ! Pas de l'accordéon ! Pas de l'accordéon au Palace. Ils ne le supporteront pas...

LE CHEF *(off).* ... Et nous, crevard, est-ce que tu crois qu'on supporte que la plus belle chambre du Carlton soit occupée depuis des années par des Américains ?... alors go home les Ricains...

MONSIEUR SOUPSE *(effondré, murmure).* Je sais bien... je sais bien...

Le hall du Palace, le jour.

LE CHEF. Au lieu de pleurnicher, tu devrais te secouer la viande. T'as déjà plus que cinquante-cinq minutes pour faire libérer la chambre. Sinon, ici, c'est merguez et java ! *(Il raccroche.)* Fidel, le barbecue au milieu du hall !!

Le terroriste n° 2 installe un petit barbecue au milieu du hall et sort des frites surgelées et des merguez. Un des clients s'évanouit.

LE DIRECTEUR *(tout bas).* Les monstres !

Le bureau de "Tourisme international", le jour.

Dans le bureau de M. Soupse, un état-major de crise a été rassemblé à la hâte. Il est composé de M. Larite, président de "Tradition hôtelière", de Mme Berthe Caffe, directrice des Monuments de France, de M. Axel Jouillon, directeur général du groupe "Action et Pognon" : manches de chemise, cigarettes, café... On marche... Tension.

LARITE. Soupse, vous êtes formel ? C'est bien le FLC 124 ?

SOUPSE *(excédé).* Combien de fois vous allez me le demander Larite ? On dirait qu'à "Tradition hôtelière", vous ne connaissez pas les méthodes du Front de libération de la chambre 124 !

LARITE. Ils ne sont jamais allés jusque-là Soupse, jamais !... Au Grand Hôtel de Vittel, ils ont simplement, il y a deux ans, organisé un concours de pets dans le grand salon...

MADAME CAFFE. ... Où, malgré la syncope de la duchesse de Courteille, vous n'avez pas cédé...

LARITE *(tapant du poing sur la table).* Nous ne libérerons jamais la chambre 124, sous quelque menace que ce soit !

JOUILLON. Alors, ne vous plaignez pas s'ils en arrivent au détournement ! C'est l'escalade !

LARITE *(excédé)*. Ecoutez, Jouillon. Peut-être que la société "Action et Pognon" a comme politique de se déculotter devant l'escalade... ! Nous pas !

JOUILLON *(furieux)*. Eh bien, j'espère que vous avez un pantalon bien accroché, Larite parce que là, j'ai l'impression qu'on va grimper haut ! Très haut !

Une secrétaire entre avec un morceau de papier à la main. Elle le tend à Soupse.

LA SECRÉTAIRE. Le télex du Carlton, monsieur.

SOUPSE *(le lit)*. "Chambre 124 réservée jusqu'à fin août. Impossible de la libérer." *(Grave, il laisse tomber sa main sur la table.)* Ils refusent...

Silence. Soupse regarde la pendule au-dessus de son bureau. Elle indique midi moins le quart.

Le hall du Palace, le jour.

Tensions. Les terroristes ont accroché partout lampions et fanions. Les murs sont couverts d'affiches vantant le pastis, l'anisette et autres alcools populaires. Au milieu du hall, le barbecue fume. Le terroriste n° 2 le tisonne en chantonnant : "Vas-y Mimile, pédale... Tu l'garderas ton maillot jaune..." Parqués comme des bêtes près de la réception, les clients hagards, dont certains sont coiffés de casquettes cyclistes, attendent – anxieux – l'issue du drame. Le chef, assis sur le comptoir de la réception, mitraillette sur les genoux, boit une bière et rote. Le terroriste n° 3 fait lentement une ronde dans le hall afin de vérifier qu'aucun des otages ne bouge. Il a un petit chapeau en cotillon sur la tête et, de temps à autre, souffle dans une "langue de belle-mère" et éclate de rire... En passant devant une vieille aristocrate, il lance.

LE TERRORISTE N° 3. T'es toute pâle, la grosse. Tu devrais te payer un coup de gnôle !! Ça te filerait un peu de rouge sur la tronche !

Il éclate de rire et continue son chemin. La vieille titube. Le directeur se précipite vers le chef.

LE DIRECTEUR. Monsieur, s'il vous plaît ! Vos hommes peuvent-ils épargner les femmes... ? Surtout Mme de Suskind-Valdès. Chaque fois qu'elle entend une vulgarité, ça lui donne une poussée de diarrhée...

LE CHEF. La chiasse ??

La vieille dame, les mains sur le ventre, gémit en entendant ce mot et se plie en deux.

LE DIRECTEUR *(se précipite sur elle).* Non, madame, il a dit "la chasse". *(Il la soutient dans ses bras.)* Vous savez… la chasse… pan ! pan ! Le faisan… Ce n'est pas vulgaire, la chasse… *(Suppliant, au chef.)* S'il vous plaît, autorisez-la à aller aux toilettes, sinon elle va me saloper tout mon carrelage…

LE CHEF. Karl, accompagne la vioque aux chiottes !

LE DIRECTEUR *(à la vieille aristocrate).* Il a dit "aux yachts… aux yachts"… *(Le terroriste n° 3 saisit Mme de Suskind-Valdès et l'emmène aux toilettes.)* Merci.

Soudain, la porte tournante virevolte. Un grand homme, chapeau bordé et gants de peau, accompagné d'une femme très élégante en manteau de fourrure, pénètre dans le hall. Le chef, en un éclair, fait un roulé-boulé, bondit sur un accordéon et hurle.

LE CHEF. Allez !

Tous les clients, y compris le directeur, chantent accompagnés par le chef à l'accordéon.

LES CLIENTS ET LE DIRECTEUR.
"Viens poupoule,
Viens poupoule,
Viens…
Tala tala tsoin ! tsoin !"

Sidéré, l'homme au chapeau bordé regarde le spectacle.

LA FEMME ÉLÉGANTE *(folle de rage).* C'est ça votre palace, Armand !!?

L'HOMME. Attendez, Brigitte, je ne…

LA FEMME ÉLÉGANTE. Attendre quoi ?… Que vous me montriez aussi votre château qui doit probablement être un bistrot pour routiers à Montrouge…

L'HOMME. Brigitte, je vous assure…

LA FEMME ÉLÉGANTE. Tout est fini, Armand !

Elle tourne les talons et sort.

L'HOMME *(au directeur).* Vous me le paierez… très cher !

Il sort, fou de rage. Le chef fait un signe. Tous s'arrêtent de chanter. Le directeur alors se rue sur le téléphone.

LE DIRECTEUR *(il compose un numéro).* J'en peux plus... J'en peux plus ... Allô ! "Tourisme International ?" Ici Loxe... Qu'est-ce que vous foutez, bon Dieu ! Je viens encore de perdre un client. Ça fait vingt fois qu'on chante *Viens poupoule... (Il hurle.)* Oui... On va crever ! Libérez la chambre 124 ! Vite, dans douze minutes, ils nous font danser LA JAVA... Vous savez ce que c'est la java dans une odeur de graillon ! Et puis, après tout, ils ont bien le droit d'y passer leurs vacances dans la chambre 124... Elle est à tout le monde, non !!?

Il raccroche.

LE CHEF *(remué par les paroles du directeur).* Merci...

LE DIRECTEUR. Je peux vous demander une faveur ?

LE CHEF. Allez-y...

LE DIRECTEUR. Est-ce que le duc et la duchesse de Vermont-Laroche que vous avez obligés à jouer à la belote peuvent faire dix minutes de bridge ? J'ai peur qu'ils ne tiennent pas nerveusement...

LE CHEF. O.K... Karl, soulage les tables de belote... Arrête le pastis et verse une coupe de champagne...

LE DIRECTEUR. Merci.

Le bureau de "Tourisme international", le jour.

Dans le bureau de Soupse, la tension est maximale. Un officier du GIGN, en tenue noire de commando, s'est rajouté au groupe initial.

L'OFFICIER. Mes hommes peuvent désarmer n'importe qui en moins de huit secondes. Ils peuvent sauter en parachute, couler un navire espion, arrêter un char... mais un accordéon... un bal populaire... une java... ?

LARITE *(exaspéré).* Eh bien ?

L'OFFICIER. Ils n'ont pas l'habitude, monsieur. Ils ne sont pas entraînés pour ça. J'ai peur qu'ils sabotent et que...

LARITE. ... Et que ce soit un carnage ?!

L'OFFICIER. Non, monsieur... qu'ils se mettent à danser avec tout le monde... La java est entraînante... Mes hommes ne sont que des hommes, monsieur...

LARITE. La police est trop sensible à la musique ! Je l'ai toujours dit !

MADAME CAFFE *(qui est suspendue au téléphone)*. ... J'ai Cannes !

SOUPSE. Alors ?

MADAME CAFFE. Leurs femmes et leurs enfants viennent d'arriver. Ils sont à la réception. Le concierge essaie de gagner du temps.

LARITE. Qu'il ne cède pas !

JOUILLON *(regardant sa montre)*. Leur ultimatum se termine dans trois minutes !!!

LARITE. C'est du chantage. Ils n'oseront pas...

SOUPSE. ... Et s'ils osent ?

JOUILLON. Nous aurons sur la conscience l'élite de la clientèle hôtelière française agonisant dans un bal-musette, empoisonnée par de la nourriture de prolo... La fête de l'Huma dans nos palaces !! C'est ce que vous voulez ?

SOUPSE. On ne peut pas prendre ce risque, Larite... Il faut céder...

LARITE. Ecoutez-moi bien, Soupse. Si vous libérez la chambre 124, plus aucun client, qu'il soit américain ou non, ne sera en sécurité dans l'hôtellerie de luxe française ; au moindre chantage, la chambre occupée sera libérée, les réservations ne seront plus respectées, les réceptionnistes vivront sous la terreur et les "quatre étoiles" s'éteindront les uns après les autres dans le ciel hôtelier français... pfuuiitt... nous disparaîtrons tous ! Comme vous voulez, Soupse !

MADAME CAFFE *(toujours au téléphone)*. Qu'est-ce que je dis à Cannes ?

Avant que qui que ce soit puisse répondre à cette question angoissante, le téléphone qui est sur le bureau de Soupse sonne. Tous jettent un œil sur la montre murale : il est midi seize.

SOUPSE *(soupire)*. Ça y est... *(Il décroche... Fermant les yeux.)* Non ! La chambre 124 n'est pas libérée... *(Il hurle.)* NON ! S'il vous plaît, NON !... *(Il raccroche, blême.)* Ils ont osé...

Il s'écroule sur son bureau en sanglotant.

JOUILLON *(à Mme Caffe)*. Passez-moi le Carlton !

Le hall du Palace.

Sous la menace des mitraillettes, personnel et clients dansent, dans le hall, une gigantesque java au son de l'accordéon du chef tandis que le terroriste n° 3 distribue, aux danseurs qui pleurent de honte, des cornets de frites grasses... Le directeur, qui danse avec la vieille Suskind-Valdès, essaie qu'elle ne souffre pas trop en lui soufflant à l'oreille.

LE DIRECTEUR. Pensez que c'est du Mozart et que nous valsons...

MADAME DE SUSKIND-VALDÈS. J'ai mal au ventre.

Soudain, à la réception, le téléphone retentit. Le chef arrête de jouer. Le bal s'immobilise. Tension. Le chef bondit jusqu'à la réception et décroche.

LE CHEF. Allô ? Françoise ?

La chambre 124 du Carlton, le jour.

La femme du chef est au téléphone, dans la chambre 124 du Carlton. Ses enfants et sa belle-sœur sont derrière elle, les valises sur le lit.

FRANÇOISE. Paul ! Ça y est ! Ils l'ont libérée. On est dedans... Tu vas voir comme elle est belle. On voit la mer de partout et il y a deux salles de bains... On va passer des vacances formidables... du vrai luxe... Arrive vite !

Le hall du Palace, le jour.

LE CHEF *(il raccroche et, ivre de joie, hurle).* ON A GAGNÉ !! Ils ont libéré la 124 ! Françoise et Jacqueline sont avec les enfants... *(A tous.)* Vous êtes libres...

Soupirs de bonheur. Applaudissements. Joie chez les otages. Le chef et ses deux complices mettent leur manteau et reprennent leurs valises. Le directeur appelle un groom en tapant dans ses mains.

LE DIRECTEUR. Lucien, les valises de ces messieurs...

LE CHEF. Non, non, ça va... Laissez.

LE DIRECTEUR. Ah non ! Je suis désolé ! Vous nous avez libérés, nous sommes à nouveau dans un palace... Lucien, André... un taxi pour ces messieurs... Orly... direction Nice...

Les trois terroristes sortent, accompagnés du directeur, d'un groom et d'un chasseur.

Dans un coin, une cliente dit avec haine.

LA CLIENTE. Tu vois, Alexandre. Si tu avais eu ses couilles, on aurait réussi à l'avoir la suite royale !

JEAN-MICHEL RIBES/ROLAND TOPOR

Breakfast en péril ou bacon panique

La salle à manger, le jour.

C'est le matin. Félix, le maître d'hôtel, et deux soubrettes servent les petits déjeuners aux premiers clients attablés dans la salle à manger.

Tandis que les deux soubrettes poussent des chariots où sont disposés les breakfasts, Félix dépose un plateau garni d'un petit déjeuner complet devant un couple.

LA FEMME. Merci…

L'HOMME *(examinant le breakfast)*. Il n'y a pas de bacon ?

FÉLIX *(étonné)*. Oh, en effet monsieur, je vous prie de m'excuser. C'est un oubli de la cuisine. Je vous l'apporte tout de suite…

L'HOMME. Je vous remercie, parce qu'un petit déjeuner sans bacon, ça ne peut pas…

FÉLIX. Je vous comprends parfaitement monsieur.

Félix se dirige vers la double porte battante de la cuisine.

Dans la cuisine, Louis, le chef, surveille ses œufs brouillés, œufs au plat et omelettes que Thomas, le premier marmiton, place dans les assiettes de petits déjeuners dès qu'ils sont cuits.

FÉLIX *(entrant)*. Chef, vous n'avez pas garni en bacon…

LE CHEF. Qu'est-ce que tu racontes… ?

Les deux soubrettes entrent.

PREMIÈRE SOUBRETTE. Chef, vous m'avez oublié le bacon.

DEUXIÈME SOUBRETTE. Moi aussi, chef…

LE CHEF. Qu'est-ce que c'est que cette histoire… Thomas, surveille ça…

Il abandonne ses œufs au premier marmiton et se dirige le long des fourneaux vers le fond de la cuisine où Max, le deuxième marmiton, au milieu d'une dizaine de cartons ouverts, ouvre paquet sur paquet.

Max, qu'est-ce qui se passe ?

MAX *(nerveux)*. Je sais, chef, je sais. J'ai un problème bacon… "Charcutos" nous a livrés. *(Il ouvre les paquets.)* De la mortadelle, des rillettes, du saucisson… Ils ont pas mis le bacon…

LE CHEF *(atterré)*. Merde !... Appelle immédiatement "Grassouillard et Cochinet"...

MAX. Fermé, chef, on est lundi... Ils sont tous fermés... Tous...

LE CHEF. Même "S.O.S. LARDONS" ?

MAX. Je les appelle depuis six heures. Ça ne répond pas.

LE CHEF *(entre ses dents)*. Nom d'un chien...

FÉLIX. Qu'est-ce qu'on fait, chef, parce que ça va pas tarder à s'impatienter...

LE CHEF. Va leur parler Félix, rassure-les...

FÉLIX. Qu'est-ce que je leur dis ?

LE CHEF. Je sais pas. Trouve quelque chose... J'appelle le patron...

Tendu, le chef décroche le téléphone qui se trouve près des fourneaux tandis que Félix, suivi des deux serveuses, retourne dans la salle à manger.

La salle à manger, le jour.

Félix se place à l'extrémité de la salle à manger, face aux trois rangées de tables où la clientèle attend son bacon.

FÉLIX. Votre attention, mesdames et messieurs. S'il vous plaît. Un léger incident, sans gravité aucune, nous oblige à retarder de quelques instants le service bacon. Le chef Brifeau et son équipe vous prient de les excuser pour ce léger contretemps... Nos hôtesses vont vous servir des rafraîchissements pour vous faire patienter... *Your attention please, ladies and gentlemen...*

Tandis que Félix recommence son discours en anglais, les deux soubrettes passent avec leurs chariots entre les rangées, posant sur chaque table un verre de jus d'orange.

UNE VIEILLE DAME *(légèrement inquiète)*. Rien de grave, mademoiselle ?

SOUBRETTE N° 1. Non, madame, rassurez-vous, une question de minutes...

LA VIEILLE DAME. Je vous remercie... Vous savez, on s'imagine tellement de choses...

SOUBRETTE N° 1. Rassurez-vous, tout va bien...

Un peu plus loin, à la table du couple.

LA FEMME. Ecoute, Emile, tu ne vas pas te mettre dans cet état-là pour un retard de bacon...

ÉMILE *(très anxieux)*. Je n'aime pas ce genre d'annonce... Je n'aime pas ça, c'est tout !... Tiens, ça y est ! J'ai les oreilles qui bourdonnent... C'est le manque de bacon. Je ne le supporte pas.

SOUBRETTE N° 2 *(arrivant)*. Déglutissez, monsieur, ou pincez-vous le nez en soufflant...

ÉMILE. Dites-moi la vérité. Je préfère savoir. Qu'est-ce qui se passe ?

SOUBRETTE N° 2. Rien du tout, monsieur. Un tout petit problème de friture. Nous nous en occupons.

ÉMILE. Je ne vous crois pas !

SOUBRETTE N° 2. Monsieur, dans un palace de cette taille, vous êtes en totale sécurité. En seize mille heures de service, nous n'avons jamais eu un seul accident...

Un peu plus loin, à une table, un jeune enfant pleure dans les bras de sa mère.

LA MÈRE *(le calmant)*. Mais non, mon chéri, ça n'existe pas les œufs au plat sans bacon, je te promets...

LE GOSSE *(en larmes)*. Lili, elle a dit que c'était arrivé à son père et qu'il était mort...

Il redouble de pleurs.

LA MÈRE. Lili est une menteuse...

Son voisin, un jeune homme calme, lui tend un petit morceau de toast...

LE JEUNE HOMME. Tenez, donnez-lui ça, ça le calmera...

LA MÈRE. Qu'est-ce que c'est ?

LE JEUNE HOMME. Pain, marmelade et sel... Un vieux truc quand j'étais cuistot dans l'armée...

LA MÈRE *(avec un sourire reconnaissant)*. Merci...

Le bureau du directeur et la cuisine, le jour.

M. Loxe, le directeur, en bras de chemise, mâchonnant un cigare, marche rageur, tel un lion en cage dans son bureau. Il tient un téléphone plaqué contre son oreille droite.

LE DIRECTEUR. Appeler Bayonne ! Et pourquoi pas San Daniele ou Parme ! Le temps qu'ils nous livrent, on aura trente personnes sur la conscience... Je réfléchis, Louis, je réfléchis ! Ça bouge pas trop en salle ?

La cuisine : le chef, le front en sueur, près des fourneaux, le téléphone sur l'oreille.

LE CHEF. Félix dit que ça commence à secouer... A son avis, on va pas tarder à avoir de la turbulence.

Le bureau du directeur.

LE DIRECTEUR. Bon. Louis, dites à vos gars de bloquer toutes les issues de secours de la salle à manger. Je ne veux pas de contagion dans le reste de l'hôtel. Compris ?

LE CHEF *(off)*. Compris...

LE DIRECTEUR. Tâchez de tenir le plus longtemps possible. Essayez de les calmer à la mortadelle.

LE CHEF *(off)*. On va faire l'impossible, patron...

LE DIRECTEUR. Merci Louis... Louis ?

LE CHEF *(off)*. Oui, patron.

LE DIRECTEUR. Louis, je vous le jure, on va vous sortir de là. (*Il raccroche. Appuie sur son interphone.*) Jacqueline. Appelez-moi immédiatement un chef trois étoiles et dites-lui de venir me rejoindre à la tour de contrôle...

JACQUELINE *(off)*. Oui monsieur...

Le directeur enfile sa veste et sort de son bureau.

La salle à manger, le jour.

Climat d'angoisse chez les clients.

FÉLIX. Mesdames et messieurs, pas d'inquiétude. En cas de manque de bacon prolongé, un masque qui sent la poitrine de porc fumée tombera automatiquement au-dessus de vos sièges. Il suffit de le plaquer comme ceci sur votre visage jusqu'à ce que le chef de cuisine vous dise de le retirer. (*Tandis que Félix parle, les deux soubrettes font la démonstration de l'utilisation du masque.*) D'autre part, je vous demande de bien attacher vos ceintures... au cas où il faudrait nous la serrer !

A la table du couple, le mari, blême, sombre dans la panique.

ÉMILE. On n'en aura pas... J'en étais sûr... Jeanine, on n'en aura pas !...

LA FEMME. Emile, je te jure que le bacon va arriver... Je te le jure... Tiens, reprends un peu de mortadelle, ça va te calmer...

Elle lui tend une rondelle de mortadelle qu'il recrache, dégoûté. Sa femme lui éponge le front. Le gosse hurle, sa mère chante pour le calmer. Une serveuse lui donne de la mortadelle. La vieille femme est près de s'évanouir.

LA VIEILLE FEMME *(murmure, hagarde)*. J'ai peur... J'ai peur...

Le jeune homme, qui a vu qu'elle allait tourner de l'œil, bondit, la prend dans ses bras.

LE JEUNE HOMME. Vite, un masque ! *(Félix fait actionner la trappe, un masque tombe au-dessus de la vieille. Le jeune homme le lui plaque aussitôt sur le visage. A Félix.)* Occupez-vous de ceux de derrière...

FÉLIX. Je n'ai plus assez de mortadelle, monsieur.

LE JEUNE HOMME. Prenez ma part...

Félix se précipite vers les tables, à l'arrière où des clients craquent. Les serveuses s'occupent comme elles peuvent de la mère et de l'enfant qui hurle.

La cuisine et la tour de contrôle, le jour.

En sueur, au milieu de la fumée des œufs qui brûlent, le chef et les deux marmitons raclent, à toute allure, les derniers morceaux de mortadelle qui collent à l'enveloppe en plastique. Le téléphone sonne. Max décroche.

MAX. Je vous le passe... *(Au chef.)* C'est le patron...

LE CHEF *(avec l'énergie de l'épuisement)*. Allô... Il me reste vingt grammes de mortadelle... pour trente personnes. Je vais être obligé de passer au saucisson à l'ail...

Dans une sorte de cage en verre, aspect tour de contrôle, le directeur, un bout de cigare coincé entre les dents, parle dans un micro. A côté de lui, un chef de cuisine, en grande tenue avec un ruban bleu-blanc-rouge autour du cou, lunettes noires "Ray Ban" et toque impeccable, écoute, très maître de lui.

LE DIRECTEUR *(affolé)*. Non, Louis, non ! Pas le saucisson à l'ail. C'est trop dur pour un breakfast. Ça, on ne peut pas. S'ils s'en sortent, ils ne nous le pardonneront jamais !

LE CHEF *(hurlant, off)*. Alors, qu'est-ce que je fais, bordel ! Je leur donne mes doigts à sucer…

LE DIRECTEUR. Gardez votre sang-froid, Louis. Je vous passe quelqu'un que vous connaissez bien. Il va nous aider…

Il tend le micro au chef de cuisine qui est à côté de lui.

LE CHEF DE CUISINE. Salut, Louis. C'est Cussier.

Cuisine.

LE CHEF. Cussier ! Quand je pense que je ne t'ai même pas félicité pour ta "toque d'or"…

Tour.

CUSSIER. On verra ça plus tard, Louis. Faut aller vite maintenant.

LE CHEF *(off)*. O.K. Prends les commandes, Jean.

CUSSIER. Qu'est-ce qui te reste dans les frigos ?

Cuisine.

LE CHEF. Du poisson. Rien que du putain de poisson !

CUSSIER *(off, calme)*. Je vois…

La porte battante de la cuisine s'ouvre. Félix, la queue-de-pie arrachée, entre en se tenant le bras rouge de sang. Il s'appuie en haletant contre le mur.

LE CHEF. Félix est blessé !

FÉLIX. Le type de la table 9 a craqué. Il a pris sa femme pour une truie et il a essayé de la fumer avec son havane…

THOMAS. Max, de l'huile, un torchon !!

Les deux marmitons bandent Félix précipitamment.

LE CHEF. Cussier, si t'as une recette, c'est le moment parce qu'on va pas tenir des années…

Tour.
La tension est grande. Le directeur mastique nerveusement un crayon.

CUSSIER *(rapide, précis)*. O.K. Allume trois fours. Mets du petit bois à l'intérieur…

LE CHEF *(off)*. Quel petit bois ?

CUSSIER. ... Les chaises... les tables... *(Le directeur anxieux avale son crayon et en prend un autre qu'il commence à mastiquer.)* Ça y est ? Ça fume ?

LE CHEF *(off)*. Ça fume.

CUSSIER. O.K. Maintenant, tu balances dans les fours tout ce que tu trouves comme godasses...

LE CHEF *(off)*. Des godasses ???!!

CUSSIER. Louis, fais ce que je t'ai dit. J'ai sauvé un banquet de soixante couverts à Diên Biên Phû avec des mocassins et des espadrilles. Les gars n'y ont vu que du feu... Vas-y... Thermostat à 9...

Le directeur, de plus en plus anxieux, mange sa cravate.

La cuisine, le jour.

Max et Thomas finissent d'enlever leurs chaussures et les jettent dans le four qui fume. Max s'assied à côté du chef et remue, comme lui, doucement d'avant en arrière, la porte du four (un peu comme un manche à balai).

THOMAS. Thermostat à 9, chef !

LE CHEF. Pousse à 12 !

MAX *(inquiet)*. Chef...

LE CHEF. J'ai dit : Pousse-le à 12 !

THOMAS. Thermostat à 12, chef !

La salle à manger, le jour.

Cris. Hurlements. Panique. Une soubrette tente de ranimer, en la giflant, la vieille dame. Emile court après un cochon vêtu comme sa femme. L'autre soubrette joue de la guitare et chante à tue-tête une berceuse pour que le petit garçon, qui mange la nappe, tente de s'endormir, tandis que le jeune homme place la mère de l'enfant qui délire sur une civière.

LE JEUNE HOMME *(à Félix)*. Aidez-moi. On va faire le bruit du bacon qui frit. Vite, sinon elle est perdue...

Tous les deux se mettent à genoux près des oreilles de la femme et, avec la bouche, imitent la friture.

JEUNE HOMME ET FÉLIX. Prrrichchcht, Prrrichhhhht...

Tout à coup, une énorme explosion secoue la salle. La porte de la cuisine vole en éclats et une fumée noire jaillit à gros bouillons...
Les lumières Emergency *au-dessus des portes se mettent à clignoter.*

La tour de contrôle, le jour.

CUSSIER. Louis... réponds... Louis, ici Cussier, je ne te reçois plus... Bon Dieu, Louis, réponds...

Le directeur, au comble de l'angoisse, mange nerveusement un bouquet de fleurs.

LE DIRECTEUR. Qu'est-ce qui lui prend !

CUSSIER. Monsieur Loxe...

LE DIRECTEUR. Oui, Cussier ?

CUSSIER. Vous ne voulez pas que je vous fasse une petite sauce pour vos bégonias ?...

VOIX OFF AU TÉLÉPHONE. Allô... Alpha, Tango, Bravo, répondez...

CUSSIER *(dont le visage s'éclaire)*. Louis ?

La cuisine, à moitié détruite, remplie de fumée. Le jeune homme est aux commandes du four. Il parle au téléphone.

LE JEUNE HOMME. Non, ici Bob Richardson... un client. Il y a eu une explosion... Le chef est salement amoché. Je fais ce que je peux. Terminé.

La tour, le jour.

Le directeur, au bord de l'évanouissement, boit l'eau des fleurs pour tenir le coup.

CUSSIER. Bob... Bob... Est-ce que vous avez déjà cuisiné ? A vous.

BOB *(off)*. Il y a longtemps, à l'armée, j'étais aide-cuistot... Terminé.

CUSSIER. Brave petit gars... Bob, dis-moi. Il te reste encore un four ?...

BOB *(off)*. Le four arrière est foutu. Le gauche est en flammes. Mais je crois que le four droit tient encore le coup...

CUSSIER. O.K. Bob. Augmente le gaz et fais-toi porter tout ce qui reste de vinaigrette parce qu'on va mettre toute la sauce, mon petit gars...

BOB *(off)*. Compris...

Cussier se retourne vers le directeur qui est blême, effondré sur son siège. Il lui tend un petit bouquet de violettes en lui disant, avec un clin d'œil qu'il veut rassurant.

CUSSIER. On va les tirer de là, monsieur Loxe.

Le directeur, trop tendu pour répondre, mange le petit bouquet de violettes en fixant le haut-parleur. Une musique, style Espoir et Victoire, *commence doucement.*

La cuisine, le jour.

Série de plans rapides où l'on voit le jeune homme "conduire le four", Max, soigner le chef, Thomas, sortir les chaussures cuites. Tout va très vite. On les découpe en lanières. Les poêles se mettent à frire, les lanières rissolent... On fait des œufs au plat... Félix, en haillons, apporte des plateaux. On les charge avec les œufs au faux bacon. Félix les passe aux soubrettes, qui se précipitent dans la salle.

La salle à manger, le jour.

Les soubrettes apportent les œufs au bacon aux clients les plus faibles. Petit à petit, l'espoir revient. L'enfant mange une mouillette avec un morceau de bacon... Il sourit. Sa mère le regarde depuis sa civière. Elle pleure de joie. La vieille dame revient à elle. Même Emile se calme. Il ne court plus après le cochon.

FÉLIX *(murmure, les mâchoires serrées).* Je crois qu'on est sortis d'affaire...

La tour de contrôle, le jour.

Cussier ôte sa toque maculée de sueur et, dans un soupir de soulagement, murmure.

CUSSIER. Je crois qu'ils sont sortis d'affaire...

LE DIRECTEUR *(essuyant les pétales qui maculent sa bouche).* Cussier, ce que vous venez de faire là, c'est encore plus grand que votre turbotin aux truffes.

CUSSIER *(humble).* Merci, monsieur Loxe.

Ils sortent de la tour. Avant de partir, discrètement, le directeur pique une tulipe qui traîne dans un vase et l'avale avec délices.

Le hall du Palace, le jour.

Sortie triomphale des hôtes de la salle à manger, devant la clientèle, le personnel au grand complet, directeur en tête. Pompiers et ambulanciers recouvrent de couvertures les plus faibles et leur donnent des assiettes de vrai bacon. Bob est porté en triomphe. Seul, Emile – dans un coin – parle au cochon qui a des nattes.

ÉMILE. Jeanine, c'est fini. Jeanine, on est arrivés. Arrête.

JEAN-MICHEL RIBES

Eau trouble

Le hall, le jour.

LE DIRECTEUR. Oui, Lucien.

LUCIEN. Monsieur le directeur, je crains qu'il n'y ait un problème à la piscine…

LE DIRECTEUR. Ne me dites pas que vous avez encore trop gonflé la bouée de la princesse Bozellini…

LUCIEN. Non ! Ça, on a fait très attention…

LE DIRECTEUR. J'espère, parce que la dernière fois, elle a été obligée de la garder deux jours et au restaurant elle faisait vraiment ballonnée…

LUCIEN. Non… C'est Maurice… il vient de trouver ça dans le grand bassin…

Il montre un morceau de tissu de couleur vive.

LE DIRECTEUR. Qu'est-ce que c'est ?

LUCIEN. Le maillot de bain de Mlle Capillier-Legendre.

LE DIRECTEUR. … Et alors, qu'est-ce que vous voulez que j'en fasse ? Rendez-le-lui…

LUCIEN. Je ne peux pas.

LE DIRECTEUR. Pourquoi, elle le trouve moche ?

LUCIEN. Non ! Parce qu'elle a disparu…

LE DIRECTEUR. … De son maillot de bain ?

LUCIEN. Oui.

Le directeur jette un œil scrutateur sur le maillot.

LE DIRECTEUR. Mon petit Lucien, vous êtes sûr, la dernière fois que vous avez vu Delphine Capillier-Legendre, vous êtes bien certain qu'elle était dedans ?

LUCIEN. Certain, monsieur le directeur !… Elle nageait sous l'eau… C'était il y a une bonne heure…

LE DIRECTEUR. Elle est sous l'eau… depuis une heure ?

LUCIEN *(au comble de l'angoisse)*. Vous croyez qu'elle a fondu ?

LE DIRECTEUR. Oh ! cette manie que vous avez vous, les maîtres nageurs, de tout dramatiser tout de suite. On va la retrouver... Vous avez bien regardé au fond ?

LUCIEN. C'est Maurice qui s'en occupe...

LE DIRECTEUR *(excédé)*. Bon ! J'y vais !

La piscine, le jour.

Une cliente dorée s'ébat dans l'eau tiède de la luxueuse piscine du Palace. Le directeur, tenant le maillot de bain de Mlle Capillier-Legendre, suivi de Lucien, arrive, saluant au passage quelques grands noms du Gotha qui sirotent un drink sur les transats entourant la piscine.

LE DIRECTEUR. Où est Maurice ?

LUCIEN *(désignant le grand bassin)*. Là !

Maurice retire son masque.

LE DIRECTEUR. Alors, tu l'as vue ?

Maurice fait non de la tête.

MAURICE. A mon avis, elle nous a fait le coup du banquier japonais de l'année dernière...

LE DIRECTEUR. Quoi !! Tu veux dire qu'elle a été aspirée par le tuyau d'épuration ?

MAURICE. Je ne vois pas d'autre explication.

LUCIEN. Oh merde !

LE DIRECTEUR. Quoi "Oh merde" ! Cette manie que vous avez de tout dramatiser immédiatement, vous, les maîtres nageurs !

LUCIEN. C'est pas vous qui êtes allé le chercher le Japonais quand on l'a trouvé, deux mois après, bloqué dans le filtre !

LE DIRECTEUR. ... Bloqué dans le filtre !... Bloqué dans le filtre ! Tout de suite tout en noir ! Qui te dit qu'elle est bloquée dans le filtre !? Elle est peut-être passée à côté du filtre, et en ce moment elle est tout simplement en train de marcher dans les égouts en riant bien à l'avance à l'idée de la tête que vont faire ses amis quand elle va leur raconter son amusante aventure... Alors, ce n'est pas la peine de faire cette tête-là, Lucien, cette tête qui va finir par inquiéter tout le monde...

LUCIEN. J'appelle les égouts ?

LE DIRECTEUR *(dans un soupir, les yeux au ciel).* Si ça peut te rassurer !

Sur une autre plage de la piscine, une jeune mère appelle son enfant. Elle a l'air préoccupée.

LA JEUNE MÈRE. Pilou ! Pilou ! Allez viens chéri, c'est l'heure de déjeuner... Pilou ! *(Elle croise le directeur.)* Vous n'avez pas vu mon garnement de Pilou, monsieur Loxe ?

LE DIRECTEUR *(très enjoué).* Mon petit doigt me dit qu'il doit manger une grosse glace, caché quelque part, le coquin !

LA JEUNE MÈRE *(elle repart).* Vous avez sûrement raison... Pilou, Pilou...

Un jeune homme, en maillot de bain, un cocktail à la main, s'approche en souriant du directeur.

LE JEUNE HOMME. Alors, où se cachait-elle ma fiancée ?

LE DIRECTEUR *(ne comprenant pas).* Votre fiancée était cachée ?

LE JEUNE HOMME. Oui, ça fait plus d'une heure que je la cherche mais je crois que vous l'avez trouvée avant moi.

LE DIRECTEUR. ... Votre fiancée ?

LE JEUNE HOMME. ... Eh bien oui, puisque vous avez son maillot dans les mains...

LE DIRECTEUR. Son maillot dans... ? Mais oui, bien sûr, j'ai son maillot de bain dans les mains... Et vous savez pourquoi j'ai son maillot de bain dans les mains ?

LE JEUNE HOMME. Non.

LE DIRECTEUR. Eh bien, j'ai son maillot de bain dans les mains parce qu'elle me l'a donné... Ha ! Ha ! Ha ! Ha !...

LE JEUNE HOMME. Mais elle est idiote.

LE DIRECTEUR. Pourquoi ?

LE JEUNE HOMME. Ce n'est pas votre taille...

LE DIRECTEUR. Je sais... Je sais, mais ça avait l'air de lui faire tellement plaisir... J'ai fini par accepter.

LE JEUNE HOMME. C'est très chic de votre part, et où est-elle maintenant ?

LE DIRECTEUR. Elle... elle... elle est... elle est...

LE JEUNE HOMME *(soudain anxieux).* Dites-moi la vérité, elle est partie ?

LE DIRECTEUR. Mais pas du tout... pas du tout, du tout...

LE JEUNE HOMME *(soudain dépressif).* Je suis inquiet... J'ai l'impression qu'elle me boude. Elle m'a dit : "Je pique une tête et je viens boire un verre avec toi..." Et puis... ça fait plus d'une heure que je l'attends tout seul *(Il a les larmes aux yeux.)* avec son diabolo citron, sa boisson préférée que je lui ai commandée au bar pour lui faire plaisir. Delphine, qu'est-ce qui se passe... ? Delphine, tu ne m'aimes plus ?

LE DIRECTEUR. Mais si elle vous aime... mais si...

LE JEUNE HOMME. Alors, reviens ! Reviens vite...

LE DIRECTEUR. Mais bien sûr qu'elle va revenir et plus vite que ça ! Un grand beau garçon comme vous avec l'avenir que vous avez devant vous... et ce joli bandeau blanc... et ces épaules bien grandes... et ce beau diabolo citron... Ça ne se quitte pas comme ça, croyez-moi...

Un hurlement fait sursauter toute la piscine. C'est la jeune mère. Le directeur abandonne le jeune homme dépressif et se précipite vers l'autre bout de la piscine où la jeune mère sanglote.

Que se passe-t-il... ?

La jeune mère, en larmes, soutenue par deux personnes, désigne du doigt un petit canard (bouée d'enfant) qui flotte sur la piscine. Le cou du canard pend dans l'eau, déchiré.*

LA JEUNE MÈRE *(en transe).* Pilou... Pilou n'est plus dans sa bouée...

Maurice ramène la bouée sur le bord de la piscine avec une gaffe. Un homme grand, au visage buriné, quitte son transat, s'approche de la jeune mère et du directeur, attrape la bouée et l'examine calmement.

L'HOMME. Je n'ai vu qu'une seule fois ce type de morsure... C'était il y a cinq ans, j'avais les cheveux courts...

LE DIRECTEUR. Où était-ce ?

L'HOMME. Dans la mer Rouge.

LE DIRECTEUR. Vous... vous voulez rire ?

L'HOMME. Oh non ! Un requin mâle avec une mâchoire de cette taille-là ne m'a jamais fait rire, croyez-moi...

---

* Note accessoires : prendre une bouée canard qui se gonfle en deux parties, la bouée proprement dite et le cou d'autre part, afin que l'ensemble puisse flotter avec le cou qui pend dans l'eau.

LE DIRECTEUR. Vous voulez dire qu'il y a un requin dans ma piscine ?

L'HOMME *(avec un sourire amer).* Oui. Il s'appelle même Djingo. Il mesure entre sept et neuf mètres et, il y a cinq ans, à Elath, le 8 août exactement dans l'après-midi, il a mangé ma femme, ma fille, son frère, mon beau-père, son matelas pneumatique tout neuf, Toutoune, mon teckel à poil ras.

LE DIRECTEUR. ... En plus, c'est un boulimique !

L'HOMME. Alors, bien sûr, depuis cet après-midi-là, j'ai moins de frais quand je pars en vacances mais il me reste un goût amer dans la gorge et une grande natte sur la nuque.

LE DIRECTEUR. ... Qui doit vous peser... Elle est jolie mais elle doit peser...

L'HOMME. J'ai fait le vœu de ne plus me couper les cheveux tant que je n'aurai pas vengé ma famille et notre matelas pneumatique... *(Il s'adresse à la piscine.)* Ecoute-moi bien, Djingo, avant demain matin je serai coiffé en brosse !

Il s'éloigne d'un pas lent vers les cabines...

MAURICE *(s'approche du directeur).* Qu'est-ce qu'on fait, patron, on interdit la baignade ?

LE DIRECTEUR. Interdire la baignade ! Et pourquoi pas appeler les pompiers ! Elle n'est pas empoisonnée la piscine, il y a juste un poisson dans l'eau ! C'est anormal, un poisson dans l'eau ?! Cette manie que vous avez de tout dramatiser, vous, les maîtres nageurs !

Fondu au noir.

La piscine, le jour.

Le lendemain, la clientèle du Palace batifole dans l'eau bleue de la piscine. On rit. On joue sur les plages en mosaïque. On boit des drinks. Bref, personne ne semble s'inquiéter de la présence de ce grand mirador, planté au milieu de la piscine et dont l'extrémité est recouverte d'un filet de camouflage, sous lequel l'homme surveille inlassablement à la jumelle la surface de la piscine.
Guilleret, après avoir salué deux ou trois clients avec une courtoise bonne humeur, le directeur se dirige vers le mirador, grimpe l'échelle de fer et rejoint le guetteur.

LE DIRECTEUR. Alors ?

L'HOMME. Pour l'instant, c'est calme.

LE DIRECTEUR. Il a eu quelqu'un, cet après-midi ?

L'HOMME. Un vieux monsieur... et une dame blonde...

LE DIRECTEUR. Il y a du mieux. C'est moins que ce matin... Vous connaissez leurs noms ?

L'HOMME. Aucune idée...

LE DIRECTEUR. Non, je vous pose cette question à cause des chambres. J'ai une telle demande en ce moment avec le Salon du diamant que toutes celles que je peux libérer, surtout avant midi, c'est vrai... ça m'arrange...

L'HOMME. Comment s'appelle-t-il le gros monsieur avec une moumoute, qui ne quitte pas sa bouteille de champagne ?

LE DIRECTEUR. Ah ! M. Kluntz, Herman Kluntz, charmant, de la banque Kluntz et Largentel.

L'HOMME. Largentel vient de devenir majoritaire...

Il désigne du doigt une moumoute blonde et une bouteille de champagne qui remontent à la surface.

LE DIRECTEUR *(notant sur son carnet)*. Il avait la suite du neuvième étage. Je vais pouvoir caser lord Baldington qui s'apprêtait à me faire un scandale, un peu plus et il faisait téléphoner à la reine...

L'homme se penche vers la piscine et interpelle Maurice qui fait nager un petit monsieur au bout d'une perche reliée à un fil.

L'HOMME. Doucement... doucement... remonte vers le grand bassin... !

MAURICE. Il est tout pâle... Il n'en peut plus...

LE DIRECTEUR. Est-ce bien le moment d'apprendre à nager aux enfants ?

L'HOMME. Ce n'est pas un enfant, c'est un nain !

LE DIRECTEUR. Vous apprenez la natation aux nains ?!!

L'HOMME. Non ! J'appâte aux nains, la mie de pain ça aurait salopé toute la piscine...

MAURICE. Qu'est-ce que je fais ? Je le balade encore ?

L'HOMME. Non, change-le ! Je t'ai déjà dit quand ils sont fatigués, ils n'ont plus de goût...

Maurice enlève son nain de l'eau tandis que Lucien ouvre un grand panier en osier où il y a trois autres nains. Ils changent l'appât.

Faut pas prendre les requins pour des cons, non plus. C'est l'idéal le nain... C'est nerveux, résistant. Ça excite le requin et quand il le chope, il l'avale d'un coup : il a pas le temps de crier ni de saigner... Résultat : ça n'affole personne... sans compter que parfois, on le récupère... *(A Maurice.)* Doucement, remonte le courant...

LE DIRECTEUR. Quand pensez-vous... enfin, je veux dire quand allez-vous le...

L'HOMME. S'il ne mord pas au nain, cette nuit je plonge. Demain matin, ce sera lui ou moi.

LE DIRECTEUR. Courage ! Je suis sûr que tout va bien se passer. Vous allez le terrasser. *(Avant de descendre, il consulte sa liste.)* Votre chambre, c'est bien la 108 ?

L'HOMME. Oui.

LE DIRECTEUR *(inscrit)*. En attente.

Le directeur descend du mirador et croise, sur le bord de la piscine, le fiancé dépressif avec son diabolo citron à la main.

Alors, comment ça va ?

LE FIANCÉ *(les larmes aux yeux)*. Elle n'est toujours pas là... Vous pensez que je dois boire son diabolo citron pour lui donner une leçon ?

LE DIRECTEUR. Buvez plutôt un double calva...

LE FIANCÉ. Je me demande si ce n'est pas à cause de ma coiffure qu'elle est partie. Elle n'a jamais osé me le dire mais je crois qu'elle détestait ma raie. Qu'est-ce que vous en pensez ?

LE DIRECTEUR. De votre raie ?

LE FIANCÉ. Oui, si je la mettais au milieu, j'ai l'impression que je serais plus dans le coup, plus attractif... ?

LE DIRECTEUR. Vous savez ce que je ferais à votre place ?

LE FIANCÉ. Vous supprimeriez définitivement la raie et vous feriez un double cran sur le haut pour adoucir le regard ?

LE DIRECTEUR. Non j'irais plonger un bon coup dans la piscine, je suis sûr que ça vous changerait les idées...

LE FIANCÉ. Vous avez raison, un petit raffermissement des abdominaux accompagné d'une belle raie au milieu.

LE DIRECTEUR. A mon avis elle est là dans dix minutes.

LE FIANCÉ. Vous croyez ?

LE DIRECTEUR. J'en suis sûr... Plongez bien au milieu à côté des nains...

Le hall et la piscine, la nuit.

Le soir. En sortant de la salle à manger, dans le petit hall qui mène à la piscine, une très jolie fille et son ami s'arrêtent.

LA JOLIE FILLE. Tu viens Karl ?

KARL. Non, je n'ai pas envie...

LA JOLIE FILLE. Trois brasses et on rentre.

KARL. Non... Je t'attends au bar.

LA JOLIE FILLE. Oh, tu n'es pas drôle !

Karl s'en va vers le bar. La jolie fille hausse les épaules, sort de son sac un maillot de bain et, d'un pas décidé, entre dans la piscine. A peine a-t-elle disparu derrière la porte battante qu'on entend un terrible cri suivi d'un bruit de combat dans l'eau.
La porte battante s'ouvre à nouveau, laissant passer un paquet de viande et d'os entouré du maillot de bain de la jeune femme. Pétrification du directeur.
A cet instant, l'homme pénètre dans le hall en tenue de pêcheur sous-marin. Il examine le paquet de viande.

L'HOMME. Il n'a plus ses dents d'avant. Il a dû s'y reprendre à deux fois... Occupez-vous d'elle.

LE DIRECTEUR *(soulevant le paquet de viande)*. Vous pensez qu'il n'y a plus rien à faire ?

L'HOMME. Essayez le bouche à bouche mais, franchement, j'y crois pas trop...

Il se dirige vers la piscine.

LE DIRECTEUR. Bonne chance... moi, j'y crois, je suis sûr que vous allez l'avoir. Je vous ai déjà pris rendez-vous chez le coiffeur.

L'HOMME. Vous êtes épatant mon vieux. Je vais tâcher de trouver un moyen. Allons-y Max.

Il pénètre dans la piscine, tandis que le directeur souffle dans son morceau de viande...
On entend un "plouf" off... et la voix de l'homme.

L'HOMME *(off)*. Putain, qu'elle est froide...

A ce moment entre un jeune homme brun, un diabolo citron à la main.

LE JEUNE HOMME. Où est-elle ?

LE DIRECTEUR. Qui ?

LE JEUNE HOMME. Delphine !

LE DIRECTEUR. Delphine !

LE JEUNE HOMME. Ne me dites pas qu'elle n'est pas revenue !!! Je me suis fait deux raies au milieu, je me suis teint pour qu'on les voie mieux, j'ai nagé six heures pour me tendre l'abdomen comme vous me l'aviez dit et en plus je lui ai gardé un diabolo citron !!! *(Très menaçant.)* Alors surtout ne me dites pas qu'elle n'est pas revenue.

LE DIRECTEUR. Mais je ne vous le dis pas...

LE JEUNE HOMME *(de plus en plus menaçant)*. Où est Delphine ?!!! Je vous préviens je fais un scandale...

LE DIRECTEUR *(paniqué)*. Non surtout pas ça !! *(Il sort le morceau de viande mêlé au maillot de bain qu'il cachait dans son dos.)* Coucou la voilà !

LE FIANCÉ *(déconcerté)*. Delphine ?

LE DIRECTEUR. Oui, elle est revenue mais un petit peu seulement... Quoi ne faites pas cette tête-là il y en a beaucoup qui ne reviennent pas du tout... Elle... elle revient petit à petit... C'est mieux que rien.

LE FIANCÉ. C'est vrai je suis trop difficile, trop exigeant, trop rigide, trop...

LE DIRECTEUR. Entier, vous êtes trop entier avec elle, et ce n'est peut-être pas le moment.

LE FIANCÉ. Pardonnez mon mouvement d'humeur, depuis que je suis brun, j'ai de ridicules poussées de machisme... Excuse-moi chérie... dès que Delphine sera revenue complètement je serais heureux de boire un verre avec vous...

LE DIRECTEUR. Avec plaisir, monsieur, mademoiselle...

LE FIANCÉ *(s'éloignant)*. Tu sais je n'ai jamais perdu espoir chérie...

Il sort avec son bout de fiancée. A cet instant la double porte battante, communiquant avec la piscine, s'ouvre, laissant passer le chasseur de requins en combinaison sous-marine mouillée.

LE DIRECTEUR *(l'œil brillant)*. Ça y est, il est mort ?

L'HOMME. Non.

LE DIRECTEUR. Vous l'avez blessé ?

L'HOMME. Non... il est parti, il n'est plus dans la piscine.

LE DIRECTEUR. Vous voulez dire que vous êtes bredouille !!!!

L'HOMME. Non malheureusement j'ai fait une truite ! *(Il montre un nain qui a une truite accrochée au gros orteil.)* C'est pas Djingo mais c'est mieux que rien...

LE DIRECTEUR. Bien sûr.

L'HOMME. C'est pas mauvais le nain pour la truite, je vais peut-être aller faire un tour en Irlande. Ça t'amuserait Max ?

MAX. Ah beaucoup patron, déjà que j'ai pas pris de vacances cette année...

L'HOMME. C'est parti mon pote. A la revoyure, vous pouvez annuler le coiffeur.

LE DIRECTEUR. Bonnes vacances.

LE MAÎTRE NAGEUR. Ça n'a pas l'air d'aller, patron ?

LE DIRECTEUR. Ça va très bien, il part en Irlande pêcher la truite aux nains. Cette manie que vous avez de tout dramatiser, vous, les maîtres nageurs.

JEAN-MICHEL RIBES

Le Championnat du monde de patin artistique

Le bar du Palace, la nuit.

Une chambre du Palace. Atmosphère de défaite. Un couple, en maillot à paillettes bleu-blanc-rouge, est assis au bord du lit, les yeux vides, pâles, l'air triste.
Un homme, en survêtement, tente de les réconforter tandis que deux soigneurs les entourent. Le premier leur essuie les lèvres avec des cotons gras, le second leur pose, sur les épaules, une robe de chambre.
Au premier plan, un journaliste parle à la caméra.

LE JOURNALISTE. Bonsoir. Ici Roger-Marc qui vous parle en direct du Palace où viennent de se terminer les vingt-huitièmes championnats du monde de patin artistique, patronnés par le rouge à lèvres Tops et le dentifrice Luor.
Je ne vous le cache pas plus longtemps, dans le camp français, c'est la consternation puisque, à la surprise générale, le couple Guy Paulin et Colette Lamiel, tenants du titre depuis cinq ans qui partaient grands favoris, a été battu. Le temps que leur entraîneur réconforte Guy et Colette encore sous le choc, je vous propose de voir les principaux moments de cette grande compétition qui compte...

Le hall du Palace, le jour.

Le hall du Palace a été aménagé pour la circonstance.
Sur la partie centrale, la piste entourée un peu comme pour une patinoire d'un petit rebord de cinquante centimètres de haut, où sont affichées des publicités pour du dentifrice et du rouge à lèvres, ainsi que pour certains produits pour l'entretien de la bouche.
Tout autour de la piste, des gradins ont été installés où se presse un public nombreux et élégant. A l'une des extrémités de la piste se trouve l'entrée des concurrents ; à l'autre extrémité, entre les gradins et la bordure de la piste, la longue table des six juges. Un peu partout mais de façon bicolore (un peu comme à Roland-Garros) on retrouve les logos des deux sponsors de la compétition : le rouge à lèvres Tops et le dentifrice Luor.
Sur la piste entre, en se tenant la main, un couple très applaudi. Maillots à paillettes rouges, toques de fourrure blanche, bottes en cuir souple, c'est le style cosaque qui domine. Ils saluent, se figent dans leur position de départ. Une musique russe très entraînante éclate. Ils commencent à danser et aussitôt se roulent un gros patin, suivi d'un autre, suivi d'un tourbillon puis d'un autre encore.

VOIX DU JOURNALISTE *(off).* A tout seigneur, tout honneur, ce sont les Russes Koukivna et Tavlef, trois fois champions d'Europe, qui ouvrent les figures libres. Un style très tonique. A leur habitude, ils prennent des risques dès le début, magnifique double patin avec pelotage arrière, enchaînant aussitôt par deux patins passions très classiques mais parfaitement exécutés. Le public d'ailleurs apprécie. Regardez le travail des lèvres. Ça glisse bien, l'adhérence est parfaite... très beau tressaillement en salto d'Irina Koukivna. On a l'impression qu'Igor Tavlef fait littéralement ce qu'il veut avec sa langue... Et, pour finir, trois patins désespérés dans la grande tradition slave... *(La musique s'arrête. Epuisé mais visiblement ravi, le couple salue la foule qui leur fait un triomphe.)* C'est pratiquement un "sans fautes", le public ne s'y trompe pas... Les juges, d'ailleurs, le confirment. Les notes sont excellentes. *(Les juges, les uns après les autres, lèvent leurs panneaux.)* 6 / 4, 6 / 3, 6 / 5, 6 / 2, 4 / 3... Oui, le juge roumain est plus sévère. Il sanctionne probablement le petit jet de salive qu'il a reçu sur le revers de sa veste au moment du patin passion.

Le hall du Palace.

Un couple entre sur la piste ; culottes de peau, chemises brodées d'edelweiss, petits chapeaux de feutre avec plumet de chamois. Ils saluent. Une musique folklorique du Valais démarre. Le couple s'ébroue et donne forme à une petite danse de village. Ils s'embrassent mais après chaque baiser, ils s'essuient la bouche avec le mouchoir blanc qu'ils tiennent dans la main droite.

VOIX DU JOURNALISTE *(off)*. Très bon parcours en figures libres d'un couple qu'on n'attendait pas à ce niveau de la compétition : les Suisses Baudinat et Chondaire. Un patin plus flirté que goulu, mais un patin très sain, sans bavure, dans un style très propre... La lèvre est bien ferme, elle rebondit agréablement. *(Ils poussent de temps en temps un iodle entre deux baisers.)* On ne prend pas trop de risques avec la langue... Ce n'est pas rapide mais c'est frais avec, pour finir, leur spécialité : le patin au chocolat au lait. *(Du chocolat coule autour de leurs bouches ; le public applaudit.)* Bravo Suzanne Baudinat et Hans Chondaire qui, certes, n'inquiètent pas encore les leaders mais qui le feront peut-être plus tôt que certains ne le croient...

Le hall du Palace.

Nous sommes en plein milieu de la démonstration d'un couple très hard. Lui, en cuir, elle, sexy, maillot noir, porte-jarretelles, bas noirs, fouet. Ils s'embrassent sauvagement sur un rock effréné.

VOIX DU JOURNALISTE *(off)*. Résolument modernes, les Anglais Gin et Jack ont enthousiasmé le public, surtout par deux très acrobatiques passages de chewing-gum *(L'homme attire dans sa bouche le chewing-gum de sa partenaire.)* mais ils n'ont pas conquis les juges. *(L'homme tire par terre sa partenaire, se jette sur elle et l'embrasse à plat ventre.).* Là, reconnaissons-le, ce n'est plus un patin, c'est une véritable pelle.

On voit les juges mettre de très mauvaises notes.

Le hall du Palace.

Un tango envoûtant emporte le couple français dans une série d'embrassades magiques. Le public est fasciné.

VOIX DU JOURNALISTE *(off)*. ... Et voilà ceux que tout le monde attend, les célèbres inventeurs de ce qu'on appelle, dans le monde entier, le *french kiss*. Champions du monde indétrônables depuis cinq ans ! Les Français Colette Lamiel et Guy Paulin ! Regardez, c'est parfait... patin romantique... patin de feu... caresse en déséquilibre... patin de velours... C'est prodigieux... Ils savent tout faire... Regardez la position très sensuelle de la lèvre inférieure à l'attaque du patin... ce qui donne à l'ajustage cette sensation d'érotisme. C'est bien simple, par moments, on dirait qu'ils s'aiment... Et voilà, on termine par le fameux "Comme à Montmartre"... La main de Guy vient se placer sur le postérieur de Colette. On tire, ça tourne, double cambrure et le patin qu'on renverse ! *(Le public se lève pour applaudir.)* La perfection ! *(Les Français saluent, radieux.)* Comme prévu, les Français finissent en tête, devant les Russes, à la fin du concours figures libres.

Les notes des juges sont très hautes.

Le hall du Palace.

Près de l'entrée de la piste, les Russes, entourés de leur soigneur, se préparent à entrer. On étale très méticuleusement du rouge sur les lèvres d'Irina.

VOIX DU JOURNALISTE *(off).* Tout allait donc se jouer aux figures imposées. Les Russes le savent. Ils se concentrent au maximum. *(Le gros entraîneur soviétique roule un long patin à Igor.)* Dernier conseil de l'entraîneur Tassiliev... et c'est parti... Première figure imposée : figure avec barbe et sourire. *(On met une barbe élastique à Igor tandis qu'Irina remue deux, trois fois ses joues puis, quand elles sont "chaudes", fixe – sur son visage – un impeccable sourire. Ils bondissent en piste. Musique russe : aussitôt ils s'embrassent.)* Les Russes s'en sortent bien. *(On les voit plus tard sans barbe mais avec un chapeau et faisant "la gueule".)* La figure imposée patin grognon avec chapeau ne leur pose pas non plus de vrai problème. *(Ils jettent leurs chapeaux.)* Une petite faute de pieds pour le patin à la sauvette, mais ils se rattrapent par un très astucieux patin d'avril. *(Ils ouvrent des parapluies et s'embrassent dessous.)* Un très bon parcours mais ils sont tout à fait à la portée des Français...

Notes des juges.

Le hall du Palace.

Un couple est au centre de la piste. Une petite femme blonde, maillot à paillettes argent et bleu, se fait rouler un patin appuyé par son partenaire, un énorme gaillard rougeaud qui l'étreint avec force.

VOIX DU JOURNALISTE *(off).* ... Une fois de plus, un regrettable incident dans l'équipe polonaise... *(Le gros gars ouvre ses bras, sa partenaire titube, bagarde. Elle a un hoquet et s'écroule par terre.)* Bogdan Hussakovski n'a pas subi son contrôle vodka avant l'épreuve et sa petite partenaire Katia en fait les frais. Totalement enivrée par l'haleine de son partenaire, elle s'écroule. C'est une image qui ne fait pas honneur au sport. Souhaitons que les commissaires prennent enfin les mesures qui s'imposent pour que nous n'assistions plus à cette hécatombe dans le patin artistique polonais.

Le hall du Palace.

Arrivent sur la piste les Français. Triomphe dans le public.

VOIX DU JOURNALISTE *(off, très lyrique).* Et voilà ceux qui doivent gagner, ceux qui vont gagner, ceux qui semblent être nés pour le Patin, l'admirable couple français qui s'embrasse sur les pistes de patin du monde entier depuis plus de dix ans avec la même grâce, la même

fougue... Première figure imposée : barbe et sourire... *(Guy, barbe au menton, Colette, sourire aux lèvres, se mettent en place. Musique. Ils dansent. Premier patin...)*
Tout commence bien... Et là, regardez, tout va aller très vite... Colette semble soudain incommodée. Guy relâche la pression du patin, quelque chose ne va pas... Guy dérape, lui embrasse le menton. Faute très grave. Il se reprend tout de suite... mais, c'est fini... et ils le savent... Personne ne comprend ce qui s'est passé. Seul, le ralenti nous le montrera... Regardez bien... *(On revoit la scène du dérapage du patin au ralenti.)* Oui, le premier passe bien... Et là, Guy, soudain, desserre l'étreinte. On ne sait toujours pas pourquoi... il décolle ses lèvres de sa partenaire... Regardez bien Colette... et oui... il y a toux ! Colette a toussé ce qui a obligé Guy à retirer son patin !... Ils repartent mais ils le savent, c'est perdu... Les Russes Irina Koukivna et Igor Tavlef emportent le titre de champions du monde de patin artistique 89-90.

Le bar du Palace.

Le journaliste est à côté de Guy et de Colette qui sont en survêtement.

GUY. Les Russes étaient les meilleurs aujourd'hui, c'est dommage j'étais très concentré ; je suis rentré tout de suite dans le patin. Ils ont mis la pression.

LE JOURNALISTE. Pourquoi cette toux soudaine ? Y a-t-il une explication ?

GUY. Oui. Colette a marché pieds nus dans les vestiaires avant la deuxième épreuve. Elle a pris froid, voilà tout. Il n'y a rien à dire, c'est la loi du sport...

COLETTE. Rien à dire, rien à dire ! Dis donc, si tu m'avais pas piqué mes sandales dans la douche ! Ça serait pas arrivé, tête de con !

GUY. Colette, tu veux bien la fermer, parce qu'elle pue ta gueule ! Oui, parce que non seulement tu nous as fait perdre mais, en plus, tu m'as probablement refilé ton rhume, ce qui va nous foutre en l'air notre tournée au Canada !

COLETTE *(se lève)*. Redis-le que c'est ma faute, tête de nœud ! Redis-le !

LE JOURNALISTE *(essayant de sauver les apparences)*. ... Et si vous n'allez pas au Canada, envisagez-vous tout de même de participer aux Olympiades de... ?

COLETTE. Il peut toujours aller se faire cuire une omelette baveuse, avec son larynx qui schlingue, parce qu'il schlingue ton larynx tête d'anus !

GUY *(il lui crie).* Si tu croises un bidet, profites-en pour te rincer la bouche, vieille fouine d'égout !

LE JOURNALISTE. Comme vous le voyez, c'est la tristesse qui domine ici... A vous les studios... !

ROLAND TOPOR/JEAN-MICHEL RIBES

Evasion

La chambre du Palace, le jour.

Chambre luxueuse. Un homme en pyjama rayé dort dans le grand lit. On entend des pas dans le couloir. Dès que les pas se sont éloignés, il ouvre les yeux, bondit hors du lit, ferme les rideaux, déboîte un morceau du montant du lit, en sort un objet en fer – une sorte de ciseau à bois fabriqué avec une petite cuillère en argent. Il replace le morceau de bois dans le montant du lit et se dirige à l'autre bout de la chambre.
Il s'agenouille près du canapé, le déplace lentement.
Soudain, il s'immobilise, retient son souffle, tend l'oreille. Aucun bruit dans le couloir. Il soulève le tapis et, à l'aide de sa cuillère-outil, enlève trois lattes du plancher. Aussitôt, un trou apparaît, dans lequel il plonge la tête et commence à creuser. Il sort de la terre et des briques qu'il place dans un sac à linge sale...
Soudain, on frappe deux coups à la porte.
L'homme se pétrifie. En un clin d'œil, il remet tout dans le trou et replace le tapis. "Toc, toc !" Deux coups résonnent à nouveau contre une porte : en un bond, l'homme se plaque contre le mur et glisse lentement jusqu'à la porte qui communique avec la chambre voisine.
L'homme cogne trois fois à son tour contre la porte. Un petit coup sec suivi de deux plus forts lui répondent.
L'homme, rassuré, fait doucement tourner le verrou et ouvre la porte sans bruit. M. et Mme Plantagrin, les habitants de la chambre d'à côté, se tiennent sur le pas de la porte. Conrad Plantagrin est en pyjama, sa femme Léonie aussi.

CONRAD *(sur le souffle).* Alors ?

L'HOMME *(idem).* Tout va bien. *(Il leur fait signe d'entrer. Conrad et Léonie avancent sur la pointe des pieds.)* J'ai atteint la gaine d'aération qui mène au couloir d'enceinte... et de là, on est à découvert pendant dix mètres et puis, c'est la terrasse...

LÉONIE. Alors, vous pensez que c'est pour ce soir ?...

L'HOMME. Avec un peu de chance, oui.

CONRAD. Avec un peu de chance ?

L'HOMME. Toujours ce foutu câble qui bloque la sortie de la gaine...

LÉONIE. Et votre lime ?

L'HOMME. Toujours pas reçue... *(On frappe à la porte.)* Attention ! *(Il pousse M. et Mme Plantagrin derrière l'armoire et lui, plonge dans son lit.)* Entrez !

Une charmante soubrette, un plateau de petit déjeuner sur les bras, pénètre dans la chambre.

LA SOUBRETTE. Bonjour, monsieur ! *(Elle dépose le plateau sur le lit, ouvre les rideaux. Avant de sortir.)* Bonne journée, monsieur.

L'HOMME. Merci. *(A peine la soubrette a-t-elle refermé derrière elle que l'homme se précipite sur les croissants et les ouvre en deux les uns après les autres. Puis c'est au tour des brioches. Soudain, au milieu de la mie de l'une d'elles, apparaît une lime. Une expression de soulagement intense se lit sur le visage de l'homme.)* Cette fois-ci, c'est sûr... ce soir à 22 heures. *(M. et Mme Plantagrin, qui sont sortis de leur cachette, le regardent sans manifester, comme lui, le moindre enthousiasme. L'homme ne comprend pas.)* Conrad... Léonie... regardez ! *(Il montre la lime.).* Ça y est. On se fait la belle !

CONRAD *(regardant ses chaussures)*. Cédric... Voilà... Léonie et moi, on ne part pas.

L'HOMME *(sidéré)*. Quoi ?!

LÉONIE. Nous avons bien réfléchi, c'est trop risqué...

CONRAD. Comprenez-nous, Cédric, il ne nous reste qu'une semaine à rester ici... On s'en va dimanche. En tout, ça fera quinze jours... En se serrant un peu, on y arrivera bien à la payer la note...

LÉONIE. Si on se fait prendre en sautant le mur, ça fera beaucoup trop cher...

CONRAD. Cédric, même pour vous, êtes-vous bien sûr que le prix en vaut la chandelle ?

L'HOMME. Vous rigolez, monsieur Plantagrin ! Ça fait un mois que je prépare cette cavale, un mois que tous les soirs au lieu d'aller au bar ou au night-club je creuse brique après brique...

LÉONIE *(maternelle)*. Oui, mais Cédric...

L'HOMME (*agressif*). J'ai encore deux mois à tirer ici !

LÉONIE (*étonnée*). Deux mois ?... Ça, je ne savais pas.

L'HOMME. Si ! Ma femme a réservé pour toutes les vacances !

CONRAD. Pauvre vieux...

L'HOMME. Et vous savez combien ça coûte deux mois dans un palace ?!... On s'en remet pas avant des années... J'ai qu'une vie... Alors, faites ce que vous voudrez mais moi, à 22 heures, je m'évade...

LÉONIE. Si votre décision est prise...

CONRAD. Bonne chance, Cédric...

Ils se serrent la main avec émotion.

L'HOMME. Monsieur Plantagrin...

CONRAD. Oui ?

L'HOMME. Vers 21 h 55, faites du bruit. N'importe quoi mais attirez l'attention.

Le couloir, la nuit.

Un garçon d'étage pousse une roulante chargée de plateaux repas, tandis qu'un maître d'hôtel les distribue dans les chambres après avoir rapidement cogné à chaque porte. Soudain, ils sont intrigués par des cris que l'on entend au bout du couloir. Ils tendent l'oreille.

LE GARÇON. C'est la 208, chef !

Ils se mettent à courir en poussant la roulante vers la 208, où ils entrent sans même frapper.

La chambre 208, la nuit.

M. Plantagrin est en train d'étrangler sa femme qui pousse des hurlements stridents.

CONRAD (*fou de rage*). Ma brosse à dents ! Où est ma brosse à dents... ?

LÉONIE (*entre deux râles*). Je ne sais pas... je ne...

Les deux serveurs se précipitent sur le couple et tentent de les séparer.

La chambre 207, la nuit.

Dans la chambre voisine, l'homme, le visage couvert de suie, ses draps roulés en bandoulière, s'approche de la porte. Il l'ouvre, jette un œil dans le couloir. Personne. Juste la roulante abandonnée par les deux serveurs occupés à calmer les Plantagrin que l'on entend toujours hurler à côté. L'homme a un rapide sourire de satisfaction. Il referme sa porte et se précipite dans le trou près du canapé où il disparaît.

Les galeries au-dessus du hall, la nuit.

Tandis que des clients élégants déambulent sur l'une des galeries suspendues au-dessus du hall, une petite grille d'aération placée au plafond s'ouvre lentement. La tête de l'homme apparaît. Entre deux clients, il se laisse doucement glisser contre le mur et, aussitôt, court vers le palier qui mène au grand escalier. Au moment où il va l'atteindre, une escouade de grooms apparaît. L'homme se plaque contre une colonne, retenant son souffle. Les grooms passent tout près de lui sans l'apercevoir.

La chambre 208, la nuit.

Le maître d'hôtel maîtrise par une clef au bras Conrad Plantagrin tandis que Léonie, prise d'une crise de nerfs, se roule par terre en bavant. Le garçon, totalement dépassé par la situation, fouille dans le minibar.

LE GARÇON. Y a plus de glace, chef…

LE MAÎTRE D'HÔTEL. Va en prendre à côté.

Le garçon se précipite dehors, frappe à la chambre 207. Pas de réponse. L'urgence lui fait pousser la porte. Il s'arrête net en apercevant le trou béant près du canapé.

Le bureau du directeur, la nuit.

Le directeur, très tendu, parle au téléphone.

LE DIRECTEUR. Dites aux chasseurs de bloquer toutes les issues immédiatement… Allumez tous les projecteurs sur la terrasse… Je vous préviens Landreau, si celui-ci part encore sans payer, vous êtes viré !

Le hall, la nuit.

Dans le hall, côté bar, des clients prennent tranquillement un verre, assis dans de confortables fauteuils clubs. Aucun d'entre eux ne remarque l'homme qui descend, à l'aide de draps noués entre eux, de la galerie jusqu'au hall. A peine a-t-il touché le sol que Cédric regarde en direction des portes à tambour au fond du hall. Rien de spécial. L'une d'elles n'est même pas gardée par un groom. Il respire profondément et se met à courir à toutes jambes en direction de la sortie. Au moment où il va saisir le tourniquet, une demi-douzaine de chasseurs, dirigés par le concierge, se jettent sur lui et le saisissent. Il est aussitôt plaqué contre le mur du hall.

LE CONCIERGE *(ordonne).* En ligne ! *(Les six chasseurs s'alignent comme un peloton d'exécution, face à Cédric.)* Vous voulez un bandeau ?

L'HOMME *(ironique).* Non ! Je préférerais des boules Quiès !

LE CONCIERGE. En joue ! *(Les six garçons sortent un carnet de leur poche.)* Feu !

Les six garçons tendent à bout de bras, d'un seul coup, l'addition qu'ils arrachent de leur carnet. Ils enchaînent très vite.

PREMIER GARÇON. La note du bar !

DEUXIÈME GARÇON. La note du restaurant !

TROISIÈME GARÇON. Les téléphones !

QUATRIÈME GARÇON. Le room service !

CINQUIÈME GARÇON. Le supplément piscine !

SIXIÈME GARÇON. Nettoyage, repassage.

L'homme s'écroule inanimé sur le sol. Sa tête remue encore légèrement.

LE DIRECTEUR *(qui vient d'arriver).* Eh bien, qu'est-ce que vous attendez, Landreau ? Donnez le coup de grâce !

Le concierge s'approche du gisant, s'agenouille près de lui et lui souffle à l'oreille.

LE CONCIERGE. N'oubliez pas le pourboire.

L'homme a un dernier sursaut et se raidit définitivement.

JEAN-MICHEL RIBES/ROLAND TOPOR

Dessin Willem

Dessin Gébé

18 – APPELEZ-MOI LE DIRECTEUR

Ou comment le directeur du Palace parvient à échapper à la vindicte d'un client râleur à juste titre.

Mollusque

La salle à manger, le jour.

LE CLIENT *(au maître d'hôtel)*. Appelez-moi le directeur !

LE MAÎTRE D'HÔTEL. Tout de suite, monsieur.

Le directeur arrive.

LE DIRECTEUR. Vous m'avez fait demander, monsieur ?

LE CLIENT. Oui. *(Il montre son assiette avec un sourire sadique.)* Qu'est-ce que c'est que ça ?

Il découvre une feuille de salade. On aperçoit un mollusque.

LE DIRECTEUR *(hésitant)*. C'est... Attendez, c'est...

LE CLIENT *(explosant)*. C'est un escargot ! Un escargot dans ma salade... dans un palace, c'est un scandale !

LE DIRECTEUR. Non !

LE CLIENT. Comment, non !

LE DIRECTEUR. Ce n'est pas un escargot, un escargot, c'est beaucoup plus... *(Gestes indiquant des coquilles et des antennes.)* C'est une limace...

LE CLIENT. Vous êtes sûr ?

LE DIRECTEUR. Regardez vous-même, monsieur.

Il sort la limace de la salade et la lui met devant le nez.

LE CLIENT *(à contrecœur)*. C'est exact.

LE DIRECTEUR *(reposant la limace dans l'assiette du client).* Rien d'autre, monsieur ?

LE CLIENT. Non. *(De mauvaise foi.)* Excusez-moi ! *(Il regarde le directeur s'éloigner.)* Je l'aurai… ! Un jour, je l'aurai !

JEAN-MICHEL RIBES

Insomnie

Une chambre, la nuit.

Un client, dans son lit, se redresse et saisit son téléphone.

LE CLIENT. Appelez-moi le directeur ! *(Il raccroche. Aussitôt, on cogne à sa porte.)* Entrez !

LE DIRECTEUR. Vous m'avez fait appeler, monsieur ?

LE CLIENT. Oui. Impossible de dormir dans votre palace !

LE DIRECTEUR. Je ne comprends pas, monsieur…

LE CLIENT. La rue ! Les bruits du dessus, la douche de la chambre d'à côté ! C'est un scandale ! Ça fait trois heures que je n'arrive pas à dormir !

LE DIRECTEUR. Mais monsieur, vous dormez profondément !

LE CLIENT. Qu'est-ce que vous dites !!!?

LE DIRECTEUR. Mais oui, monsieur. Vous dormez comme un bébé. Vous êtes en train de rêver que je fais la poule.

LE CLIENT *(sidéré).* Qu'est-ce que vous dites ? *(Le directeur se met à sauter sur une jambe en gloussant quot ! quot ! quot !)* Ah, exact !

LE DIRECTEUR. Quoi d'autre, monsieur ?

LE CLIENT. Rien ! *(A contrecœur.)* Excusez-moi ! *(Le directeur sort de la chambre en remuant du croupion et en faisant quot ! quot ! Seul, rageant.)* Je l'aurai, un jour je l'aurai !

JEAN-MARIE GOURIO/JEAN-MICHEL RIBES

Château-Yquem

Une salle de bains, le jour.

Le client est dans son bain. Il ouvre et ferme le robinet d'eau chaude. Soudain, il saisit le téléphone mural.

LE CLIENT. Appelez-moi le directeur. *(Il raccroche. On frappe à la porte.)* Entrez !

Le directeur entre dans la salle de bains.

LE DIRECTEUR. Vous m'avez fait appeler, monsieur ?

LE CLIENT *(ouvrant le robinet d'eau chaude)*. Oui, je me gèle ! Mettez le doigt là ! *(Le directeur s'exécute. Il place son doigt sous le robinet qui coule.)* C'est de l'eau chaude, peut-être !

Le directeur porte son doigt à sa bouche.

LE DIRECTEUR. Non, c'est du vin froid.

LE CLIENT *(sidéré)*. Je vous demande pardon !?

LE DIRECTEUR *(lui tend un verre à pied qu'il sort de sa poche)*. Goûtez vous-même…

LE CLIENT *(remplit le verre d'eau de son bain. Il goûte puis avec une moue de plaisir)*. C'est même du château-yquem.

LE DIRECTEUR. … Et vous voudriez avoir du château-yquem chaud ?

LE CLIENT. Non, bien sûr !

LE DIRECTEUR. Rien d'autre, monsieur ?

LE CLIENT. Non, merci. *(Le directeur quitte la salle de bains. Le client rageur plonge son verre dans la baignoire, le boit cul sec et dit.)* Je l'aurai ! Un jour, je l'aurai !

JEAN-MARIE GOURIO/JEAN-MICHEL RIBES

Champagne

Une chambre.

Le client est dans sa chambre et se verse une coupe de champagne qu'il boit et recrache aussitôt. Il se rue sur le téléphone.

LE CLIENT. Appelez-moi le directeur !

Le directeur arrive instantanément.

LE DIRECTEUR. Vous m'avez fait appeler, monsieur ?

LE CLIENT *(versant et lui tendant une coupe de champagne)*. Goûtez-moi ça ! *(Le directeur boit sans ciller.)* Je vous prie de croire que c'est le premier palace où on me monte du champagne tiède !!

LE DIRECTEUR. Ce n'est pas du champagne, monsieur... C'est de l'eau de votre bain ! C'est naturel qu'elle soit tiède...

LE CLIENT. Mais les bulles ?!?

LE DIRECTEUR. Savon... bulles de savon !

LE CLIENT. Alors, dans l'hôtel le plus luxueux de la planète, vous servez l'eau du bain dans des coupes à champagne...

LE DIRECTEUR. Pour votre santé, monsieur.

LE CLIENT. Quoi !!??

LE DIRECTEUR. Vous avez déjà du château-yquem dans votre baignoire, il ne faudrait peut-être pas trop pousser sur l'alcool, non ?

LE CLIENT *(confus)*. Oui, vous avez raison...

LE DIRECTEUR. Moi, si vous voulez, je vous verse du Dom Pérignon...

LE CLIENT. Non, non, vous avez raison...

Il boit la coupe avec une grimace.

LE DIRECTEUR. Ça ne va pas ?

LE CLIENT. Si, si... Je sens simplement que je me lave à l'intérieur.

LE DIRECTEUR. Autre chose, monsieur ?

LE CLIENT *(riant jaune)*. Peut-être un gant de toilette... Pour le manger avec...

LE DIRECTEUR. Je vous le fais monter tout de suite, monsieur.

Il sort.

LE CLIENT *(fulminant)*. Je l'aurai ! Un jour, je l'aurai...

JEAN-MICHEL RIBES

Rugby

Le couloir, le jour.

Le client passe dans l'un des corridors de l'hôtel. Son attention est soudain attirée par une banquette de velours beige sur laquelle apparaît une trace de pas. Il se précipite sur le téléphone d'étage.

LE CLIENT. Appelez-moi le directeur !

Le directeur arrive immédiatement.

LE DIRECTEUR. Vous m'avez fait appeler, monsieur ?

LE CLIENT *(montrant la trace de pas).* Qu'est-ce que vous voyez là ? LÀ !

LE DIRECTEUR. Une trace de pas, monsieur...

LE CLIENT. Je ne vous le fais pas dire ! Dans un hôtel de cette catégorie... Je crois rêver... Un meuble sale... C'est I-NAD-MIS-SIBLE...

LE DIRECTEUR. Permettez monsieur... *(Il s'assoit sur la banquette, à côté de la trace de pas, puis commence à faire de grands gestes, s'assoit et se relève en criant.)* Devant, les gars... DEVANT ! Les trois-quarts accélérez ! Passe croisée ! *(Reprenant son calme.)* A quoi monsieur a-t-il pensé en me regardant ?

LE CLIENT *(hésitant).* A un entraîneur d'équipe de rugby ?... qui hurle ses instructions aux joueurs depuis le banc de touche ???...

LE DIRECTEUR. Exact. Et si, à la suite d'un long coup de pied en touche, le ballon part se perdre derrière moi ; dans les tribunes ? Qu'est-ce qu'on fait ? On arrête le match en plein milieu ?

LE CLIENT. Non, sûrement pas... On va chercher le ballon naturellement...

LE DIRECTEUR. Exact. Et comment aller chercher le ballon dans les tribunes sans mettre le pied sur le banc de touche ?

LE CLIENT. C'est vrai...

LE DIRECTEUR. Rien d'autre, monsieur ?

LE CLIENT. Non, je vous remercie.

LE DIRECTEUR *(sortant un sifflet, siffle un grand coup et s'éloigne en criant).* Allons-y les gars... mêlée à cinq mètres... On reprend.

LE CLIENT *(rageur).* Je l'aurai ! Un jour, je l'aurai !

FRANÇOIS ROLLIN

Rat crevé

Une chambre, le jour.

Le client, dans sa chambre, s'apprête à consommer son petit déjeuner, le plateau posé sur la table. Il soulève le couvercle de la théière et recule horrifié.

LE CLIENT *(la voix tremblante).* Appelez-moi le directeur !

Le directeur arrive instantanément.

LE DIRECTEUR. Vous m'avez fait appeler ?

LE CLIENT *(encore ému).* Un rat crevé dans mon thé...

LE DIRECTEUR *(partant pour s'exécuter).* Mais certainement, monsieur...

LE CLIENT. Non !... Il y est déjà !!! Regardez vous-même... *(Le directeur soulève le couvercle. Il prend le rat crevé par la queue puis le repose soigneusement dans la théière qu'il referme.)* Vous vous rendez compte ? Dans un palace ? Un rat crevé dans mon thé ?

LE DIRECTEUR. Monsieur doit réaliser qu'il n'y a pas lieu de s'étonner que l'animal soit crevé puisqu'il est ébouillanté...

LE CLIENT. N'empêche qu'il y a un rat crevé dans mon thé !

LE DIRECTEUR. Monsieur a-t-il la certitude qu'il s'agisse d'un rat ? J'ai eu, quant à moi, l'impression d'un gros mulot.

LE CLIENT. Bon, mettons... un gros mulot... Je ne vois pas ce que ça change.

LE DIRECTEUR. Un autre jour, ça ne changerait rien... mais aujourd'hui...

LE CLIENT. Quoi, "aujourd'hui" ? Qu'est-ce que vous allez me chanter encore ?

LE DIRECTEUR. Justement. C'est la Saint-Bruno...

LE CLIENT. Et alors ?

LE DIRECTEUR. Monsieur ne va pas me dire qu'il n'a jamais chanté, quand il était petit : "A la Saint-Bruno, mon coco, y a un gros mulot qui joue dans le thé mon curé..." Allez... avec moi...

Le client reprend la chanson, sous la "baguette" du directeur. Les deux hommes chantent ensemble en esquissant un petit pas de danse : "A la

Saint-Bruno, mon coco, y a un gros mulot, mon coco qui joue dans le thé mon curé." Le directeur met subitement fin à la démonstration.

Autre chose, monsieur ?

LE CLIENT *(interloqué).* Non, non… ça ira…

LE DIRECTEUR *(facétieux, en s'en allant).* Ça ira… crevé…

Quand le directeur est sorti, le client reste seul, dépité.

LE CLIENT. Je l'aurai, un jour, je l'aurai !

FRANÇOIS ROLLIN

Citrouille

La salle à manger, le jour.

LE CLIENT *(à Félix).* Appelez-moi le directeur !

FÉLIX. Tout de suite, monsieur.

Le client, passablement furieux, regarde son assiette où se trouve une énorme citrouille. Le directeur arrive.

LE DIRECTEUR. Vous m'avez fait appeler, monsieur ?

LE CLIENT *(furieux).* J'ai commandé un melon ! *(Montrant son assiette.)* Vous appelez ça un melon, vous ?

LE DIRECTEUR. Non, j'appelle ça une citrouille.

LE CLIENT. C'est vraiment le comble ! Et vous vous dites un établissement de luxe !…

LE DIRECTEUR. Oui, monsieur.

Il prend une baguette et tape sur la citrouille qui devient aussitôt un petit carrosse en or au milieu de l'assiette.

LE CLIENT *(sidéré).* Qu'est-ce que…

LE DIRECTEUR. C'est un carrosse, monsieur. Connaissez-vous quelque chose de plus luxueux qu'un carrosse ?

LE CLIENT. Non, en effet.

LE DIRECTEUR. Et seule la citrouille donne un carrosse. Le melon donne un vague tombereau à fumier.

LE CLIENT. Ah !

LE DIRECTEUR. ... Hé oui, monsieur... Autre chose, monsieur ?

LE CLIENT. Non.

LE DIRECTEUR. Bon appétit, monsieur.

Le directeur s'éloigne.

LE CLIENT *(rageur, mangeant une roue du carrosse).* Je l'aurai ! Un jour, je l'aurai !

JEAN-MICHEL RIBES

Les porteurs de costumes

Une chambre, le jour.

Le client, en chemise et caleçon, sort de sa salle de bains et se dirige vers le placard qui se trouve au fond de la chambre. Il ouvre les deux battants du placard et pousse un "oh" de stupeur. Il referme aussitôt le placard et se rue sur le téléphone. (Nous n'avons pas vu ce qu'il y avait à l'intérieur du placard.)

LE CLIENT. Allô ! Appelez-moi le directeur ! *(Il raccroche. Aussitôt, on frappe à la porte.)* Entrez !

LE DIRECTEUR. Vous m'avez fait demander, monsieur ?

LE CLIENT *(furieux).* Ah ça ! Pour vous avoir fait demander, je vous ai fait demander ! *(Il se précipite sur le placard et l'ouvre d'un coup sec. On découvre une dizaine d'hommes en costume, alignés sous l'étagère.)* Est-ce que vous pouvez m'expliquer ce que font ces gens dans mon armoire avec, en plus, mes affaires sur le dos !

LE DIRECTEUR. Mais, monsieur...

LE CLIENT. Là, je sens que vous allez avoir du mal !

LE DIRECTEUR. Je ne comprends pas...

LE CLIENT. Et moi, vous croyez que je comprends ? Vous sous-louez vos placards, maintenant ?! Dans un palace ?... Vous savez combien je paie cette chambre ?

LE DIRECTEUR. Parfaitement, monsieur, c'est justement…

LE CLIENT. C'est justement quoi !!?

LE DIRECTEUR. Pour ce prix-là, monsieur a quand même droit à autre chose que des cintres qui déforment horriblement les costumes…

LE CLIENT *(se calmant)*. Ah !

LE DIRECTEUR. Tous les placards de nos chambres luxe sont équipés de porteurs de costumes spécialement choisis aux mensurations du client.

LE CLIENT *(ahuri)*. AH !!

Le directeur ouvre un autre placard où des hommes en caleçon et chemise sont alignés.

LE DIRECTEUR. Il en va de même pour les chemises, caleçons et chaussettes… Ainsi le vêtement ne subit jamais les souffrances du rangement. Dans un palace, c'est la moindre des choses.

LE CLIENT *(hagard)*. Bien sûr !

LE DIRECTEUR. Autre chose, monsieur ?

LE CLIENT. Non, je vous remercie… *(Le directeur sort de la chambre.)* Je l'aurai ! Un jour, je l'aurai !!

Un porteur en chemise éternue. Le client sursaute.

LE PORTEUR. Ça vous ennuie si je porte un de vos petits pulls en plus ? J'ai un peu froid.

Tête du client médusé.

WILLEM/JEAN-MICHEL RIBES

Feuille morte

Le hall, le jour.

Le client traverse le hall et stoppe net en regardant le sol.
Par terre, il y a une feuille morte. Un groom passe. Le client lui fait signe.

LE CLIENT. Appelez-moi le directeur ! *(Il regarde de nouveau la feuille.)* C'est tout de même incroyable !

Le directeur arrive.

LE DIRECTEUR. Vous m'avez fait appeler, monsieur ?

LE CLIENT. Regardez ça ! Dans un palace de cette catégorie ! Une feuille morte !

Le directeur, soudain ému, se recueille.

LE DIRECTEUR. Cette feuille que nous aimions tant nous a quittés par ce beau matin de soleil. Elle avait en elle...

Le client interrompt le directeur.

LE CLIENT. Ça fait très mauvais genre, cette...

Le directeur le coupe.

LE DIRECTEUR. Un peu de silence, voyons... Un peu de tenue ! Vous êtes devant une morte, pas à la foire ! *(Le client gêné baisse les yeux et joint les mains. Le directeur reprend son sermon.)* Elle avait en elle l'espoir que portent les printemps.

LE CLIENT *(éclate en sanglots).* J'espère qu'elle n'a pas trop souffert... Elle est là et nous ici avec la vie qui continue.

LE DIRECTEUR. Autre chose, monsieur ?...

LE CLIENT. Non ! Laissez-moi seul avec elle... *(Le directeur s'éloigne. Le client s'essuie les yeux en le regardant s'éloigner.)* Je l'aurai ! Un jour, je l'aurai !

JEAN-MARIE GOURIO

On torche

Une chambre, la nuit.

Le client est dans sa salle de bains, assis sur la cuvette de ses toilettes, pantalon baissé.
Très mécontent, il est en train de téléphoner pour appeler le directeur.
Il raccroche, repose le combiné à proximité et attend stoïque.
Arrivée du directeur que l'on entend entrer dans la chambre.

LE DIRECTEUR *(off).* Vous m'avez fait demander, monsieur ?

LE CLIENT. C'est par ici que ça se passe.

Le directeur ouvre la porte de la salle de bains et se poste, sans aucune gêne, très naturellement, sur le pas de la porte.

LE DIRECTEUR. Monsieur ?

LE CLIENT. Monsieur ! J'estime que dans un établissement qui pratique de tels tarifs et qui prétend atteindre la renommée internationale mondiale, il serait de bon ton que chacun puisse disposer d'un minimum de quatre à cinq feuilles de papier hygiénique par jour. Or dans cette salle de bains, rien : pas une seule feuille de papier.

LE DIRECTEUR. Mais monsieur, dans un tel établissement, sachez qu'il était impensable d'imaginer que notre délicate clientèle s'esquinte le fessier avec des papiers parfumés chimiquement...

LE CLIENT. C'est bien gentil mais qu'est-ce que je fais, moi ? Je prends ma cravate ?

LE DIRECTEUR. Mais non monsieur, prenez le naturel que nous avons mis à votre disposition.

Ce disant, il montre à côté un petit arbuste qui semblait n'être là que pour la décoration. Le client le regarde, étonné.

LE CLIENT. Ah !... Il faut que j'arrache des feuilles pour... ?

LE DIRECTEUR. Arracher des feuilles à ce joli petit arbre ?! Mais vous n'y pensez pas monsieur... Non, vous faites comme tout le monde, vous attendez l'automne...

LE CLIENT. C'est chiant !

LE DIRECTEUR. Rien d'autre ?

LE CLIENT. Non, je vous remercie.

LE DIRECTEUR. Bonnes vacances !

Et il repart, laissant seul le client qui commence à prendre son mal en patience et qui reste assis sur ses chiottes à attendre l'automne.

LE CLIENT. Je l'aurai ! Un jour, je l'aurai !

JEAN-LUC TROTIGNON/JEAN-MICHEL RIBES

Clochard

Une chambre, la nuit.

Le client pénètre dans sa chambre. Il s'arrête net. On suppose qu'il voit quelque chose au pied de son lit.
Il décroche le téléphone.

LE CLIENT. Appelez-moi le directeur !

Le directeur cogne aussitôt à la porte.

LE DIRECTEUR. Vous m'avez fait appeler, monsieur ?

LE CLIENT. Oui ! C'est quoi ça ?

On découvre un clochard avachi au pied du lit.

LE DIRECTEUR. C'est André…

LE CLIENT. André ! Dans un palace cinq étoiles qui hurle sa renommée à travers les continents, j'ai un clochard aviné qui s'appelle André, avachi dans ma suite ! Qu'est-ce que je dois faire ? Le laver ? Lui donner mon lit ? Lui apprendre l'anglais ?

LE DIRECTEUR. Si vous ne voulez pas qu'on vous jette dehors, surtout "ne pas le bouger".

LE CLIENT. Qu'est-ce que vous racontez ? *(Le directeur, sortant une feuille de sa poche, la montre au client.)* Qu'est-ce que c'est ?

LE DIRECTEUR. La pétition de tous les clients de l'étage qui se plaignent de vos ronflements nocturnes… C'est pour ça, moi, je vous ai mis André !

LE CLIENT *(inquiet)*. Qu'est-ce qu'il va faire ? Il va me bâillonner dès que je ronfle ?!

LE DIRECTEUR *(suffisant)*. Monsieur, nous sommes dans un palace !! Non ! Au moindre de vos ronflements, Jeanine va immédiatement apparaître. *(Il l'appelle.)* Jeanine ! *(Une strip-teaseuse sort du placard aussitôt. André siffle d'admiration.)* Il sifflera, André… et votre ronflement s'arrêtera immédiatement.

LE CLIENT. Ah, je vois…

LE DIRECTEUR. … Et comme ça, je ne serai pas obligé de vous demander d'aller ronfler ailleurs.

LE CLIENT. C'est trop gentil, merci… Merci, André.

LE DIRECTEUR. Rien d'autre, monsieur ?

LE CLIENT. Non, je vous remercie… Je l'aurai ! Un jour, je l'aurai !

ANDRÉ *(lui proposant son litron)*. T'en veux un gorgeon, tonton ?

LE CLIENT *(craquant)*. Ah non, là… vraiment c'est trop…

JEAN-LUC TROTIGNON/JEAN-MICHEL RIBES

Aquarium

Une chambre, la nuit.

Le client est dans sa chambre et essaie, sans succès, de faire marcher la télévision. Il a un geste de colère et se rue sur le téléphone.

LE CLIENT. Appelez-moi le directeur !

Le directeur arrive immédiatement.

LE DIRECTEUR. Vous m'avez fait appeler, monsieur ?

LE CLIENT. Oh que oui ! *(Il l'emmène près du poste de télé.)* Alors, on fait tout un barouf sur le thème "télévision dans toutes les chambres ! Vingt-trois chaînes internationales" et au bout du compte on a quoi ? Même pas la mire !
Dans n'importe quel boui-boui de province, on a une télévision QUI MARCHE !

LE DIRECTEUR. Dieu sait si je ne suis pas du genre à m'énerver. Mais là, tout de même... Où voyez-vous une télévision dans cette chambre ?

LE CLIENT. Ça y est ! Ça ne va pas louper : vous allez me dire *(Désignant le poste.)* que c'est un aquarium !?

LE DIRECTEUR. Parfaitement, monsieur. Un aquarium spécial, avec trois côtés aveugles et une seule face transparente...

LE CLIENT *(haussant le ton).* Alors, voulez-vous me dire, je vous prie, où sont les poissons ?

LE DIRECTEUR *(surenchérissant).* Si je vous ai bien suivi, vous êtes le genre d'homme à mettre des poissons dans un aquarium *où il n'y a pas d'eau ?*

LE CLIENT *(radouci).* Non ! Certainement pas. Ce serait barbare.

LE DIRECTEUR *(se baisse).* Aucun mais aucun animal ne souffre dans cet aquarium... Pas la moindre ablette, pas le plus petit crustacé.

LE CLIENT. C'est vrai ! Ça fait plaisir... Il y a tant de pauvres bêtes en captivité... C'est horrible !

LE DIRECTEUR. Horrible... Rien d'autre, monsieur ?

LE CLIENT. Non, je vous remercie... *(Le directeur sort de la chambre. Fulminant.)* Je l'aurai ! Un jour, je l'aurai !

JEAN-LUC TROTIGNON

Réincarnation

Une chambre, la nuit.

Le client termine de s'habiller dans sa chambre. Soudain, sur le mur, il aperçoit une petite tache noire. Il s'approche.
Fou de rage, il se jette sur le téléphone.

LE CLIENT. Appelez-moi le directeur ! *(Il raccroche. Aussitôt, on frappe à la porte de sa chambre.)* Entrez !

Le directeur apparaît.

LE DIRECTEUR. Vous m'avez fait appeler, monsieur ?

LE CLIENT. Oui, j'aimerais que vous m'expliquiez ce que fait ce cafard dans ma chambre !

LE DIRECTEUR *(s'approche)*. Maman !

LE CLIENT. Maman !!!?

LE DIRECTEUR. Oui ! Maman !... On dirait que vous, la réincarnation ou un balai-brosse, c'est la même chose...

LE CLIENT. C'est-à-dire...

LE DIRECTEUR. Maman est morte l'année dernière. Elle était très dépressive... J'étais sûr qu'elle se réincarnerait en cafard.
Maman... C'est moi ! Reculez-vous un peu, vous lui donnez le bourdon.

Il prend l'insecte dans sa main.

LE CLIENT. Je vous demande pardon.

LE DIRECTEUR. Autre chose, monsieur ?

LE CLIENT. Non, non... Je vous laisse en famille. De tout cœur.

LE DIRECTEUR. Merci ! Bonne nuit, monsieur.

Il s'en va et avant de fermer la porte de la chambre, on le voit écraser le cafard dans le couloir d'un coup de pied violent.

LE CLIENT *(fulminant)*. Je l'aurai ! Un jour, je l'aurai !

JEAN-MARIE GOURIO/JEAN-MICHEL RIBES

Rouge à lèvres

La salle à manger, le jour.

Au restaurant, alors qu'il étudie la carte en début de repas, le client constate qu'il y a une belle trace de rouge à lèvres sur le verre "propre" qu'il a devant lui (il n'y en a qu'un sur la table). Il jubile, pensant pouvoir enfin coincer le directeur qu'il fait appeler par l'intermédiaire de la serveuse. Arrivée du directeur.

LE DIRECTEUR. Monsieur ?

LE CLIENT *(lui montrant le verre)*. Je ne dis rien !... Je ne dis rien !... Je montre, c'est tout...

LE DIRECTEUR *(le prenant)*. Ah... Effectivement, effectivement... Je suis désolé. Je vous prie d'accepter toutes mes excuses, monsieur.

LE CLIENT *(très satisfait)*. Ah, tout de même !

LE DIRECTEUR *(à la serveuse)*. Louise ! Un autre verre pour monsieur !

Le directeur garde l'ancien verre en main tandis que la serveuse apporte un verre tout propre. Mais avant de le poser sur la table, le plus naturellement du monde, devant eux, elle appose deux belles marques de rouge à lèvres sur le bord avec ses lèvres qu'elle a fort pulpeuses. Ces nouvelles marques sont plus nettes et plus voyantes que celles de l'autre verre. Le directeur et la serveuse en ont l'air tous deux très satisfaits. Elle pose le verre sur la table sous l'œil médusé du client.

LE CLIENT *(écœuré)*. Ça !... Alors ça, décidément, je ne comprendrai jamais rien au service, ici !

LE DIRECTEUR *(lui montrant que c'est écrit sur la carte)*. Mais rien de plus normal, monsieur : ici le service n'est pas compris... Autre chose, monsieur ?

LE CLIENT. Non, je vous remercie. *Le client est contraint d'acquiescer et de s'écraser une nouvelle fois. Départ respectueux du directeur et de la serveuse et rumination habituelle de rancœur du client. Épuisé.)* Je l'aurai ! Un jour, je l'aurai !

JEAN-LUC TROTIGNON

Fauves

Le couloir du Palace, la nuit.

Le client passe dans un couloir couvert de moquette. Il constate qu'une ampoule du couloir est grillée, ce qui plonge trois mètres de couloir dans une demi-obscurité. Alors qu'il lève la tête vers l'ampoule grillée, il met le pied dans une sorte de flaque d'eau, de la taille d'une assiette – un endroit où la moquette est humide comme si on y avait déversé un litre d'eau.
Il se précipite sur le téléphone d'étage.

LE CLIENT *(au téléphone).* Appelez-moi le directeur !

Le directeur arrive instantanément.

LE DIRECTEUR. Monsieur m'a fait appeler ?

LE CLIENT. Ah oui, et là... *(Plein de sous-entendus.)* Une ampoule grillée. On ne voit plus rien dans ce couloir et, pour corser le tout, une fuite d'eau.

En parlant il désigne les objets de ses griefs.

LE DIRECTEUR *(l'interrompant).* Chut, moins fort...

Toute la suite de la scène sera chuchotée.

LE CLIENT *(obéissant sans comprendre).* Pourquoi ?... Qu'est-ce qui se passe ?

LE DIRECTEUR. Vous me faites de la peine avec votre histoire de "fuite" ; de l'eau au milieu d'une grande étendue sèche *(Montrant le couloir.)*, ça s'appelle comment ?

LE CLIENT. ... Un point d'eau ?...

LE DIRECTEUR. ... Justement... Chut... Vous allez effrayer les grands fauves qui viennent s'y désaltérer, et surtout, vous allez nous faire repérer...

LE CLIENT *(convaincu puis retrouvant sa colère).* ... Oui, d'accord... mais l'ampoule, quand même...

LE DIRECTEUR. Monsieur n'a jamais entendu parler du "crépuscule" où les grands fauves viennent se désaltérer *(En détachant ses derniers mots.)* en profitant de l'obscurité propice ?

LE CLIENT *(réalisant tout)*. Ah, c'est ça l'obscurité propice ?...

LE DIRECTEUR. Evidemment... Autre chose, monsieur ?

LE CLIENT *(toujours à voix basse)*. Non je vous remercie. *(Le directeur le salue et s'éloigne. Rageur.)* Je l'aurai ! Un jour, je l'aurai !

FRANÇOIS ROLLIN

Consommé du chef

La salle à manger, le jour.

Au restaurant, on dépose devant le client une soupière de potage. Il remercie d'un petit signe de tête, prend la louche et, au moment où il s'apprête à la plonger dans la soupière, il s'arrête net.
Effectivement, un cheveu flotte à la surface de son potage. Il rappelle la serveuse qui lui avait amené la soupière.

LE CLIENT. Mademoiselle, s'il vous plaît !... Appelez-moi le directeur !

Elle s'exécute. Il attend en se frottant "intérieurement" les mains, se disant qu'enfin, là, il va le coincer. Arrivée du directeur.

LE DIRECTEUR. Vous m'avez fait demander, monsieur ?

LE CLIENT. Et ça, qu'est-ce que c'est ? Un cheveu dans ma soupe ou une hallucination ?

Le directeur saisit délicatement entre deux doigts le cheveu sur le potage et le lève. Une moumoute vient avec, toute dégoulinante (on n'avait, bien sûr, pas pu la voir avant, cachée au fond de la soupière de soupe opaque).

LE DIRECTEUR. Si je puis me permettre, monsieur, ce n'est pas tout à fait exact : il ne s'agit pas d'un cheveu mais de plusieurs... C'est une soupe à la moumoute toute bête, toute traditionnelle, agrémentée de quelques fantaisies condimentales... Le consommé du chef.

LE CLIENT *(un peu dégoûté)*. Ah ?...

LE DIRECTEUR. Du chef, monsieur, du chef...

Il lui indique respectueusement d'un petit signe circulaire au-dessus de son crâne qu'en bon français, le "chef", c'est aussi la tête.

LE CLIENT. Ah oui ben… je… C'est bête, hein ? Où avais-je le chef ?

LE DIRECTEUR. Autre chose, monsieur ?

LE CLIENT. Non… Je vous remercie.

Le directeur le salue respectueusement et s'éloigne tandis que le client rumine sa rancœur en commençant à manger la moumoute.

Un jour, je l'aurai ! *(Il enlève le cheveu qu'il a sur la langue.)* Je l'aurai !

JEAN-LUC TROTIGNON

Les Mouettes

Une chambre, la nuit.

Le client est dans son lit, le soir, en train de lire un livre, apparemment en se régalant. Il est dans une chambre très luxueuse avec lit à baldaquin (ou similaire). Il entend soudain des cris de mouettes comme s'il était dehors et qu'elles volaient dans le ciel au-dessus de lui. Il se prend du guano de mouette en plein visage ; contenant sa colère, il décroche le téléphone et fait demander le directeur. Pendant qu'il reste là à l'attendre, dans son lit, il se prend à nouveau une ou deux merdes de mouette, stoïque. Arrivée du directeur. Les cris de mouettes cessent petit à petit en s'éloignant.

LE DIRECTEUR. Vous m'avez fait demander, monsieur ?

LE CLIENT. Ne croyez pas que j'aie quelque chose contre les animaux, mais est-ce qu'il ne serait pas possible, dans un décor aussi raffiné, aussi luxueux, aussi à ce prix-là, de ne pas se faire chier sur la gueule quand on lit du Chateaubriand ?

LE DIRECTEUR. Mais monsieur, voyons, connaissez-vous d'autres établissements où les ciels de lit soient de véritables "ciels" de lit ?

LE CLIENT *(réfléchit, impressionné).* … Ah non, je ne vois pas… Non, effectivement…

LE DIRECTEUR. Voyez… Et puis ne vous inquiétez pas : ces petites bêtes volaient un peu bas mais elles ne reviendront pas, c'était juste pour annoncer l'orage…
Autre chose, monsieur ?

LE CLIENT. Non... Je vous remercie.

Le directeur sort. Dès qu'il referme la porte, on voit un éclair dans la chambre immédiatement suivi d'un grondement de tonnerre. Puis c'est l'averse diluvienne qui s'abat en continu sur le client, provenant uniquement du lit. Le client tout dégoulinant dans son lit.

Je l'aurai... Ça, un jour, je l'aurai !...

JEAN-LUC TROTIGNON/JEAN-MICHEL RIBES

Champignon

La chambre A, la nuit.

Le client est dans sa chambre en train de lire un magazine, une coupe de champagne à la main. Soudain, on frappe à la porte. Le client très surpris finit par dire.

LE CLIENT. Entrez ?

LE DIRECTEUR. Vous ne m'avez pas fait appeler ?

LE CLIENT. Absolument pas.

LE DIRECTEUR. J'en étais sûr, c'est incroyable !

LE CLIENT. Qu'est-ce qui vous prend ? Je vous manque ou quoi ? Je ne vais quand même pas vous faire appeler pour rien !!

LE DIRECTEUR. Et ça, c'est rien ?

Il désigne un champignon qui pousse sur une espèce de mélasse d'où émergent un croissant et une petite cuillère en argent, le tout collé sur le pied du lit.

LE CLIENT. Oh ! Qu'est-ce que c'est ?

LE DIRECTEUR. C'est un champignon qui a poussé sur le petit déjeuner que le client précédent a renversé et que la femme de ménage a oublié de nettoyer.

LE CLIENT. C'est dégueulasse !

LE DIRECTEUR. Alors, vous vous offrez une suite royale dans le palace le plus cher des pays civilisés. Il y a une chiure innommable sur le bout de votre pieu et vous ne la remarquez même pas ! C'est un petit peu fort non ?

LE CLIENT. Je suis désolé !

LE DIRECTEUR. C'est bien la peine de se casser les miches à vouloir être raffiné, délicat, luxueux… On vous laisserait une merde de chameau sur la commode vous ne vous en apercevriez même pas…

LE CLIENT. Ah si… de chameau, si…

LE DIRECTEUR. La moindre des choses ! Vous devriez appeler immédiatement le directeur et faire un scandale !

LE CLIENT. Je suis désolé, là ! Je peux vous gifler ?

LE DIRECTEUR. Non, c'est trop tard !

LE CLIENT. Autre chose ?

LE DIRECTEUR. Oui, il y a l'amant de votre femme qui est dans le placard. Enfin, ce n'est pas mes oignons…

LE CLIENT. Je l'aurai un jour ! Je l'aurai !

JEAN-MICHEL RIBES

Dessin Willem

ILS ONT JOUÉ DANS *PALACE*...

Catherine Arditi, Pierre Arditi, Franck Arguillière, Michel Blanc, Dominique Blanchar, Franck Olivier Bonnet, Evelyne Bouix, Bruno Carette, Marie-Pierre Casey, Christian Clavier, Alain Chabat, Marie-Anne Chazel, Jean Carmet, Ronny Coutteure, François Darbon, Jeanine Darcey, Eva Darlan, Gilles Gaston Dreyfus, Marc Dudicourt, André Dussollier, Michel Duchaussoy, Jacques François, David Gabison, Laurent Gamelon, Roland Giraud, Florence Georgetti, Bunny Godillot, Roger Hanin, Sabine Haudepin, Clément Harari, Sylvie Joly, Philippe Khorsand, Franck Lapersonne, Chantal Lauby, Carole Laure, Dominique Lavanant, Gérard Lanvin, Valérie Lemercier, Jacqueline Maillan, Ged Marlon, Tonie Marshall, Pierre Mondy, François Morel, Hervé Palud, Claude Piéplu, Marcel Philippot, Daniel Prévost, Lucette Raillat, François Rollin, Renée Saint-Cyr, Luc-Antoine Salmon, Annie Savarin, Jacques Sereys, Laurent Spielvogel, Pierre Tornade, Jean Yanne.

Et...

Jean-Louis Airola, Eric Averlan, Béatrice Avoine, Alain Paul Azerot, François Barluet, Valérie Bauman, Valérie Benguigui, Ginette Bettoni, Jean-Marie Bigard, Maxime Boidron, Caroline Bornant, John Burdekin, Béatrice Belugou de Bédarieux, Katia Caballero, Urbain Cancelier, Véronique Choquet, Valérie Derongier, Antoinette Dias, Colette Dissac, Jean-Claude Doyer, Antoine Dulery, Michel B. Dupérial, Laurence Dupuy, Hélène Dupont-Engel, Myriam Foss, Denys Fouqueray, Philippe Fretuh, Isabelle Gardiès, Laura Gastaldo, Camille Gentet, Pierre Geraud, Nane Germon, Régis Gibourdel, Catherine Ginier-Gillet, Jean-René Gossart, Gladys Goult, Gabrielle Guillaume, Anne-Marie Gros, Chantal Gutero, John Harrison, Sydney Harrison, Henriette Hoffmann, Catherine Hosmalin, Suzanne Jansen, Sabine Jean-George, Chrystèle Justice, Kim Kimberley, Vidaine Kuss, Germaine Lafaille, François Lalande, Valérie Lambert, Jean Lanier, Marie Lenoir, Daniel Le Port, Bernard Lévy, Anne Lévy, Guy Louret, Eliane Lublin, Frederika Lattuca, Florence Mako, Corinne Marandat, Eric Marchand, Chiyara Meas, Eric Méningrand, Bernadette Mercier, Pierre Meunier, Georges Montillier, Florence Moszko, Edith Perret, Jean-François Perrier, Jean-Luc Porraz, Philippe Pascot, Youri Radionov, Yan Ribes, Caridad San Anton, Ghislaine Sanguin, Maurice Sieyès, Marie Stern, Florence Tandia, Sonia Tharcisius, Eric Thomas, Gisèle Touret, Corinne Valoy, Katia Varin, Agnès Vialleton, Françoise Villemont, Yvonne Winguerter.

ILS ONT DANSÉ DANS *PALACE*...

Jacques Audinas, Georges Barrier, Bruno Batlo, Jean-Marie Beaudean, Gwenaëla Blanchard, Martine Boueilh, Dimitri Chalazonitis, Francis Champeaux, Alain Chamtome, Bénédicte Charpiat, Jean-Marc Chastel, Jean-Charles Collin, Jefferson de Oliveira da Costa, Thierry Desroses, Michel Durand, Sylvie Feigenbaum, Irène Fontès, Corinne Frejligh, Dominique Gérard, Christophe Gilles, Cécile Gimonet, Thierry Godefroy, Thierry Gondet, Chantal Gouvernel, Catherine Hauuy-Leduc, Elisabeth King, Marie-Laure Lahoussaye du Vigny, Sylvia Laube, Laurent Lesdéma, Sophie-Anne Mayer, Raymonde Millia, Daisy Miotélo, Pascal Montrouge, Floriane Mouchel, Eric Nicolas, Sophie Nicoleau, Nathalie Oger, Chantal Outeiro, Nathalie Peuble, Pierre Phardin, Isabelle Pinelli, Mialijhon Ra Johnson, Laurence Roussarie, Babsi Straboni, Laurent Tchkaidze, Gilles Vajou, Emmanuelle Valoise, Sacha Vikovloff, Thierry Vizioli-Walker, Hester Wilcox, Arthur Wilkins.

ILS ONT FAIT *PALACE*...

Mise en scène
Réalisateur : Jean-Michel Ribes
1re assistante réalisateur : Dominique Clément
Assistants réalisateurs : Jean-Michel Aubray, Marc-Henri Dufresne
Stagiaires : Valérie Chorensup, Marie Legardeur, Nathaniel Khorsand
Casting comédiens : Hélène Bernardin
Casting figuration : Sybil Nicolas
Scriptes : Cathy Dollet, Christine Yanzi

Production
Producteur délégué : Bernard Artigues
Productrice exécutive : Michèle Grignon
Directeur des productions : Henri Brichetti
Directeur de production : Louis Becker
Administrateur de production : Guillaume Cousin
Secrétaires de production : Edith de Kertel, Nathalie Poupon
Régisseur : Catherine Guillot
Stagiaires régie : Gilles Rocher, Thierry Pistre
Stagiaire régie 1re partie : Claude Gonguet
Assistance technique : Paris Soft
Assistante de presse : Bénédicte Lebert

Chorégraphie et musique
Chorégraphe : Jean Moussy
assisté de : Suzan Benoist
Compositeur : Germinal Tenas
Arrangeur : Alain Mouysset

Prises de vues
Directeur de la photo : Bernard Dechet
Ingénieur de la vision : François Senet
Responsable technique : Alain Baradel

Opérateur magnéto : Bernard Fitament
Truquistes : Michel Reulier, Vincent Farge, Florence Evrard
Assistant vidéo et câbles : Boris Pauly
Cadreur 1 : Olivier Cocaul
Cadreur 2 : Thierry Matalou
Assistant caméra 1 : Katell Djian
Assistant caméra 2 : Yves Meige
Photographe de plateau : Patrick Ghnassia

Son
Ingénieur du son : Christian Vallée
assisté de : Véronique Tiron
Stagiaires : Nathalie Cros, Alex Landon

Décors et costumes
Créateur décors et costumes : Patrick Dutertre
assisté de : Brigitte Petit-Archambault
Chef décorateur : Jean-Michel Hugon
assisté de : Jacques Mollon
Ensemblier préparation : Marc Denize
Ensemblier : Patrick Valderde
Régisseur extérieur : Patrick Lambert
Stagiaire décorateur : Max Decaix
Costumière : Odile Voyer
Costumier fabrication : Jean-Daniel Vuillermoz
assisté de : Agnès Lamourre
Couturières : Anne-Lise Valla, Michèle Pazzin
Habilleuses : Françoise Barbier, Brigitte Colin, Françoise Letellec

Montage
Chef monteuse : Annick Baly
assistée de : Angela Mermet
Chef monteur : Benoist Heude
Script montage : Bénédicte Moreau
Concept générique : Georges Dumoulin
assisté de : Yves Di Tullio

Maquillage et coiffure
Chef maquilleuse : Cathy Lévy
assistée de : Sandrine Trémelet
Chef coiffeuse : Ghislaine Tortereau
assistée de : Isabelle Lespinasse

Effets spéciaux
Accessoiriste : Gilles Doat
Accessoiriste aux meubles et effets spéciaux : Eric Binnay
Stagiaire : Hugues Guyon

Machinistes plateau
Chef machiniste : Pierre-Louis De Stefano
Machinistes : Ludovic Fréjabu, Pierre Garnier, Guy Plasson, Claude Champagne

Electriciens
Chef électricien : Patrick Mercado
Sous-chef électricien : Marc-Serge Bruderer
Electriciens : Gilles Hillion, Joël Spinola, Pascal Benhamou

TABLE

Préface par Jean-Michel Ribes	7
Les Belles Histoires du Palace	11
Lady Palace	43
Desk	55
Groom service	61
Histoires	67
Les choses à ne pas dire dans un palace	115
Labo Palace	119
Service Palace	141
L'homme aux clefs d'or vous met en garde	153
Conversations sur la terrasse	161
Pub	179
Histoires courtes	183
Audimat	199
Le professeur Rollin a encore quelque chose à dire	205
Alfred le groom	211
Soyez Palace chez vous	219
Histoires longues	233
Appelez-moi le directeur	277

BABEL

Extrait du catalogue

385. YVES DELANGE
 Fabre, l'homme qui aimait les insectes
386. YING CHEN
 L'Ingratitude
387. INTERNATIONALE DE L'IMAGINAIRE N° 11
 Les Musiques du monde en question
388. NANCY HUSTON
 Trois fois septembre
389. CLAUDE PUJADE-RENAUD
 Un si joli petit livre
390. JEAN-PAUL GOUX
 Les Jardins de Morgante
391. THÉODORE MONOD
 L'Emeraude des Garamantes
392. COLLECTIF
 Triomphe de Dionysos
393. B. TRAVEN / RET MARUT
 Dans l'Etat le plus libre du monde
394. NORBERT ROULAND
 Les Lauriers de cendre

COÉDITION ACTES SUD – LEMÉAC

Ouvrage réalisé par les Ateliers graphiques Actes Sud. Achevé d'imprimer en octobre 2006 par Bussière à Saint-Amand-Montrond (Cher) sur papier des Papeteries de Jeand'heurs pour le compte d'ACTES SUD Le Méjan Place Nina-Berberova 13200 Arles.
Dépôt légal 1ʳᵉ édition : octobre 1999.
N° d'éditeur : 3495.
N° impr. : 063397/1.